Annual Report on the
Internationalization of Renminbi, 2013

人民幣國際化報告2013

世界貿易格局變遷與人民幣國際化

中國人民大學國際貨幣研究所◎著

導　論

　　儘管國際經濟復甦形勢仍然不夠明朗，地緣政治外交關係因「選舉年」而更加複雜多變，但人民幣國際化繼續保持了上一年度快速發展的勢頭。隨著人民幣在國際貿易、國際金融交易和官方外匯儲備等各方面被接受程度的不斷提高，人民幣國際化指數（RII）穩步攀升，再創歷史新高。2012年第4季度RII已經達到0.87，相對於年初水準0.58[1]而言發生了顯著變化。

　　2012年RII強勁增長的主要動力來自兩個方面。一方面是全球貿易中人民幣計價結算份額上升到1.53%，對本年度RII的貢獻達到七成。這既得益於中國政府在跨境貿易人民幣結算政策和規則方面繼續創新，實現了經常項目下企業選擇以人民幣結算的無障礙操作；也是香港離岸人民幣市場和國內對外貿易大省努力簡化人民幣結算程序、積極開展支援貿易的人民幣貸款與擔保業務的結果。

　　另一方面是全球金融交易中人民幣份額接近1%，對本年度RII的貢獻達到兩成。其中三級指標「人民幣直接投資全球占比」上升到2.18%，較去年增長了1.5倍以上，同時也是2012年人民幣國際使用發展最快的領域。跨境人民幣資本流動相關政策的繼續放開，人民幣「走出去」和回流方式的多樣化試點以及規模逐漸擴大，是實現指標快速增長的關鍵因素。

　　2013年報告的主題是「世界貿易格局變遷與人民幣國際化」。課題組希望通過對世界貿易格局調整、貨幣替代以及國際貨幣體系演變的歷史經驗分析，

---

[1]　由於IMF、BIS修正統計資料，使得過去3年的指數數值發生了變化。例如，2012年報告中2011年底RII指數為0.45，修正後數值為0.58。下文索引資料均為修正後資料及基於修正後資料計算的結果。

總結貨幣國際化與實體經濟國際化之間的理論聯繫與一般規律。目的是明確當前的策略主攻方向和政策重點，以便順利實現人民幣國際化的長遠戰略目標。

新世紀開始，世界貿易格局發生重大調整，逐漸表現出一些不同於以往的新特徵。首先，新興市場國家在全球貿易中的影響和作用顯著上升，進出口貿易份額目前與發達國家勢均力敵。隨著國際分工的繼續深化，發展中國家對發達國家的工業製成品出口快速增長。亞、非、拉美、中東等新興經濟體集中地的出口份額與歐洲、北美市場幾乎平分秋色。作為最大的發展中國家，中國在2009年超越德國成為全球第一大貨物出口國，至今已經連續四年保持出口全球第一。今年又首次超越美國成為全球第一大貨物進口國，貿易大國地位不容置疑。

其次，從發展趨勢上看，多邊談判的貿易全球化逐漸被「區域化」和「雙邊化」貿易安排所取代。WTO框架下的杜哈回合談判久拖不決，實際上早已淪為「雞肋」。與之相反，雙邊自由貿易則因談判成本低、戰略靈活、見效快等優勢迅速興起。同時，以歐盟統一大市場、北美自由貿易區、「東亞10＋3」框架等為代表的區域貿易越來越成熟。除中國－東盟自貿區（ACFTA）外，我國還與智利、巴基斯坦、祕魯、紐西蘭、新加坡、哥斯大黎加、冰島、瑞士等多國正式簽署了雙邊自貿協定，而且與澳洲、韓國、日本、海灣合作委員會等在談的自貿區項目也越來越多。

此外，由於貿易與金融的關係日益突出，傳統的貿易摩擦呈現出向國際經濟政策摩擦延伸的態勢。過去國與國經貿關係緊張時，大多採取針對特定產品的打擊，比如展開雙反調查、徵收特別關稅等。目前除了傳統貿易摩擦以外，主要貿易國之間往往還在匯率制度、出口信貸等與貿易相關的金融問題上劍拔弩張。伴隨我國貿易地位的快速提高，中國企業和政府所遭遇的對外貿易摩擦和經濟政策摩擦也迅速增多。這固然是種巨大挑戰，卻也反映出中國無愧為本輪貿易格局調整「領銜主演」的重要事實。

理論上，世界貿易格局與國際貨幣格局之間存在必然聯繫。因為在各國使用不同貨幣的條件下，開展國際貿易就要選定貿易計價貨幣。貨幣選擇模式無非三種情況：出口商貨幣計價、進口地貨幣計價或協力廠商貨幣計價。通常，

一國經濟規模、貿易結構、宏觀經濟波動性以及交易成本等因素都會影響貿易計價貨幣的選擇。而任何一種主權貨幣在國際範圍內的使用，首先就是用於清償由貿易活動產生的國際間債權債務關係，其後才考慮用於投資或金融交易以及積累官方儲備頭寸等其他方面。

一般說來，國際貿易格局變遷會導致貿易計價結算貨幣替代；然後蔓延到金融領域，加速和放大這種貨幣替代現象；經過一段時間的發酵，又引起國際儲備貨幣替代——最終表現為國際貨幣格局調整。也就是說，國際貨幣格局應當追隨世界貿易格局而調整。所以，歷史上曾經出現過的貨幣強國都是以貿易強國為其前提，這並非巧合，實乃必然。因為貿易順差有利於幣值穩定，核心貿易地位更是促成非居民對該種貨幣國際使用意願和實際需求水準的關鍵。

然而歷史經驗表明，未必每次貿易格局調整都引起國際貨幣格局變化。究其原因，大概與每一輪貿易格局調整的力度、範圍、持續時間及其驅動模式等有關係。不同驅動模式對貨幣替代的影響不同。比如，戰爭驅動下的貿易格局調整幾乎同時就帶動貨幣格局變化。而在技術和產業驅動下，雖然新興貿易大國的出口替代彈性較小，選擇本幣計價時有較大話語權，但是技術擴散、國際貨幣使用慣性等導致貨幣替代過程可能相當緩慢。這些國家的貨幣在很長時間裡只能在較小範圍內用於貿易計價，貨幣地位難以與其貿易地位相匹配。

又比如，新興市場國家通常不掌握技術和銷售網路，往往存在「貿易容易做大但卻很難做強」的問題。無論這些國家出口產品的替代彈性是大是小，也無論方式上是以加工貿易還是以一般貿易為主，該國出口商在貿易計價貨幣選擇上幾乎毫無話語權。正因為如此，儘管中國堪稱引領新一輪世界貿易格局變遷的主要力量，但現階段人民幣在國際貨幣體系中仍然微不足道。這種「貿易巨人＋貨幣矮子」的組合雖然看似矛盾，其形成原因卻是可以理解的。

有鑑於此，本報告提出了一個值得特別關注的問題——當國際貨幣格局明顯滯後於世界貿易格局調整的時候會有什麼影響？我們發現，每每如此，關鍵國際貨幣發行國必將付出經常帳戶逆差的政策代價。

譬如20世紀50年代末，西歐經濟競爭力相對上升，一些國家發現把從美國

得到的援助款用於從西歐進口要比從美國進口更加經濟划算。隨著西歐搶占了原本屬於美國的部分貿易份額，美國對外出口增長不利，美元通過貿易管道回流受阻。但在當時的布列敦森林體系下，美元是與黃金掛鉤的唯一國際儲備貨幣。結果，與世界上其他國家官方美元儲備不斷積累相對應的，是部分美元改為通過資本方式回流美國國內，而美國對西歐和世界其他國家的經常帳戶差額開始惡化。

新舊世紀交替前後，國際經濟和貿易格局再次發生重大調整。歐元區和包括中國在內的廣大新興經濟體開始扮演更重要的角色，美國貿易份額顯著下降。但國際貨幣格局卻繼續保持「一超多元」的基本結構，美元地位沒有受到實質性衝擊。中國雖然得到「貿易第一大國」的頭銜，可是貨幣地位卻沒發生什麼有效改觀。於是不出意外地，美國經常帳戶逆差在此背景下迅速擴大直至失控。

由國際貨幣供求形成機制可知，非居民持幣動機在於要保證對債權國的支付能力，債權國的貿易順差可增強非居民的持幣信心，可見貿易順差是信用貨幣開始在國際範圍內使用的必要前提。通過資本流出，可為非居民供給國際貨幣。若美國喪失了核心貿易地位，又捨不得放棄美元的核心貨幣地位，只能在各國不斷積累美元儲備（相當於大規模資本流入美國）的同時，以進口方式對外支付美元，從而保證國際清償手段的充足性。但這樣一來，流向非居民的美元無法通過貿易管道完全回流，美國只好勉為其難地接受「經常帳戶逆差—資本帳戶順差」的國際收支結構。經常帳戶逆差使美元貶值，債務國身份會動搖非居民的持幣信心，這些都與美元關鍵國際貨幣的身份相矛盾——這就是國際金融的經典理論「特里芬難題」。

顯然，當國際貨幣格局明顯滯後於世界貿易格局調整的時候，美國經常帳戶差額必然持續惡化，從而使美元以及整個國際貨幣體系不得不面對「特里芬難題」的挑戰。半個世紀前，由於受到黃金的約束，美國經常帳戶逆差不可持續，「特里芬難題」最終導致布列敦森林體系走向解體。

但是在牙買加體系下，不僅沒有了黃金約束，國際資本流動以及美國國內

經濟政策的溢出效應似乎都表明巨額經常帳戶逆差並非不可持續，只是增大了國際間經濟政策摩擦，特別是貿易地位下滑的美國與那些新興貿易大國之間的摩擦。高外匯儲備國家面臨的「美元陷阱」以及2008年全球金融海嘯都是此類國際間摩擦的具體表現。這種「新特里芬難題」實際上就是已經呈現多元競爭態勢的國際經濟仍然對單一國際貨幣過度依賴所造成的。

只有建立符合當前世界貿易格局的多元國際貨幣競爭格局，促使國際儲備資產回歸其保持對主要債權國支付能力的本來功能，才有望破解牙買加體系下的「新特里芬難題」。從這層意義看，人民幣國際化肩負著重大歷史使命。因為人民幣國際化在實現中國利益主張的同時，也必然為改革國際貨幣體系做出貢獻。

新一輪世界貿易格局調整為人民幣國際化創造了極為有利的現實條件。特別是在區域貿易和雙邊貿易替代多邊談判成為主流發展趨勢以後，區域經濟大國和貿易大國的影響力相對提高，來自主要國際貨幣傳統支配地位的阻力明顯下降，這在一定程度上有可能加快人民幣國際化進程。隨著新興經濟體貿易份額的整體上升，最大發展中國家所發行的貨幣能夠進入國際貨幣俱樂部將是劃時代的標誌性事件。因此，中國對「東亞10＋3」、上合組織國家、金磚國家、拉美、非盟等經濟體的區域貿易或雙邊貿易或可作為提高人民幣貿易計價結算份額的首選目標。另外，針對新興國際貨幣的匯率戰隨時可能打響，對此要有充分準備。也必須看到，人民幣國際化有助於緩解國際貨幣格局滯後於世界貿易格局調整所引發的一系列問題，其中也包括國與國之間的經濟政策摩擦。

本報告認為，應當抓住世界貿易格局調整的有利時機，積極推動人民幣國際化進程。要充分利用區域貿易、雙邊貿易等各種便利條件，以提高針對廣大新興經濟體的人民幣貿易計價結算份額作為現階段貨幣國際化的政策重點。並且通過人民幣直接投資、人民幣對外信貸等資本流出方式帶動貿易人民幣計價結算份額的繼續提高。簡單地講，就是要盡一切可能地為國內外微觀部門在貿易相關活動中主動選擇人民幣計價結算創造機會、提供方便。

我們認為以下幾個問題需要特別強調。

第一，應正確理解「特里芬難題」對人民幣國際化的啟示。要充分利用貿易順差賦予我國的債權國身份，努力培育居民、非居民在國際範圍使用人民幣的意願與實際需求；建立「資本流出—貿易回流」的人民幣國際供給與需求機制，以經濟的實體面保障非居民對人民幣資產的「安全感」和信心——多種國際貨幣的歷史經驗表明，這在貨幣國際化初期至關重要。不僅如此，還要把人民幣國際化看作是改革國際貨幣體系、促使國際貨幣格局追隨世界貿易格局調整的重要突破口。

第二，要客觀看待中國「貿易大國但非貿易強國」的現實情況。既不能因為貿易份額提升而盲目樂觀，也不要因為暫時缺少核心技術和品牌效應就妄自菲薄。世界貿易格局調整為人民幣的國際使用創造了巨大的發展空間，而且一段時間以來跨境貿易人民幣結算也實實在在地取得了顯著成果。更要對經常帳戶收支規模中的「水分」保持清醒，要通過國內實體經濟的轉型與升級實現對外貿易的結構優化，夯實貿易大國的基礎，努力向貿易強國轉變。歷史經驗表明，只有當貿易地位是穩定可持續的，貨幣地位的提升才不會只是曇花一現。

第三，要深刻反思當前阻礙跨境貿易人民幣計價結算份額進一步提高的主要因素。概括而言，企業在貨幣選擇、交易成本核算方面的權衡，金融機構在跨境人民幣業務開拓中存在多種難以克服的實際困難，以及人民幣跨境支付清算體系基礎設施薄弱等，都抑制了非居民使用人民幣的動機。只有準確地找到各個制約環節，有針對性地加以解決，才能夠充分發揮提高貿易計價結算份額的政策推手作用，以期實現RII在世界貿易格局變遷背景下有品質、有效率的增長。

為推動貿易人民幣的國際使用，我們建議：短期以優化產業結構、培育成熟的貿易市場、激勵居民和非居民的人民幣國際使用意願為主，中長期致力於確立貿易強國地位並顯著提高人民幣國際使用的便利性。

在短期，要積極推動雙邊貿易以人民幣計價結算，考慮通過擴大直接投資、提高居民消費能力、建設自貿區或其他合作機制推動人民幣作為貿易計價結算貨幣。可通過官方政策優惠、金融服務優惠或企業業務優惠等方式鼓勵非

居民接受人民幣用於貿易計價結算。建議涉外會計、統計工作的記帳貨幣考慮增加人民幣。應大力推動國內金融機構發展對非居民（貿易相關）人民幣貸款業務，同時鼓勵離岸金融市場為非居民提供人民幣流動性以及規避外匯風險的套期保值服務。

在中長期，要以經濟轉型為契機，實現貿易優化與發展，以持續貿易優勢引導非居民的人民幣需求。要大力扶持具有較大國際影響力的跨國公司本土企業，增強中國企業的全球資源配置能力和貿易談判能力；積極建設全球人民幣支付清算系統，為人民幣發揮國際計價尺度職能提供技術支援。對內，應繼續深化金融體制改革，推動金融機構國際化發展，促進跨境人民幣業務創新，以滿足非居民對人民幣金融服務的需要。對外，則要積極推進全球支付清算相關立法工作，完善離岸市場的制度和法律建設，同時要合理規劃全球離岸人民幣市場的佈局，積極研究離岸市場發展對貨幣國際化、國內金融改革、貨幣政策有效性等可能帶來的影響。

三十年前，想到友誼商店買點難得一見的外國貨，手上要有「外匯券」才行。現在，只要是有熱門中國航線的國際機場免稅店，直接用人民幣就可以購物消費。

二十年前，建設社會主義市場經濟初期，政府忙著引進外資，企業忙著出口創匯，老百姓一有機會就想著換點外幣資產。現在，中國人開始對外投資，外國人老琢磨著能不能多買點人民幣。

十年前，中國成為外匯儲備最多的國家，由此產生的煩惱卻遠遠超過自豪感。現在，外國官方機構或企業帳戶裡有了人民幣頭寸。

總有一天，人民幣可以在更大範圍內被更多人所使用。這是中國人的夢想，也是人民幣的歷史使命。

陳雨露

2013年5月於北京

目　錄

第一章

人民幣國際化指數

1.1 人民幣國際化指數定義及編制宗旨

1.1.1 人民幣國際化

貨幣國際化是指某種主權貨幣超越國境，在國際貿易、國際資本流動、外匯儲備中被其他國家廣泛使用，行使貨幣職能的過程。靜態看，貨幣國際化描述的是作為國際貨幣使用的一種狀態和結果；動態看，貨幣國際化涉及的是一國貨幣發展成為國際貨幣的整個過程。

依據上述對貨幣國際化的界定，我們給予人民幣國際化以下定義：人民幣國際化是指人民幣在國際範圍內行使貨幣功能，成為主要的貿易計價結算貨幣、金融交易貨幣以及政府國際儲備貨幣的過程。

從歷史經驗看，一國貨幣要想實現國際化，必須具備一些基本的條件。例如，實體經濟保持穩健發展，在國際經濟和貿易中占有重要的地位；國內金融自由化水準和對外開放程度較高；建立了有利於貨幣國際化的宏觀經濟與市場制度基礎。儘管人民幣已初步具備了國際化的一些條件，但是要實現最終的目標，中國還將面臨一個漫長而艱巨的過程。毋庸置疑，人民幣國際化是一個市場自然形成與政府政策導向相結合的過程、一個充滿國際各方力量博弈的過程、一個中國政治經濟軟實力崛起的過程。

1.1.2 人民幣國際化指數

人民幣國際化指數（Renminbi Internationalization Index, RII）是指從國際貨幣職能角度出發，綜合人民幣各項職能的全球占比，客觀、動態、科學描述人民幣國際化程度的指標資料。

人民幣國際化是我國經濟社會發展的現實選擇。推進人民幣國際化有利於改革現有不合理的國際貨幣體系格局，獲得融入全球金融體系的收益，但也會面臨前所未有的貨幣管理和外部衝擊風險。在人民幣國際化進程中，如何做到在規避重大危機的前提下加速我國經濟增長模式轉型，無疑是我國政府宏觀經濟管理中亟須解決的難題。編制RII，能夠綜合反映人民幣國際化程度，為政府決策部門準確把握人民幣國際化的動態進程，及時抓住人民幣國際化中出現的來自國內外的新機遇，認清不斷出現的新挑戰，有針對性地調整或制定宏觀經濟政策，提供一個可操作的科學工具和一個高效管理手段。

1.1.3 人民幣國際化指數的宗旨

第一，立足貨幣職能，分析人民幣國際化現狀及其重要決定因素，為政府決策機構提供科學評價人民幣國際化進程的綜合指標體系。

第二，客觀、便捷、動態地反映人民幣國際化程度，為全球提供一個反映人民幣國際化動態演變的風向標，進而為人民幣國際化研究提供一個全新的、總的測度指標，填補人民幣國際化研究的理論空白。

第三，通過對比分析人民幣與其他主要貨幣的國際化指數，從結構上認識推動或阻礙人民幣國際化的主要因素，了解人民幣國際化與其他主要貨幣國際化之間的差距，發現其中的主要矛盾和突出問題，為政府分析、檢討人民幣國際化目標實現情況以及推動措施的有效性提供一個便捷的評價工具，以便我國政府及時抓住人民幣國際化中的機會，制定恰當的、有針對性的對策，扎實、高效地推進人民幣國際化。

第四，為世界各國進行貿易與官方儲備提供幣種選擇的參考依據。儘管

人民幣國際化是這場全球金融危機後順應國際經濟形勢變化的自然選擇，但是不少國家因為缺乏對人民幣國際應用的了解而不願將人民幣作為其官方儲備。RII可以增進外國政府和企業對國際範圍內人民幣實際使用情況的了解，認清人民幣國際化的發展趨勢，為其選擇人民幣進行貿易計價結算和儲備提供便捷的決策依據。

1.2　人民幣國際化指數現狀

儘管國際經濟復甦勢頭放緩，經濟形勢依然嚴峻，人民幣國際化水準卻呈現出逆勢穩步攀升的局面。2012年以來，人民幣在國際貿易、國際金融交易以及外匯儲備等方面的接受程度大大提高，RII持續上升。如圖1—1所示，截至2012年第4季度RII已躍升至0.87，較上一年增長了49.31%，再創歷史新高。

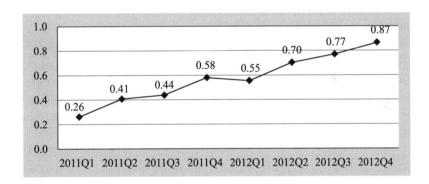

圖1—1　人民幣國際化指數

注：由於原始資料統計調整，2011年各季度RII由0.26、0.40、0.43和0.45（《人民幣國際化報告2012》）隨之調整為0.26、0.41、0.44和0.58。

2011年第1季度至2012年第4季度，RII季度平均增長率達19.06%，增長迅猛。人民幣國際化進程處於初步發展階段，高增長率表明人民幣的國際認同度不斷提高，同時體現了人民幣成為國際貨幣的無限潛力與上升空間。

2012年四個季度RII分別為0.55、0.70、0.77和0.87。自2011年,特別是進入2012年以來,人民幣國際化進程呈現出穩步推進與高增長率理性回歸的明顯特徵,這對人民幣穩步成為國際貨幣以及國家經濟金融安全都具有至關重要的作用。人民幣跨境使用相關政策出臺後結算規模飛速增長的情況將逐漸消失,取而代之的將是人民幣跨境使用趨於合理規模,結構不斷完善,實現穩健增長。如圖1—2所示,RII增長率由2011年第1季度的1 051.03%下降至2012年第4季度的49.31%,增長率的理性下滑使得RII增長趨於平穩,人民幣國際化進程穩步推進。

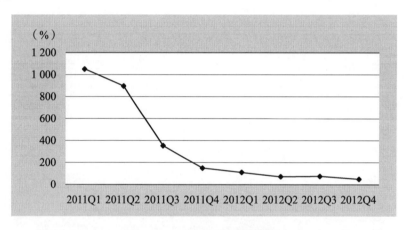

圖1—2 RII季度同比增長情況

1.3 人民幣國際化指數變動的結構分析

2012年9月,央行公佈的《金融業發展和改革「十二五」規劃》中也明確指出:「人民幣匯率形成機制進一步完善。人民幣跨境使用穩步擴大。在資訊監測及時有效、風險可控的基礎上,人民幣資本項目可兌換逐步實現。」對於匯率形成機制,《金融業發展和改革「十二五」規劃》提到,要「完善以市場供求為基礎、參考一籃子貨幣進行調節、有管理的浮動匯率制度,增強人民幣匯率雙向浮動彈性,保持人民幣匯率在合理均衡水準上的基本穩定。」利率和

匯率的市場化改革，人民幣資本項目可兌換限制的放鬆，營造出良好的制度環境，為人民幣國際化的穩步推進開闢了道路。

2012年，人民幣執行國際貿易計價結算貨幣、金融交易計價結算貨幣與外匯儲備貨幣的功能不斷改善與提升。跨境貿易人民幣計價結算業務穩步增長，人民幣金融交易功能則異軍突起，特別是人民幣直接投資成為了跨境人民幣使用的新的增長點，推動了RII平穩快速增長。

1.3.1 人民幣的國際貿易計價結算功能

國際貿易計價結算功能是貨幣國際化的基礎。自2011年跨境貿易人民幣結算地域範圍擴大至全國以來，跨境人民幣結算規模顯著增長，業務領域和品種穩步擴大，跨境貿易人民幣結算業務持續升溫。截至2012年底，跨境貿易人民幣結算規模已達2.94萬億元，較2011年增加了41%。依託於中國國際貿易大國地位，跨境貿易人民幣結算規模的全球占比穩步提高，至2012年第4季度，國際貿易人民幣結算份額達到1.5%的歷史新高（見圖1—3）。2012年跨境貿易人民幣結算規模全球占比保持了平均46.39%的高增速。

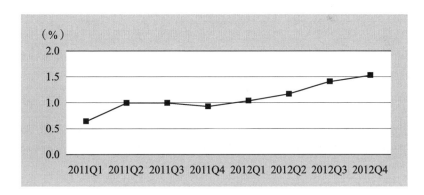

圖1—3　跨境貿易人民幣計價結算功能

2012年，人民幣跨境貿易結算的大發展主要來源於制度創新與市場需求增加。為進一步推進跨境貿易人民幣結算的發展，中國政府在政策與貿易結算規

則方面都進行了一系列創新性的改進。2012年3月，為了進一步促進貿易自由化和便利化，人民銀行、財政部、商務部、海關總署、國家稅務總局和銀監會聯合發佈《關於出口貨物貿易人民幣結算企業管理有關問題的通知》，該政策進一步擴大了人民幣跨境貿易結算覆蓋範圍，使得中國從事進出口貨物貿易、服務貿易、其他經常專案的所有企業均可選擇以人民幣進行計價、結算和收付。2012年4月，香港金融管理局放寬部分人民幣貿易結算安排，銀行在一定條件下可不用審核協力廠商證明檔，大大簡化了跨境貿易人民幣結算的程序，降低了人民幣計價結算的成本。同時，國內貿易大省跨境人民幣結算業務創新層出不窮，廣東省推出了跨境人民幣項目貸款、融資、擔保，將跨境人民幣業務創新作為珠三角金融改革的突破口。中央、地方以及離岸市場從不同的層面進行制度創新，為跨境貿易人民幣結算創造了十分有利的制度環境。推動2012年跨境貿易人民幣結算大幅增長的另一推動力來自企業的動機和實際需求，中國經濟增長與貿易結構優化則強化了這一趨勢。通過直接使用人民幣進行計價結算，貿易雙方不僅可以降低甚至規避匯率風險，減少匯兌成本，而且還可以獲得政策與融資優惠，提高資金效率，實現雙贏。

　　2012年跨境貿易人民幣結算呈現出急劇增長後的理性回歸特徵。如圖1—4所示，2011年第1季度國際貿易人民幣結算占比為0.64%，較2010年第1季度提高了1 561.18%，此後其季度同比增長率呈現出不斷下降的趨勢。人民幣跨境貿易結算規模增長率的下降，是跨境貿易人民幣結算規模從激增到成熟穩定的一個合理且必然的過程。此後，推動跨境貿易人民幣結算份額的進一步增長，需要大力改善人民幣跨境貿易結算的軟硬體條件，消除那些制約貿易人民幣計價結算的內在、根本性因素。

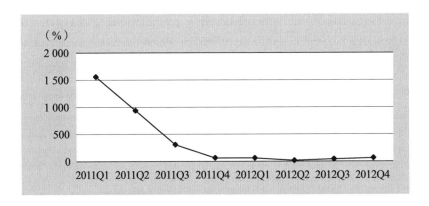

圖1—4　跨境貿易人民幣結算規模全球占比增長情況

　　當前，跨境貿易人民幣計價結算仍然存在不平衡問題。人民幣進口支付高於出口收入，人民幣通過淨進口方式流出國界，升值收益外流，甚至一些資金帶有顯著的投機套利傾向，湧入人民幣離岸市場，進一步助推市場的人民幣升值預期。投機因素在一定程度上強化了跨境貿易人民幣結算的動機。一些出口企業利用跨境貿易人民幣結算資金在上海與香港市場間進行匯差套利，將短期金融交易的投機性需求融入貿易結算，部分虛增或誇大了貿易人民幣結算規模。該問題亟待注意，政府有關部門需要對此進行嚴格監管，而長期解決之道則在於中國資本專案開放和金融創新。

1.3.2　人民幣的國際金融計價結算功能

　　人民幣作為國際金融計價結算貨幣的全球占比保持了較高速度的上漲趨勢，並且有加速的跡象，特別是人民幣直接投資成為了人民幣跨境使用的新的增長點。2011年第1季度至2012年第4季度人民幣國際金融計價結算綜合指標見圖1—5。

　　在2010年的人民幣國際化進程初期，人民幣國際金融計價結算功能對RII總指標的貢獻率較低，綜合指標取值一直在0.027%～0.129%之間徘徊。2011—2012年，人民幣國際金融計價結算功能綜合指標進入高速增長期，同比增長率

一度突破700%，2012年內人民幣國際金融計價結算綜合指標各季度同比增長率平均達到171.58%。

人民幣國際金融計價結算指標的大幅上升來源於人民幣在國際信貸、直接投資以及國際債券和票據方面的接受認可度提高、使用量增多。特別是，2012年人民幣直接投資成為拉動人民幣國際金融計價結算綜合指標提高的主要動力。

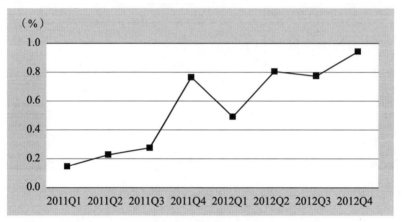

圖1—5　人民幣國際金融計價結算綜合指標

注：人民幣國際金融計價結算綜合指標由全球對外信貸總額中人民幣信貸比重，全球國際債券和票據發行額、餘額中人民幣債券和票據比重，以及全球直接投資中人民幣直接投資比重構成。

人民幣國際信貸對於促進中國貿易發展、提升中國銀行業國際化程度、增強人民幣國際影響力具有重要意義。多年來中國經濟平穩快速發展，依託中國第二大經濟體的地位，隨著企業「走出去」戰略的進一步深化，以及國內銀行業對外業務的開放，人民幣跨境信貸量大幅增加，人民幣國際信貸全球占比指標穩步上升。2011年以來，人民幣國際信貸規模迅速增長，人民幣國際信貸全球占比由2011年第1季度的0.19%上升至2012年第4季度的0.29%（見圖1—6）。至2012年第4季度，人民幣境外信貸存量已經達7 836億元，是2010年初的8.07倍。

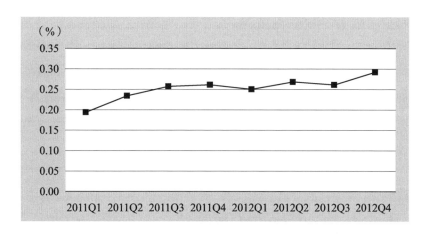

圖1—6　人民幣國際信貸全球占比情況

　　然而，進入2011年以來，人民幣國際信貸全球占比指標同比增速呈現出理
性下降趨勢（見圖1—7）。人民幣對外信貸增量有所縮減，其增速放緩的原因之
一在於央行對跨境人民幣貸款加強了管理。2011年4月，中國人民銀行發佈《關
於境內銀行業金融機構境外項目人民幣貸款的指導意見》，對銀行業金融機構人
民幣境外貸款業務範圍進行嚴格規範，從而減緩了人民幣境外貸款的增速。

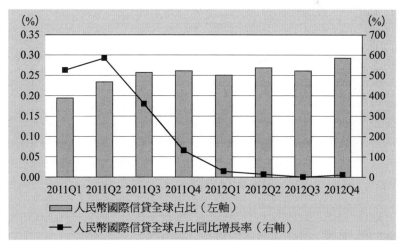

圖1—7　人民幣國際信貸全球占比增長情況

在控制投機性跨境人民幣融資業務的同時，為促進貿易的人民幣貿易融資卻得到大力支持。商業銀行的人民幣貿易融資業務迅速發展，數十個創新產品被廣泛應用。資本項目管制也定向放鬆，允許跨國公司總部使用人民幣資金進行跨境放款。2012年11月跨國公司總部人民幣資金跨境放款試點政策[1]推出，總部設在北京或上海的跨國公司，在規定的範圍和資金額度內，可以與境外母公司（或關聯公司）直接簽訂放款協定並約定放款利率，運用企業自有人民幣資金進行跨境放款。2012年11月22日，建設銀行上海分行宣佈為通用電氣（中國）有限公司成功辦理對美國母公司（通用電氣公司）1.5億元人民幣放款，完成全國首筆以跨國公司內部貸款形式出現的、以人民幣為幣種的跨境資金運作。2012年11月26日，渣打（中國）銀行幫助某知名美資跨國企業向中國人民銀行上海總部申請33億元人民幣跨境放款額度，用於支持該跨國企業中國區總部向其境外關聯公司提供人民幣單筆跨境放款，成為迄今為止最大規模的人民幣跨境放款業務。跨境人民幣放款給企業的資金管理帶來很大的靈活性，有利於提高企業集團的資金使用效率，也有利於提高國際信貸中的人民幣份額。

人民幣在亞洲區域內的認可度上升，國際環境的改善也成為2012年人民幣境外貸款規模穩步增加的主要原因。2012年7月亞洲開發銀行發佈公告，決定在TFP[2]中使用人民幣和印度盧比進行結算，以促進兩種貨幣進一步應用於區內貿易結算。將人民幣加入到TFP的結算貨幣籃子，有利於亞洲國家降低對美元、歐元等貨幣的依賴，擴大國際貿易與國際信貸中人民幣的使用範圍。

2011—2012年人民幣直接投資經歷了一個從無到有、迅猛增長的過程（如圖1—8所示）。2012年以來，人民幣外商直接投資（人民幣FDI）與人民幣對外直接投資（人民幣ODI）規模持續增長，截至2012年底人民幣直接投資累計規模達2 802億元，較2011年增長了1.5倍以上，全球占比指標創2.18%的新高。

---

1 人民幣跨境放款業務是指境內企業以自有人民幣資金向境外母公司或關聯公司發放人民幣跨境借款的業務模式，旨在支援那些在境內有富餘人民幣資金同時在境外有人民幣資金需求的中外資跨國企業。
2 TFP這個專案是亞洲開發銀行旨在通過為各國銀行提供擔保和貸款以促進區內貿易融資的機制。

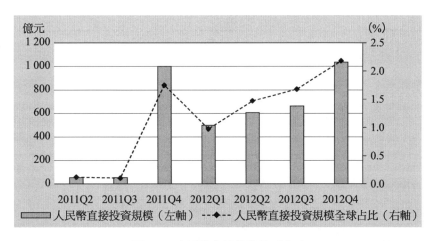

圖1—8 人民幣直接投資全球占比

　　儘管相對於美元、歐元等世界主要貨幣而言，人民幣直接投資的全球份額微不足道，但是這種強勁增長的趨勢展現了人民幣國際化的良好前景。人民幣直接投資的迅猛增長來源於政府政策的支持鼓勵、企業直接投資的巨大需求與投資結構的改善。2011年1月發佈的《境外直接投資人民幣結算試點管理辦法》規定，所有試點地區的銀行和企業均可開展人民幣ODI，2012年3月《關於出口貨物貿易人民幣結算企業管理有關問題的通知》出臺後，人民幣ODI範圍推廣至全國的所有企業。2012年，銀行累計辦理人民幣對外直接投資結算金額為304億元。與此同時，中國良好的經濟前景也推動了人民幣FDI快速發展，人民幣FDI的流向更加符合中國實體經濟發展的需要，投機性得到抑制。2012年7月，中國人民銀行《關於明確外商直接投資人民幣結算業務操作細則的通知》發佈，禁止人民幣FDI投資房地產，以此促進境外人民幣回流資金流向製造業和實體經濟，與真實專案對接。趨於規範嚴格的管理，並未影響人民幣FDI的快速增長。2012年，銀行累計辦理外商直接投資人民幣結算金額2 536億元，較前一年度增長了1.8倍。由於勞動力成本上升，中國在勞動、資源密集型產業吸收外資將逐漸減少，而在高端產品製造業、服務業方面吸收外資則會有所增

加。[1] 隨著中國經濟轉型與產業結構升級調整，人民幣直接投資將有新的增長和發展空間。

2012年3月31日，證監會、中國人民銀行、國家外匯管理局聯合發佈的《基金管理公司、證券公司人民幣合格境外機構投資者境內證券投資試點辦法》，允許符合一定資格條件的基金管理公司、證券公司的香港子公司作為試點機構，運用其在香港募集的人民幣資金開展境內證券投資業務，人民幣合格境外機構投資者（RQFII）業務試點正式啟動。RQFII在境外投資者對中國資本市場的投資需求不斷增長的情況下多次擴容，2012年4月5日和11月13日分別增加500億元和2 000億元的RQFII投資額度。截至2012年底，中國已批准RQFII增至24家，獲批額度共計2 700億元人民幣。同時，新增投資額度主要投資A股，不受試點辦法「投資股市不超過20%」的限制。RQFII在中國股票市場設立了多個ETF基金，投資需求非常旺盛。例如，南方富時中國A50ETF首次獲批的50億元人民幣額度在兩日內售罄，其後申請獲批的人民幣20億元額度亦於短時間內全數售罄；2012年11月30日和12月6日分別再次獲批30億元和50億元額度，總額度達到150億元。華夏滬深300A股ETF於2012年5月28日首次獲批50億元額度；2012年10月30日再度獲批30億元額度，至2012年11月26日也全部售罄；2012年12月6日又增批50億元額度，總額度達到130億元。嘉實MSCI中國A股指數ETF基金之前獲批的20億元額度用完，在2012年10月30日，也獲得新增的30億元額度，總額度50億元。2012年12月6日，易方達中證100A股指數ETF在一級市場發售，由於申購金額巨大，成交活躍，致使該基金獲批的50億元人民幣RQFII額度當日即被全額認購。擴大機構範圍、放寬投資限制，使得RQFII成為境外人民幣保值增值的主要管道，大大提高了境外經濟主體獲得並持有人民幣的積極性。

債券市場是最重要的國際金融市場。人民幣國際債券與票據的發行規模穩步上升，截至2012年第4季度發行規模、債券餘額規模分別達到41億美元和580億美元，在國際債券市場的份額分別提高至0.52%和0.27%。2012年，反映了人

1　參見聯合國貿易與發展會議(UNCTAD)：《2012年世界投資報告》。

民幣國際債券與票據發行和餘額狀況的綜合指標的季度平均為0.41%（見圖1—9）。放鬆人民幣國際債券發行的管制，健全境外人民幣回流機制，是人民幣國際債券規模快速增長的主要原因。

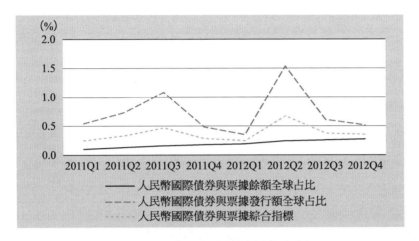

圖1—9　人民幣國際債券與票據綜合指標

2010年8月，中國人民銀行發佈《關於境外人民幣清算行等三類機構運用人民幣投資銀行間債券市場試點有關事宜的通知》，向境外機構投資者開放了國內債券市場，拓寬了人民幣回流管道，滿足了境外中等風險偏好的投資者的投資需求，而且增加了機構投資者進行資產配置的人民幣金融產品。截至2012年底，已有100家包括境外央行、國際金融機構（包括世界銀行）、主權財富基金、港澳清算行、境外參加行、境外保險機構和RQFII等境外機構獲准進入銀行間債券市場。世界銀行作為最大的國際金融組織之一，獲准進入中國銀行間債券市場，通過投資中國的固定收益產品，參與中國固定收益市場發展，意味著世界銀行對中國金融產品安全性的肯定及對人民幣國際化的信心。此舉大大增強了境外機構投資者對人民幣金融市場的信心，拉動了人民幣債券與票據的需求。

2012年國家發改委發佈《關於境內非金融機構赴香港特別行政區發行人民幣債券有關事項的通知》，放鬆了人民幣債券發行審批流程。幾家大型非金

融企業赴香港發行人民幣債券，總額為185億元。2012年4月，倫敦金融城舉行倫敦人民幣業務中心建設計畫啟動儀式，當月滙豐銀行在倫敦發行第一隻人民幣債券，總規模為20億元人民幣。2012年11月，中國建設銀行（倫敦）有限公司成功發行10億元人民幣債券。發債主體的增加，擴大了人民幣國際債券的供給，更多優質企業加入到人民幣國際債券行列，無疑大大提升了人民幣債券的國際競爭力。

1.3.3　人民幣的外匯儲備功能

依託中國的經濟實力、貿易規模以及人民幣匯率的穩定性，越來越多的國家開始將人民幣納入其官方儲備資產的範圍。目前，馬來西亞、韓國、柬埔寨、菲律賓、奈及利亞、白俄羅斯等國已將人民幣納入其外匯儲備。2012年3月，日本央行宣佈將購入額度大概為650億元人民幣的中國國債，標誌著人民幣得到發達國家政府的認可，成為其外匯儲備資產的組成部分。2012年5月，玻利維亞宣佈增加人民幣外匯儲備。2012年6月18日召開的G20墨西哥洛斯卡沃斯領導人峰會上，中國宣佈支持並決定參與國際貨幣基金組織增資，數額為430億美元。隨著中國在IMF的話語權的擴大，人民幣將更多地進入到主要國際金融組織的資金交易活動中，並逐步發揮官方外匯儲備的貨幣功能。

1.4　主要貨幣的國際化指數比較

為了客觀地反映主要貨幣的國際化程度及其動態變化，準確評估人民幣與主要貨幣國際化水準之間的差距，本報告還編制了美元、歐元、日圓、英鎊的國際化指數（見表1—1）。總體上看，四大主要貨幣的國際化指數呈下降趨勢，這在截至2012年第4季度表現得格外明顯。2012年第4季度較2011年同期，四大貨幣的國際化指數數值下降了3.4個百分點。

表1—1　世界主要貨幣國際化指數

	2011Q1	2011Q2	2011Q3	2011Q4	2012Q1	2012Q2	2012Q3	2012Q4
美元國際化指數	52.15	53.10	52.37	52.41	52.48	53.62	53.35	52.34
歐元國際化指數	29.50	27.09	26.42	26.79	26.66	26.10	25.38	23.60
日圓國際化指數	3.95	4.19	4.62	4.48	4.21	4.68	4.64	4.46
英鎊國際化指數	4.32	4.91	4.55	4.10	4.33	4.73	4.82	3.98
總計	89.92	89.29	87.96	87.78	87.68	89.13	88.19	84.38

　　儘管2012年全球經濟低迷，美國經濟復甦較為緩慢，但歐洲經濟狀況更糟，使得美元成為最佳避險貨幣。截至2012年第4季度，美元國際化指數為52.34，全年季均國際化水準為52.95，基本與2011年國際化水準持平。雖然美聯儲實施了第四輪量化寬鬆政策，投放了更多的美元，但是美國的投資與消費動力尚未完全恢復，需求不旺使得物價穩定，美國並沒有出現通貨膨脹威脅，加上美國房地產與金融市場正逐漸修復，逐漸呈現出穩定和復甦的跡象。2012年，美國經濟表現好於預期，市場對美元的信心逐漸增強。而外部國際環境變化也有利於美元強化其國際貨幣地位。在歐債危機的影響下，歐元不確定性加劇，大量避險資本流入美國，使得美元避險功能進一步凸顯，部分替代了歐元的國際貨幣份額。國際債券和票據市場中美元上升表現得尤為明顯，其發行份額由2011年底的38.42%上升至2012年底的44.38%，極大地保證了美元穩定的國際地位（見圖1—10）。

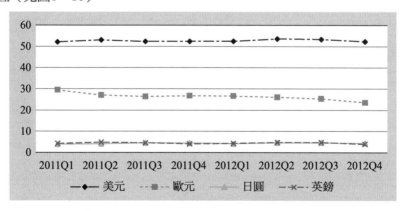

圖1—10　世界主要貨幣國際化指數變化趨勢

2012年歐元區仍處於主權債務危機的陰霾之下，儘管歐盟峰會通過一定的救助措施以及歐洲央行的直接貨幣交易計畫對於緩解、改善歐元區經濟金融狀況有一定作用，但其脆弱性沒有獲得實質性逆轉，經濟增長依然乏力，金融部門下行風險顯著。歐元的不確定性以及歐元區貿易規模的減小，致使國際貿易中歐元結算份額略有下降。在歐元占據絕對優勢的債券市場，國際債券和票據發行中，歐元季度平均份額由2011年的40.79%降至2012年的38.09%，餘額份額至2012年第4季度達45.37%，較上一年同期下降了1.8個百分點。2011年以來，歐元的國際地位與影響力呈下降趨勢（見圖1—10），貨幣國際化指數從2011年第1季度的26.79降至2012年第4季度的23.60。

在歐債危機與週邊經濟低迷的影響下，英國經濟增長「黯淡」。2012年前兩季度英國國內生產總值不斷萎縮，至第3季度受到奧運經濟的刺激，英國經濟有所好轉，英鎊幣值走強，從歐元區流出的資金，將英鎊作為避險貨幣，短期內增加了英鎊的金融交易份額，英鎊外匯儲備以及國際信貸全球占比都有所增加，第3季度環比增長率分別達7.04%和4.15%。但由於與歐洲經濟聯繫緊密，英國經濟不可能走出與歐洲大陸完全不同的情景，這就決定了英鎊在國際貿易、國際債券和票據市場的表現不甚理想，所占份額顯著下降。總體來講，英鎊國際化水準於2012年呈下降趨勢，至第4季度英鎊國際化指數為3.98，同比降低了2.9%。

為了刺激經濟，日本加大政府公共支出支持災後重建，推進「日本再生戰略」，在貨幣政策方面不斷擴大量化寬鬆規模，維持零利率。此舉造成日圓成為世界主要融資貨幣，資金外流態勢加劇。擴大的市場需求使得日圓在亞洲資產市場呈現反彈上揚趨勢。2012年第4季度日圓國際債券和票據發行份額為3.38%，國際信貸全球占比達3.9%，日圓在融資套利中的市場份額不斷提高，使其國際融資貨幣地位不斷加強。然而，在內需乏力、歐洲經濟低迷、中日關係惡化等因素的共同作用下，作為日本經濟發展主要動力的出口受到較大的不利影響，出口大幅度下降，加上火力發電所需的石油進口大規模增加，日本出現了高達780億美元的貿易逆差，是1980年貿易逆差歷史最高紀錄的2倍。貿易

規模的下降以及巨額逆差的出現，在一定程度上打擊了日圓的國際貨幣地位。由此，2012年第4季度日圓國際化指數為4.46，較去年同期下降了0.6%，國際化水準基本穩定。

非正規金融：人民幣實際使用程度可能超過名義程度

近年來，國際經濟和國際貿易格局發生了較大的變化，中國經濟和貿易的穩健增長，使得人民幣成為企業、機構投資者青睞的國際貨幣，人民幣在貿易計價結算和投融資活動中開始被越來越多地使用。截至2012年第4季度，人民幣國際化的綜合衡量指標RII為0.87，但是，由於非正規金融形式的存在，一部分人民幣通過非正規金融管道流入國際市場，並沒有在官方的統計中得到反映，因此，本報告認為，人民幣在國際交易中的實際使用程度應該高於RII指標統計值。

人民幣在灰色地帶的「隱性」使用，既包括在人民幣升值預期下的投機套利動機需求，又包括國際貿易、投資等實際經濟活動需要。這部分人民幣隱性資金大多通過非正規金融管道進行交易和流通。

所謂非正規金融是指某些組織或自然人，出於「食利」目標，未經金融監管當局許可而開展存款、貸款、結算等基本金融業務，或提供虛假的金融市場交易環境，或提供交易境外金融市場產品的地下通道等。該金融網路主要有三大管道：經常專案、資本專案和地下錢莊。

經常專案下的貿易、收益和經常轉移都可能成為熱錢流入的管道，其中最主要的是虛假貿易方式。例如，國際貿易企業之間串謀，可以通過低報進口價格高報出口價格、預收貨款或延遲付款，甚至通過編制假

合同等方式，將國際游資截留國內。其次，資金也可以借道收益項下的職工報酬、經常轉移項下的捐贈方式流入。資本專案下的境外直接投資、證券投資、貿易信貸和短期貸款等也有可能成為人民幣「隱性」流動的管道。例如，熱錢以FDI名義流入，通過銀行兌換成人民幣之後，再借助某些方式投資於中國股票市場及房地產市場，而合格的境外機構投資者的開放也使得這種行為的開展更為便利。

地下錢莊則是人民幣「隱性」使用的重要管道，並且規模呈現擴張趨勢。具體模式是：資金所有者先將外幣打入地下錢莊的境外帳戶，地下錢莊再將等值人民幣扣除費用後，打入境外投資者的中國境內帳戶。隨著中國國際經濟聯繫的增多與人民幣需求的大幅增加，地下錢莊出現集團化發展趨勢，交易對象不再局限於個人，大量外商投資企業或國有外貿公司也參與其中，交易額不斷攀升。2005年據國家外匯管理局綜合司調查測算，僅福建連江「馬祖販船」和連江、浯嶼島的海上「漁鈔」交易，年交易額約6億～7億元新臺幣。據21世紀網記者調查，在深圳羅湖、皇崗口岸、賽格廣場以及中英街，地下錢莊多如螻蟻，其在香港和內地都有店面，客戶資金打入香港帳戶，內地的公司將資金打到客戶在內地的帳戶。基於地下錢莊的「灰色港股直通車」也由來已久。2007年，外匯局與公安機關聯手破獲深圳大型地下錢莊案件，該錢莊2006—2007年5月僅深圳辦事處交易金額已達人民幣43億多元，從行業領域看，其與房地產有關的交易資金達1.3億元人民幣，與資本市場有關的交易資金達1.05億元人民幣，涉及金額最大的是貿易、銷售等行業，資金達4.53億元人民幣，交易遍佈中國31個省（市）。據《上海證券報》報導，拱北口岸也正在成為地下錢莊的聚集地。人民幣國際化趨勢下，地下錢莊的數量與交易金額都在快速增長，以至於鳳凰衛視《鏗鏘三人行》節目主持人發出疑問：「人民幣一半在深圳地下錢莊？」

同時，邊境貿易人民幣現鈔結算也成為當今人民幣跨境非正規使用的重要方式，以雲南省邊貿為例。雲南省是我國較早試行人民幣結算的

地區，地處西南，與緬甸、寮國、越南相鄰，與泰國、柬埔寨相望，是中國面向西南開放的橋頭堡。隨著中國東盟自由貿易區的全面建成，雲南和周邊國家經貿往來快速發展，人民幣現鈔跨境流動更加頻繁。據中國人民銀行昆明中心支行介紹，由於越南、緬甸、寮國等國在金融監管方面還不完善，且中國金融機構的操作方式「墨守成規」，通過銀行結算的資金僅占邊貿交易額的20%左右，直接用人民幣現金進行交易的規模高達80%左右。

總之，在中國存在資本專案管制的背景下，套利與實體經濟的資金需求使得人民幣跨境交易的灰色地帶不可能消失。地下金融具有管道廣、隱蔽性強、難以監測等特點。這部分資金或假借經常專案、資本專案名義，或乾脆直接採用境內外地下錢莊對敲的方式繞開國際收支統計監測，這就大大低估了人民幣的實際使用深度和接受廣度。如果通過制度改革，例如放鬆資本管制，使其陽光化，無論貿易結算還是投融資結算的人民幣規模都會出現較大的增長，提高RII的數值。

第二章

人民幣國際化現狀

　　自2009年啟動以來，人民幣國際化進程已三年有餘。三年間，人民幣國際化實現顯著突破。中國業已成為世界第二大經濟體，經濟增速趨於穩定，並繼續出現積極變化。利率市場化改革有了新突破，人民幣匯率形成機制市場化決定的因素愈加顯著。中共十八大再次重申了穩步推進利率和匯率市場化改革，逐步實現人民幣資本專案可兌換的任務和要求。以上種種新變化客觀上推進了人民幣國際化進程。

　　縱觀全球經濟，雖然2012年世界宏觀經濟金融形勢嚴峻複雜，實現經濟、貿易穩定增長尚需付出較大努力，但卻是人民幣國際化實現突破的機遇之年。由於世界主要經濟體復甦勢頭疲軟，亞洲發展中國家經濟增速領先，中國經濟增速趨於穩定，中國已經超過美國成為跨國投資最大的流入地，人民幣跨境貿易結算平穩推進，人民幣結算業務總量快速增長。在政策不斷推動和市場積極反應下，跨境人民幣資本項目繼續放開，人民幣境外直接投資範圍擴大，人民幣「走出去」在方式和規模上都有長足進步。

2.1　跨境貿易人民幣結算

　　以跨境貿易人民幣結算為突破口，漸進推動人民幣區域化和國際化，一直

是學界和業界的共識。

受人民幣升值、世界經濟疲軟影響，中國貿易企業的成本不斷攀升，強化了企業使用人民幣進行跨境貿易結算的動機，以減少匯兌成本，規避匯率風險。跨境貿易人民幣結算不僅已經擴展至全國，而且規模持續擴大，越來越多的進出口企業享受到了使用人民幣結算帶來的貿易、投資便利，跨境人民幣業務進展順利。

截至2012年12月，跨境貿易人民幣計價結算的發展進程呈現出以下特點：

（1）推進平穩，並在新近開放省份獲得快速發展。

人民幣計價結算不僅涉及進出口企業、銀行、海關、商務部、外匯管理部門等多個主體，還涉及國外交易夥伴。作為新生事物，其進一步發展需要政府、企業、金融市場同心協力，在實踐中逐步完善。

2011年8月，河北、山西、青海和寧夏回族自治區等最後一批11省（區）的企業獲准開展跨境貿易人民幣結算，我國跨境貿易人民幣計價結算全面啟動，中國境內任何一個地區、任何一家企業對全球任何一個國家和地區的跨境貿易都可以用人民幣進行結算。此後，上述11省（區）通過地方商務廳，以各種形式推介跨境人民幣結算業務，跨境貿易人民幣結算筆數和規模均出現較大增長。以河北省為例：自2011年8月到2012年3月末，該省累計辦理跨境人民幣結算業務120筆，累計結算金額55.95億元；其中，2012年第1季度結算金額29.12億元，與去年全年持平；3月份結算金額18.15億元，單月結算量創月度新高，環比增長378.89%。

（2）規模繼續擴大，結算額與結算比例穩步上升。

人民幣結算金額穩定增長，在進出口總額中的占比上升較快（見圖2—1）。2012年銀行業累計辦理跨境貿易人民幣結算業務2.94萬億元，比2011年增加0.86萬億元，人民幣結算在進出口總額中的份額達到15.6%。2012年2月6日，中國人民銀行、財政部、商務部、海關總署、國家稅務總局和銀監會聯合發佈《關於出口貨物貿易人民幣結算企業管理有關問題的通知》，將開展出口貨物貿易人民幣結算業務的範圍擴大到所有具有進出口經營資格的企業。同年6

月，上述六部委審核下發了出口貨物貿易人民幣結算重點監管企業名單，參與跨境人民幣業務的金融機構數量的擴大以及貿易主體的放寬，使得越來越多的企業可以從人民幣貿易結算中獲得規避風險、降低成本的好處。

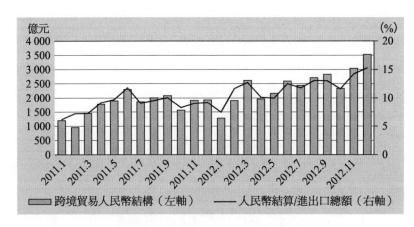

圖2—1　跨境貿易人民幣結算規模

資料來源：中國人民銀行、中國商務部。

（3）以貨物貿易結算為主，服務貿易結算比例明顯上升。

貨物貿易在中國的貿易結構中占據絕對優勢，與此相對應，跨境貿易人民幣結算也是以貨物貿易為主（見圖2—2）。2012年貨物貿易人民幣結算餘額為同期貿易總額的8.4%，其中貨物貿易2.06萬億元，占比為64.1%，服務貿易和其他經常專案結算額1.16萬億元，占比為35.9%。服務貿易人民幣結算金額明顯增加，比2011年上升了11個百分點（見圖2—3）。服務貿易人民幣結算規模的進一步擴大，表明中國經濟發展方式轉型取得了初步成效。

（4）收付失衡狀況進一步改善。

2012年，進出口人民幣結算失衡情況明顯改善，進口人民幣結算占比降到55%，出口人民幣結算上升至45%。進出口人民幣結算比例相差10個百分點，與歐元、日圓、英鎊等主要貨幣在本國進出口結算中的情況基本一致。尤其是在貨物貿易人民幣結算中，出口結算額和進口結算額之間的差距正在不斷收窄，收付比從2011年的1：1.7上升至2012年12月的1：1.2，意味著2011年跨境貿易

人民幣結算收付嚴重失衡的狀況得到糾正。

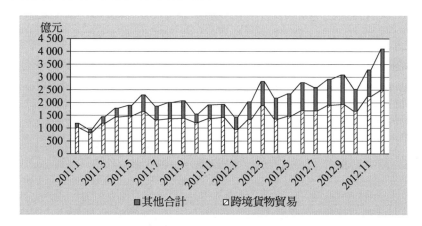

圖2—2　貨物貿易和服務貿易人民幣結算規模變化趨勢

資料來源：中國人民銀行、中國商務部。

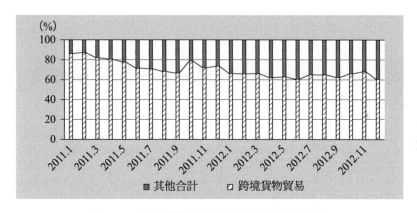

圖2—3　貨物貿易和服務貿易人民幣結算比例

資料來源：中國人民銀行、中國商務部。

2.2　人民幣直接投資

2.2.1　人民幣境外直接投資

　　據中國商務部統計，2012年中國境內投資者共對全球141個國家和地區的

4 425家境外企業進行了非金融類對外直接投資，累計實現直接投資772.2億美元，同比增長28.6%。但是季度間呈現出較大的波動，對外投資體現出一定的親週期性，第二季度與第四季度較高，第一、第三季度較低。

在2011年中國人民銀行頒佈《境外直接投資人民幣結算試點管理辦法》的推動下，2012年中國企業掀起了人民幣境外直接投資的浪潮。跨境投資人民幣結算呈現出較快增長勢頭。銀行累計辦理跨境直接投資人民幣結算業務2 840.2億元，比2011年增加1 731.5億元，增長率為156%。其中，對外直接投資結算金額304.4億元，外商直接投資結算金額2 535.8億元（圖2—4）。

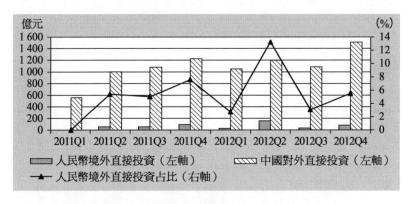

圖2—4跨境人民幣直接投資結算與中國對外直接投資

資料來源：中國人民銀行：《中國貨幣政策執行報告》。

中國周邊國家和地區對人民幣直接投資態度比較積極。印尼中央銀行和巴基斯坦的國家銀行與中國展開了人民幣債券投資合作。2012年8月31日，兩岸貨幣管理機構簽署《海峽兩岸貨幣清算合作備忘錄》，雙方同意以備忘錄確定的原則和合作架構建立兩岸貨幣清算機制，並指定貨幣清算機構為對方開展本方貨幣業務提供結算及清算服務。

2.2.2 人民幣外商直接投資

在全球經濟不景氣、國內經濟增速減緩的背景下，我國利用外資的總體量呈現下降趨勢，2012年中國實際使用外商直接投資（FDI）金額1 117.16億

美元，比2011年下降了3.7%。但是，人民幣使用卻更加廣泛，在絕對數量與所占比例上較2011年均有明顯的上升（見圖2—5）。按照2012年12月31日匯率折算，人民幣外商直接投資2 535.8億元，占外商直接投資總額的36%，而2011年人民幣外商直接投資907.2億元，占外商投資總額的12%（見圖2—6）。2012年人民幣外商直接投資額倍增，體現了外國投資者對中國增長、人民幣升值前景的樂觀預期。

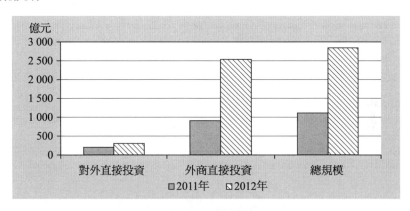

圖2—5　使用人民幣結算的直接投資

資料來源：中國人民銀行：《中國貨幣政策執行報告》。

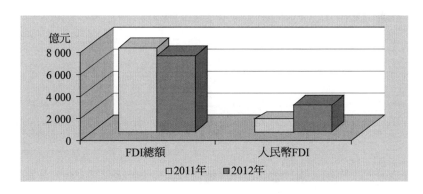

圖2—6　2011年與2012年FDI人民幣結算業務

資料來源：中國商務部。

2.3　人民幣證券投資

2.3.1　國際債券和票據市場

　　人民幣國際債券和票據發行量在經歷了2010年初至2011年中旬的迅速增長後有所回落，發行量從2011年第2季度的逾100億美元下降至第4季度的不足50億美元。2012年，人民幣國際債券和票據的發行量又逐季回升，第2季度發行量超過歷史最高水準，達到111.06億美元。

　　如圖2—7所示，雖然人民幣國際債券和票據的發行規模波動較大，但從人民幣國際債券和票據的存量上看，從2010年第4季度開始，該數值處於穩步上升的趨勢中。截至2012年末，人民幣國際債券和票據的存量超過580億美元。

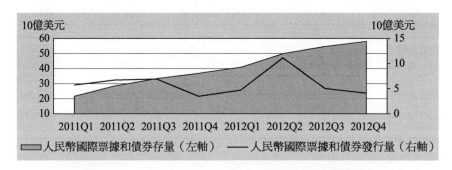

圖2—7　2011—2012年人民幣國際債券和票據存量和發行量

資料來源：國際清算銀行。

　　人民幣國際債券的發行主體開始從香港向全球不斷擴張，除了日本政府發行人民幣國際債券外，其他發達國家政府也加入了發行人民幣國際債券的行列。2012年12月，加拿大不列顛哥倫比亞省在北京啟動其全球發債路演，計畫至少發行5億元人民幣，最早於2013年1月發行。

　　2012年人民幣國際債券和票據餘額全球占比為0.27%，較2011年的0.26%微增了3.85%（見圖2—8）。同期，在全球國際債券和票據餘額中，美元占比34.11%，歐元占比45.37%，英鎊占比9.50%，日圓占比3.07%（見圖2—9）。總

體上看，人民幣國際債券和票據規模占全球的份額微小，與主要國際貨幣相比存在巨大的差距。

人民幣國際債券和票據發行量在全球幣種中影響力繼續上升。2012年人民幣國際債券和票據發行量全球占比為0.52%，較2011年的0.48%增長了8.33%。同期，在全球國際債券和票據發行額中，美元占比44.38%，比上年增長了15.5%；歐元占比36.77%，上升了1.36個百分點；英鎊占比7%，下滑了5.8個百分點；日圓占比3.78%，微升了0.42個百分點。

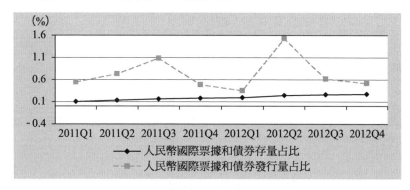

圖2—8　2011—2012年人民幣國際債券和票據存量與發行規模在全球占比

資料來源：國際清算銀行。

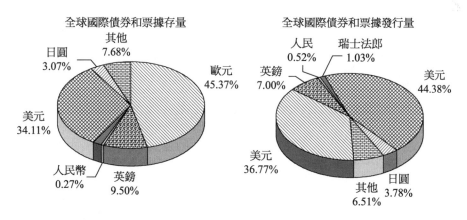

圖2—9　2012年國際債券和票據存量與發行額幣種結構

資料來源：國際清算銀行。

香港是中國企業發行人民幣國際債券的主要場所。2012年香港人民幣債券產品的存量規模大幅度增加，從2011年的1 578.6億元上升至2 418.1億元（見表2—1）。

然而，香港人民幣發債規模與2011年相比有所下滑。原因主要有兩個，一是人民幣升值預期減弱，投資者購買點心債的意願下降；二是中國企業債券票面利率升高，非金融企業點心債票面利率平均超過5%，比2011年提高了1個百分點，融資成本上漲打擊了企業發債的積極性。

表2—1 2012年香港人民幣債券產品規模與結構

類別	存量總額（億元）	占比（%）	債券數目	占比（%）
企債	1 325.6	54.8	133	63.3
金融債	530.9	22	54	25.7
可轉債	76.6	3.1	8	3.8
國債	485.0	20.1	15	7.2
合計	2 418.1	100	210	100

資料來源：Wind資訊。

2.3.2 股票市場

近幾年，中國IPO市場一直占據全球首位，2012年A股市場已有2 535家上市公司，股票總市值位居全球第2位。受歐洲債務危機繼續惡化、經濟結構轉型和週期調整等因素影響，2012年中國GDP增速7.8%，為1999年以來的最低年增速，使得作為經濟晴雨錶的股票市場持續低迷。2012年末，上證綜合指數和深證綜合指數分別收於2 269.13點和881.17點，較2011年底僅上漲3.17%和1.68%；滬、深兩市A股加權平均市盈率分別從2011年底的13.4倍和23.1倍下降至12.3倍和22倍。

2012年股票市價總值（A、B股）共計230 357.6億元，比2011年增長7.3%，其中流通市值為181 658.3億元，漲幅達10.2%。滬、深股市累計成交31.5萬億元，比2011年下降25.4%，日均成交1 291億元，較上年下降25.1%，日均成

交額較上年下降了433.14億元（見圖2—10）。截至2012年12月28日，滬、深兩市共有A股帳戶1.7億戶，有效帳戶1.4億戶；A股持倉帳戶數為5 519.6萬戶，為2010年以來新低。

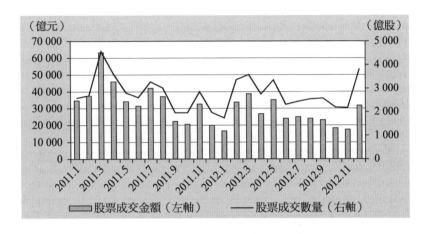

圖2—10　中國股票市場交易情況

資料來源：中國證券監督管理委員會。

　　2012年10月，中國經濟出現回暖跡象，製造業採購經理人指數（PMI）回升，工業生產增速創5個月新高，投資、消費和出口增速均上升，中國政府穩增長政策的累積效應開始顯現。2012年第4季度經濟增長7.9%，打破了連續七個季度的放緩趨勢。2012年各類企業和金融機構在境內外股票市場上通過發行、增發、配股等方式累計籌資3 862億元，比2011年減少33.4%。其中A股累計籌資3 128億元，比2011年少融資1 945億元。香港人民幣計價股票市場取得重大進展。2012年6月29日，香港證監會批准華夏滬深300R在香港聯合交易所上市，這是全球首支人民幣合格境外機構投資者（RQFII）A股ETF。此後，另外3家基金管理公司易方達、南方東英、嘉實明晟也先後推出了3支RQFII的A股ETF，並且這4支A股ETF均已形成雙櫃檯交易。2012年10月29日，首個發行人民幣債券的合和公路基建有限公司發行的人民幣新股在香港交易所上市，成

為全球首支以人民幣和港元計價及買賣的「雙幣雙股」股份。[1]2012年12月27日，法國巴黎銀行發行的全球首支人民幣計價權證產品在香港成功掛牌，為人民幣計價股票衍生產品翻開了新篇章。

表2—2　給出了中國股票市場籌資金額。

表2—2　中國股票市場籌資金額

| 時間 | 首次發行金額 | | | 再籌資金額 | | | | | |
| | | | | A股（億元） | | | | B股（億美元） | H股（億美元） |
	A股（億元）	B股（億美元）	H股（億美元）	公開增發	定向增發現金	配股	權證行權		
2011年	2 825.07	0.00	67.82	132.05	1 664.5	421.96	29.49	0.00	45.36
2012Q1	351.49	0.00	0.00	104.74	441.35	95.10	0.00	0.00	17.63
2012Q2	374.47	0.00	21.99	0.00	373.76	6.21	0.00	0.00	0.00
2012Q3	276.34	0.00	10.88	0.00	737.17	6.33	0.00	0.00	42.35
2012Q4	32.02	0.00	49.63	0.00	315.20	13.36	0.00	0.00	17.16
2012年	1 034.32	0.00	82.50	104.74	1 867.48	121.00	0.00	0.00	77.14

資料來源：中國證券監督管理委員會。

2.3.3　衍生產品市場

2012年，從全球範圍看，人民幣衍生產品具有規模小、產品種類不斷完善豐富、場內衍生品交易活躍程度低等三大特徵。

（1）市場規模偏小。

以利率衍生品為例，據國際清算銀行統計，截至2012年第2季度末，全球利率衍生品OTC市場未清償餘額達494萬億美元，其中，美元、歐元、英鎊、日圓、瑞士法郎的占比分別為33.2%、36.1%、8.1%、12.1%與1.1%（見圖2—11），其他幣種占比不足10%。由此可見，包括人民幣在內的其他幣種衍生品市場從全球範圍看規模偏小，微不足道。

1　「雙幣雙股」指同一檔股票，但可以同時使用兩種幣值，以兩個股票號碼做交易。合和公路基建就是分別用港幣和人民幣兩種貨幣標價。

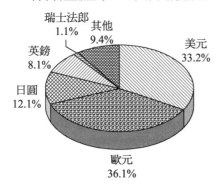 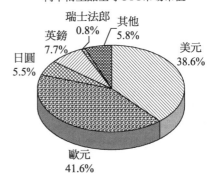

圖2—11　2012年第2季度末利率衍生品全球OTC市場幣種結構

資料來源：國際清算銀行。

　　如表2—3所示，對比2011年第4季度利率衍生品全球OTC市場，至2012年第2季度末，該市場的一個變化趨勢是其他幣種的未清償餘額和市值均有所上升。其他幣種OTC市場利率衍生品未清償餘額占全部幣種的比例由8.3%上升至9.4%，其他幣種OTC市場利率衍生品市值占比由5.03%上升至5.8%。

表2—3　2011年第4季度與2012年第2季度利率衍生品全球OTC市場幣種結構（%）

幣種	利率衍生品全球OTC市場未清償餘額		利率衍生品全球OTC市場市值	
	2011年第4季度	2012年第2季度	2011年第4季度	2012年第2季度
歐元	36.64	36.17	40.11	41.55
日圓	13.25	12.16	5.66	5.52
英鎊	8.60	8.08	8.27	7.65
瑞士法郎	1.07	1.11	0.96	0.84
美元	32.11	33.20	39.96	38.64
其他	8.32	9.40	5.03	5.80

資料來源：國際清算銀行。

　　（2）國際市場上人民幣衍生產品品種進一步豐富。

　　利率市場化和匯率形成機制改革，不可避免地令人民幣的市場風險擴大，需要大力發展人民幣衍生工具來管理此類風險，以便實現人民幣資產保值增

值，增加國際社會持有人民幣資產的信心。由於人民幣期貨交易的法規和政策不健全，國內人民幣期貨交易尚未開展，這就刺激了香港、美國、日本、新加坡在人民幣衍生品業務方面進行創新。2012年9月，香港交易所推出了全球首支可交收的人民幣期貨合約，標準合約價值為10萬美元/手。在此基礎上，香港交易所還將陸續推出人民幣對其他貨幣的期貨產品。2012年10月，作為首支人民幣合格境外機構投資者（RQFII）的實物A股ETF（交易型開放式指數基金），華夏滬深300獲准在香港發行衍生權證，隨後，南方富時中國A50也獲准在香港發行衍生權證。2012年第4季度，美國芝加哥商品交易所（CME）也宣佈將推出以人民幣結算交易的可交割離岸人民幣期貨產品，在香港進行實物交割，投資者可進行離岸人民幣產品的跨期價差交易以及境內人民幣與離岸人民幣產品間的跨商品價差交易。日本三井住友銀行也推出了人民幣外匯金融衍生產品和兌換預約業務，交易單位為1 000萬日圓以上。

（3）人民幣場內衍生品交易不活躍。

目前，世界上提供場內人民幣衍生品的交易所主要是CME和香港交易所。以交易所人民幣期貨產品為例，較無本金交割遠期（non-deliverable forwards, NDF）的交易量來看，場內人民幣期貨產品的規模十分有限。

儘管CME在可交割離岸人民幣期貨的這一新品種上躍躍欲試，但根據CME官方資料顯示，人民幣期貨品種的交易並不活躍。2012年10月，CME人民幣對美元匯率期貨的成交量僅為141手。香港交易所2012年9月份新推出的離岸人民幣期貨成交同樣遇冷，首日掛牌交易的7個合約全天共成交僅415手，名義成交總額僅為4 150萬美元（見表2—4）。人民幣衍生產品交易不夠活躍的原因在於，市場對人民幣的預期趨於一致，產品的流動性受到了影響。另外，交易所標準化的人民幣產品難以給客戶提供「專屬」服務，也減少了市場對這些產品的需求。

表2—4 2012年美元對人民幣（香港）期貨交易情況匯總

美元對人民幣（香港）期貨				
月份	交易日數	合約成交量（手）		未平倉合約（手）
		平均每日	總數	
2012.9	10	217	2 172	1 076
2012.10	20	228	4 565	1 956
2012.11	22	294	6 465	3 551
2012.12	18	393	7 075	3 673

說明：由於四捨五入的原因，交易日數與平均每日合約成交量之積和合約成交量總數略有出入。
資料來源：香港交易所。

　　從國內市場上看，2012年人民幣衍生產品交易也在不斷發展和完善。債券遠期共達成交易56筆，成交金額166.1億元，比2011年下降83.9%。遠期利率協議較為清淡。遠期利率協議全年共成交3筆，名義本金額共2億元。人民幣利率互換市場發生交易2.1萬筆，名義本金總額2.9萬億元，比2011年增加8.5%（見表2—5）。人民幣利率互換交易的浮動端參考利率包括SHIBOR、7天回購定盤利率以及人民銀行公佈的基準利率，與之掛鉤的利率互換交易名義本金占比分別為50.0%、45.3%、4.7%。與上年同期相比，以SHIBOR為浮動端參考利率的互換交易占比有明顯上升。

表2—5 2011—2012年主要銀行間市場產品交易額　　　　　　　　　　　單位：億元

	2011年				2012年			
	第1季度	第2季度	第3季度	第4季度	第1季度	第2季度	第3季度	第4季度
利率互換	5 666.84	6 607.63	9 266.45	5 218.65	4 908.46	6 821.21	8 010.28	9 276.26
遠期利率	2	0	1	0	0	1	0	1
債券遠期	212.59	237.72	431.06	148.73	144.57	15.86	5.7	0

資料來源：中國外匯交易中心。

　　與此同時，銀行間市場改革開放進一步推進：一是人民幣對美元匯率波幅從千分之五擴大至百分之一，增強了人民幣匯率彈性和市場在匯率形成中的作用。二是人民幣對日圓直接交易，便利了人民幣跨境使用。三是正式推出利

率互換電子化交易確認和沖銷業務，降低市場參與者的操作風險，提高交易效率。四是債券市場參與者向境外保險機構和人民幣合格境外機構投資者等多類型機構延伸，進一步擴大了銀行間債券市場的對外開放。

2.3.4 外商投資人民幣金融資產

境外投資者對人民幣金融資產的持有量也是反映人民幣國際化程度的一個重要指標。在資本項目尚未完全開放的環境下，QFII（合格境外機構投資者）成為外國投資者進入中國資本市場的過渡性制度安排。這種制度要求進入我國資本市場的外國投資者必須符合一定的條件，得到有關部門的審批通過後，匯入一定額度的外匯資金，並轉換為人民幣，通過嚴格監管的專門帳戶投資於我國金融市場。2012年，國家外匯管理局累計批准QFII共計169家，比2011年增加59家；中國證監會累計批准QFII共計192家，比2011年增加56家。通過QFII方式，境外機構淨匯入77億美元，較2011年增長8.8倍。

在跨境貿易人民幣結算範圍不斷擴大、人民幣跨境直接投資業務和香港離岸人民幣業務不斷發展深化的前提下，為進一步增加人民幣資金回流管道、鼓勵香港中資證券經營機構拓寬業務管道，人民幣合格境外機構投資者（RQFII）業務作為又一項資本市場開放的試點制度應運而生。RQFII試點業務借鑑了QFII制度的經驗，但又有幾點變化：一是募集的投資資金是人民幣而不是外匯，二是RQFII機構限定為境內基金管理公司和證券公司的香港子公司，三是投資的範圍由交易所市場的人民幣金融工具擴展到銀行間債券市場，四是在完善統計監測的前提下，盡可能地簡化和便利對RQFII的投資額度及跨境資金收支管理。RQFII制度的實施，有利於促進跨境人民幣業務的開展，拓寬境外人民幣持有人的投資管道，直接推動香港離岸人民幣市場的發展。

2012年，RQFII累計批准基金系12家，共計570億元人民幣；證券系12家，共計100億元人民幣。通過RQFII方式，境外機構淨匯入530億元人民幣。此外，境外三類機構（境外人民幣清算行、跨境貿易人民幣結算境外參加行、境外中央銀行或貨幣當局）運用人民幣投資境內銀行間債券市場的規模大幅增

長，人民幣金融資產正成為全球私人和公共投資者投資組合的一個理想選擇。

2.4 人民幣境外信貸市場

人民幣境外信貸市場由三個部分組成，一是境內金融機構人民幣境外貸款，二是離岸市場人民幣貸款，三是跨國公司內部的人民幣貸款。

2011年11月出臺的《中國人民銀行關於境內銀行業金融機構境外項目人民幣貸款的指導意見》，允許具備國際結算業務能力、具有對外貸款經驗的銀行向境內機構「走出去」過程中開展的各類境外投資和其他合作項目開展境外項目人民幣貸款業務。「境外項目」包括但不限於境外直接投資、對外承包工程以及出口買方信貸等。這一鼓勵政策刺激了金融機構的境外貸款業務發展，2012年，境內金融機構人民幣境外貸款餘額達1 806.13億元，比2011年增長16.64%。

2012年7月，國務院通過深圳前海金融改革創新先行先試政策，允許前海進行人民幣跨境雙向貸款業務，即設立在前海的銀行機構可以發放境外項目人民幣貸款，在CEPA[1]框架下，香港銀行機構也可以對設立在前海的企業或專案發放人民幣貸款。前海地區進行人民幣的跨境雙向貸款，無疑構築了一條香港人民幣資金的回流管道，對鞏固香港人民幣離岸金融中心地位大有裨益。

離岸市場人民幣境外貸款業務主要集中在香港。根據香港金融管理局的統計資料，2012年香港人民幣資金池（包括人民幣存款及人民幣存款證餘額）規模達7 202億元，比2011年增加9%。其中，人民幣存款及存款證餘額分別為6 030億元及1 173億元。2012年香港人民幣貸款餘額790億元，比2011年增加157%，人民幣銀行貸款規模成倍增長（見圖2—12）。

---

1 CEPA（Closer Economic Partnership Arrangement），即《關於建立更緊密經貿關係的安排》。2003年6月29日內地與香港雙方簽署了《內地與香港關於建立更緊密經貿關係的安排》。

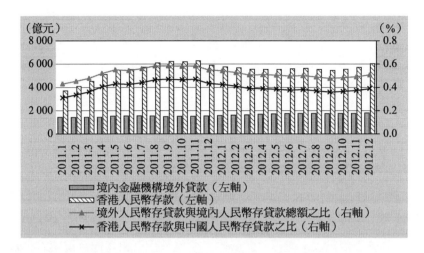

圖2—12 2011—2012年中國金融機構人民幣境外貸款餘額

資料來源：中國人民銀行。

2012年10月，上海開始試點跨國公司地區總部跨境使用人民幣新政，在額度允許範圍內，跨國企業中國總部可以與境外母公司（或關聯公司）直接簽訂貸款協定並約定貸款利率，完成企業自有人民幣資金跨境貸款。2012年11月，渣打銀行幫助美國的跨國公司向中國人民銀行上海總部申請33億元人民幣跨境貸款額度，用於支援該跨國公司中國區總部向其境外關聯公司提供人民幣單筆跨境貸款。此後，一些跨國公司開始加入跨境人民幣貸款行列。

儘管人民幣境外貸款業務發展迅速，但是，人民幣境外貸款的規模遠遠不能滿足企業「走出去」的要求。2012年境外人民幣貸款額不足境內人民幣貸款額的3%。根據國際清算銀行的測算，美元、歐元、日圓和英鎊的境外貸款額占其境內貸款額的20%～40%，人民幣境外貸款市場需要大力拓展，有巨大的發展空間。

2.5　全球外匯儲備中的人民幣

國際貨幣基金組織將官方外匯儲備分為「可劃分幣種」（allocated reserves）和「不可劃分幣種」（unallocated reserves）兩個部分。截至2012年第4季度，「可劃分幣種的外匯儲備」為6.08萬億美元，占全球官方外匯儲備總額的55.62%，「不可劃分幣種的外匯儲備」為4.85億美元，占全球官方外匯儲備總額的44.38%。

2012年，在可劃分幣種的外匯儲備中，美元仍然是最主要的儲備貨幣，全球美元儲備3.76萬億美元，占61.8%；其次是歐元，歐元儲備1.46萬億美元，占24.0%；英鎊儲備0.24萬億美元，占3.9%；日圓儲備0.24萬億美元，占3.9%；瑞士法郎儲備77.04億美元，占0.1%。歐債危機的持續發酵，美國量化寬鬆政策QE3及QE4的相繼推出，打擊了國際社會對歐元和美元的信心，使得美元和歐元儲備份額較2011年有所下降，而日圓、英鎊和瑞士法郎儲備份額小幅上升。

目前，人民幣還未進入「可劃分幣種的外匯儲備」行列，因此無法對其進行精準統計。然而，從2012年的公開報導中獲悉，亞洲的馬來西亞、韓國、柬埔寨、菲律賓，拉丁美洲的玻利維亞等國已將人民幣作為外匯儲備的一部分。中國的近鄰日本也宣稱要購入中國國債，以使外匯儲備多元化。從外匯儲備的持有主體看，新興經濟體和發展中國家的外匯儲備占全球外匯儲備的2/3，如果它們將人民幣作為外匯儲備，可以顯著提高人民幣國際化程度（見表2─6）。

表2─6　2012年全球官方外匯儲備的幣種分佈結構（%）

	2011				2012			
	Q1	Q2	Q3	Q4	Q1	Q2	Q3	Q4
全球外匯儲備	100	100	100	100	100	100	100	100
可劃分幣種的外匯儲備	55.09	54.61	55.07	55.32	54.69	55.52	55.76	55.62
美元	60.99	60.46	61.64	62.33	62.28	62.13	62.09	61.89
歐元	26.47	26.74	25.58	24.70	24.54	24.75	23.86	23.92
日圓	3.62	3.72	3.69	3.61	3.76	3.85	4.13	3.94
英鎊	4.07	4.05	3.90	3.84	4.00	3.82	4.09	4.00

續前頁

	2011				2012			
	Q1	Q2	Q3	Q4	Q1	Q2	Q3	Q4
瑞士法朗	0.12	0.12	0.30	0.08	0.09	0.08	0.14	0.13
其他幣種	4.73	4.91	4.89	5.44	5.33	5.37	5.69	6.12
不可劃分幣種的外匯儲備	44.91	45.39	44.93	44.68	45.31	44.48	44.24	44.38
發達經濟體	32.58	32.03	32.72	33.31	32.94	33.65	33.84	33.75
新興經濟體和發展中國家	67.42	67.97	67.28	66.69	67.06	66.35	66.16	66.25

注：（1）可劃分幣種的外匯儲備來自COFER資料庫；各幣種的外匯儲備結構是相應幣種的外匯儲備額與「可劃分幣種的外匯儲備」的比值，該演算法與IMF一致。

（2）不可劃分幣種的外匯儲備是外匯儲備總額與可劃分幣種的外匯儲備之差。

資料來源：IMF COFER資料庫，IMF：《國際金融統計》。

專欄2—1

貨幣當局人民幣互換

　　貨幣互換協議是指互換雙方可在必要時，在一定規模內，以本國貨幣為抵押換取等額對方貨幣，向兩地商業銀設於另一方的分支機搆提供短期流動性支援。截至2012年末，中國人民銀行已與韓國、馬來西亞、香港、白俄羅斯、阿根廷等18個國家和地區簽署了貨幣互換協定，總規模為1.67萬億元。與2011年相比，新增了阿聯酋、土耳其、澳洲、烏克蘭等4個國家，互換金額增加了0.37萬億元。在與馬來西亞和蒙古續簽的協議中，將原有貨幣互換規模800億元與50億元分別擴大至1 800億元與100億元（見圖2—13）。

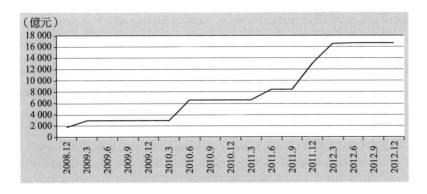

圖2—13 中國人民銀行貨幣互換規模

資料來源：中國人民銀行。

中國人民銀行與外國中央銀行互簽貨幣互換協定，旨在促進雙邊貿易發展、規避金融風險、降低融資成本和出口成本。隨著央行貨幣互換規模的明顯擴大，人民幣的國際影響力逐步上升。互換協議為中國在與這些國家進行貿易結算時使用人民幣或對方國家貨幣創造了物質基礎，因而可以被視為人民幣國際化的重要步驟。

2.6 外匯及離岸市場

2.6.1 外匯市場

外匯交易規模與結構全面體現了一種貨幣的供求狀況，集中反映了該貨幣的國際使用程度。為了增強人民幣匯率雙向浮動彈性，增強銀行外匯交易和風險管理的靈活性與主動性，促進人民幣匯率的價格發現和外匯市場的發展，中國人民銀行發佈《中國人民銀行公告》（〔2012〕第4號），決定自2012年4月16日起將銀行間即期外匯市場人民幣對美元交易價浮動幅度由千分之五擴大至百分之一。國家外匯管理局也宣佈對銀行結售匯綜合頭寸實行「正負區間管

理」，取消收付頭寸餘額下限管理。

受進出口貿易增速大幅下滑的影響，2012年外匯即期市場人民幣交易量萎縮，較2011年下降5.6個百分點，為2000年以來首次年度下跌。然而，人民幣對非美貨幣即期交易十分活躍，尤其是日圓交易。據中國外匯交易中心統計，非美貨幣在銀行間外匯即期市場的份額從2006年的0.9%擴大至2012年的4.8%。人民幣對日圓交易7 593億元，比2011年增長24倍，是非美貨幣交易中最活躍的幣種。包括歐元、澳元、盧布等八個幣種在內的即期交易也較2011年增長30.2%。

非美貨幣即期交易較為活躍主要有兩大原因，一是中國銀行間外匯市場在過去兩年間相繼增加盧布、林吉特、澳元、加元和泰銖對人民幣交易，使得人民幣對新引入貨幣交易顯著增長，外匯市場貨幣結構得到進一步優化（見表2—7）；二是人民幣對日圓交易出現爆發式增長。為了促進中國與日本之間的雙邊貿易，便利人民幣和日圓在貿易結算中的使用，滿足經濟主體降低匯兌成本的需要，經中國人民銀行授權，自2012年6月1日起完善銀行間外匯市場人民幣對日圓的交易方式，發展人民幣對日圓直接交易，日圓成為除美元外首個與人民幣開展直接交易的主要外國貨幣。市場成交量與流動性均大幅改善，當月即期市場日均成交量就為前五個月日均成交量的33倍。

表2—7 2012年銀行間外匯即期市場人民幣對各幣種交易量

幣種	美元	歐元	日圓	港幣	英鎊	澳元	加元	林吉特	盧布	泰銖
交易量	201 767.3	968.4	7 593.2	1 361.5	37.3	66.0	4.3	10.9	47.3	18.2

資料來源：中國外匯交易中心。

在即期市場交易額下降的同時，人民幣外匯衍生品市場卻得到快速發展，交易持續活躍（見圖2—14）。為了滿足企業管理人民幣匯率風險的迫切需要，2012年5月21日，國家外匯管理局發佈《關於調整銀行間外匯市場部分業務管理的通知》，放寬了外匯掉期和貨幣掉期業務的市場准入標準，增加了貨幣掉期業務的本金交換形式。該項政策有利於金融機構開展人民幣衍生品業務，服務實體經濟，大大促進了人民幣衍生品市場的發展。2012年人民幣外匯

衍生品交易2.6萬億美元，較2011年的1.99萬億美元同比增長30.6%。人民幣外匯掉期交易仍占據主要地位，外匯掉期累計成交額為25 192.5億美元，占匯率衍生品市場份額的96%，較2011年增長42%。期權交易所占比重相對較小，但是其增長速度驚人。2012年外匯期權成交37.1億美元，比2011年增長了2.7倍。外匯遠期交易則出現明顯下滑趨勢，2012年共成交853億美元，比2011年下降60%。國家外匯管理局宣佈實行結售匯綜合頭寸「正負區間管理」，導致外匯遠期市場成交水準和存量顯著下降，遠期掉期市場逐步回復到2010年11月施行收付實現制頭寸下限管理以前的格局，遠期掉期曲線基本合二為一，遠期交易的功能幾乎被掉期交易替代。

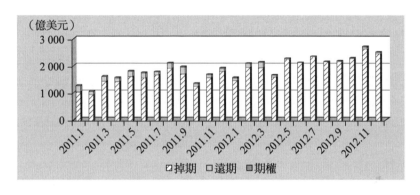

圖2—14 2011—2012年人民幣外匯衍生品市場發展情況

資料來源：中國外匯交易中心。

　　2011年3月，美國銀行上海分行與一家亞洲食品行業跨國公司簽訂4筆人民幣貨幣掉期合約，首開人民幣計價外匯掉期之先河。此後，一些國際金融機構陸續推出人民幣計價外匯衍生產品。2012年9月17日，香港交易所推出全球首支人民幣對美元可交割期貨（見表2—8），每張合約價值10萬美元，每張合約最低基本保證金為7 930元人民幣，合約的保證金、結算交易費用均以人民幣計價。該交易大大方便了投資者管理人民幣匯率風險，有助於吸引更多投資者持有和投資人民幣計價資產。

表2—8 人民幣貨幣期貨——美元對人民幣（香港）期貨情況

月份	交易日數	平均每日（手）	合約成交量總數（手）	漲幅	未平倉合約（手）
2012.9	10	217	2 172	—	1 076
2012.10	20	228	4 565	110.17%	1 956
2012.11	22	294	6 465	41.62%	3 551
2012.12	18	393	7 075	9.44%	3 673

資料來源：香港交易所。

　　2012年中國外匯市場一個顯著的變化是交易主體進一步增加，與2011年相比，即期市場會員由318家增至353家，遠期市場會員由73家增至79家，掉期市場會員由71家增至79家，期權會員由27家增至31家。交易主體的增加使得外匯市場人民幣交易規模擴大、品種更加多元化。

専欄2—2

CNH與NDF

　　2010年7月，香港金融管理局與中國人民銀行簽訂《修訂協定》，人民幣可交割遠期市場（deliverable forwards，DF）作為香港的人民幣新產品正式誕生，離岸人民幣（CNH）迅速發展起來。2010—2012年，CNH即期及可交割遠期每日的交易量合計已達60億美元，大大超過了約為32億美元的人民幣無本金遠期交割（NDF）的交易額。隨著中國對外貿易量的加速增長，人民幣結算額也將相應增加。這也意味著無本金遠期交割（NDF）這一傳統的海外投資者對沖人民幣匯率風險的主要工具，將逐步被離岸人民幣遠期合同所取代。

　　人民幣NDF是純粹的衍生品，而離岸人民幣CNH則是可帶來收息的

資產。隨著中國繼續放寬跨境資本流動，CNH作為境外資產工具的功能逐漸凸顯。

2012年4月，人民幣對美元的匯率波動範圍由0.5%擴大至1%。由於NDF直接與中國人民銀行的貨幣定價掛鉤，波動幅度被限定在0.5%～1%的範圍內，而CNH的波動幅度卻隨行就市，可以超過中國人民銀行允許的波動範圍，這就削弱了人民幣NDF對沖人民幣匯率風險的吸引力。隨著人民幣資本流動管制的逐步放鬆，NDF的對沖風險能力進一步下降，實際上，越來越多的市場參與者已經從NDF市場轉移到CNH市場上來。

從長遠看，標準化的人民幣期貨交易產品有可能成為市場化定價的主流力量。人民幣期貨是可交收的標準化合約，在場內集中進行交易，流動性較強，保證金制度使違約風險降低甚至為零。所以，儘管目前人民幣期貨交易比較冷清，但其成長前景樂觀。當成交量進一步增加時，人民幣期貨將為香港地區的離岸人民幣提供直接的權威定價工具，甚至未來境內對人民幣的定價也會受到離岸人民幣期貨交易的影響。

2.6.2 離岸市場

跨境貿易人民幣結算是在人民幣資本專案不可兌換的情況下開展的，通過貿易流到境外的人民幣不能夠自由地回到國內資本市場，而貿易結算所需人民幣融資也不能自由獲得。解決境外企業的人民幣投資和融資問題，只能依靠發展人民幣離岸市場。2012年，離岸人民幣市場發展成果豐碩。不僅香港離岸人民幣市場有顯著的縱深發展，中國境內的上海和歐洲、亞洲其他地區、非洲等地多個金融中心還出現了積極推動離岸人民幣業務發展的良好勢頭。

2012年6月27日，中央政府在香港回歸二十五周年前夕公佈了惠港政策。[1]在深圳前海特區開展人民幣雙向貸款，支援前海企業到香港發行點心債券，為

---

1   惠港政策包括：支持協力廠商利用香港辦理人民幣貿易投資結算，進一步豐富香港離岸人民幣產品，為香港有關長期資金投資內地資本市場提供便利；推動滬深聯合設立合資公司，推出內地與香港兩地市場互相掛牌的交易所交易基金產品（ETF）；進一步推動香港與深圳之間的相互投資和金融合作等。

鞏固香港離岸人民幣金融中心地位提供新的戰略支點。在政府政策推進和市場發展的共同作用下，2012年香港離岸人民幣市場縱深推進，取得顯著的成果。

（1）市場管理有序放寬。

2012年香港監管當局放鬆了對銀行的監管，增加了對參加行的流動性資金支援，使銀行得以釋放更多的資金進行人民幣業務的創新。從2012年1月17日開始，香港金融管理局將銀行的人民幣未平倉淨額從之前的不超過10%提高到20%，同意銀行將所持中國財政部在港發行的人民幣債券以及通過內地銀行間債券市場持有的人民幣債券投資計入人民幣風險管理限額之內。香港金融管理局還運用與中國人民銀行之間簽訂的貨幣互換協定，接納人民幣業務參加行的合格證券（含外匯基金票據和債券、香港特區政府債券、財政部在港發行的人民幣債券、在歐洲清算銀行或摩根大通所持的證券）作為抵押品，向有關參加行提供人民幣資金，增加參加行的人民幣資金流動性。此外，香港金融管理局放寬人民幣業務的個人交易主體限制。從2012年8月1日起，非香港居民可以來港開立人民幣帳戶，使用存款、貸款、信用卡、購買人民幣股票及理財產品等人民幣服務。非居民兌換人民幣不再受每日2萬元的限制，可以無限量兌換。香港交易所放寬了人證港幣交易通，即TSF（RMB Equity Trading Support Facility）[1]的覆蓋範圍，以便人民幣計價金融產品在交易市場上的價格發現過程和流通量不受市場上的人民幣現金存量的影響，因而提高了香港離岸人民幣市場的效率。

為了適應歐洲交易習慣，吸引更多的歐洲交易主體，離岸人民幣清算行——中銀香港自2012年6月25日起將香港人民幣支付結算系統服務時間延長至晚上11：30，同時也將人民幣電匯及特快轉帳指示的服務時間延長至同一時

---

1 TSF是一個人民幣資金池，它可以讓投資者在沒有足夠的人民幣且無法通過其他管道取得人民幣時，也可以用港元在交易市場購買人民幣計價的金融產品。其前臺操作流程為：TSF的使用者用港元買入人民幣，購入人民幣計價股份。當以後賣出這些人民幣計價股份後，他們便需要把所得人民幣退還TSF而取回等額港元。其後臺操作流程為：TSF從一家或多家香港銀行取得人民幣，通過經紀人提供給擬在交易市場買入人民幣計價股份的投資者，並通過香港交易所旗下的證券結算所——香港中央結算有限公司用於人民幣計價股份交易的結算交收。

間，為倫敦及歐洲時區其他金融中心金融機構提供更加充裕的時間視窗。

（2）市場運行機制逐步完善。

2012年香港離岸人民幣市場運行機制創新的亮點是銀行間拆息率的推出。2012年1月11日，中銀香港、滙豐銀行和渣打銀行根據自己的人民幣流動資金和借貸情況，在每個營業日上午11時公佈香港人民幣（香港）銀行間拆息率（Hongkong InterBank Offered Rate，HIBOR），期限為隔夜至一年，由香港財資市場公會網站發佈。截至2012年12月10日，銀行間拆息率的提供機構已由原先的3家銀行擴展到13家銀行，標誌著離岸人民幣同業貸款基準利率基本形成，批量交易有了堅實的基礎。

2012年上半年，由於人民幣升值預期驟減，加上新加坡、倫敦開始大力發展離岸人民幣業務，香港離岸人民幣存款首次出現了下降。7月25日，香港金融管理局將人民幣業務範圍擴大到非香港居民，經營人民幣業務的存款機構數目也從2011年底的133家上升至139家。各銀行爭相以高利率來吸收人民幣存款，人民幣存款規模逐漸回升，並趨於穩定（見圖2—15）。

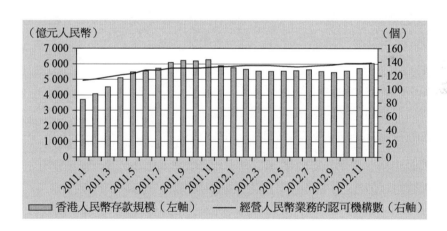

圖2—15　香港離岸人民幣存款情況

資料來源：香港金融管理局。

2012年，離岸人民幣市場獲得了長足進步。從全球範圍來看，離岸市場漸呈多點開花之勢，新加坡和倫敦的離岸人民幣市場發展迅速，離岸人民幣業務已經達到一定規模。巴黎、杜拜、雪梨、臺灣等地也開始籌建離岸人民幣中心。由於地理區位以及與中國的經貿關係不同，香港之外的各金融中心在發展人民幣離岸市場的進程中定位不同，將各具特色。倫敦可能成為未來的西方人民幣業務中心，臺灣可能在未來成為亞洲地區的另一個離岸人民幣中心。巴黎、杜拜、雪梨等地只是表達了初步的意向，發展方向尚不確定。新的離岸人民幣市場的崛起必然會對香港提出一定的挑戰，形成競爭關係。以臺灣為例，隨著臺灣的人民幣清算體系的建立和其他政策的明朗化，臺灣的離岸人民幣業務估計會有長足的發展。但是，這些離岸人民幣市場之間也會有合作。以倫敦為例，儘管倫敦國際金融中心的基礎設施、監管水準和流動性都大大領先於香港，且在國際範圍內的市場效應和示範作用大於香港，但是，目前離岸人民幣資金主要集中在香港，香港可以提供全方位的人民幣服務，且在清算網路上香港有先行優勢。短期內，倫敦仍然會借道香港進行清算，雙方合作共贏，共同把離岸人民幣市場做大。

最理想的格局應該是：香港作為主要離岸中心，打造「中心的中心」，承擔離岸人民幣的「批發」功能，而其他地區則主要是「零售」角色。因此，香港現階段的總體戰略應該是提供多元化的人民幣相關產品，同時發展股票及股票相關衍生產品以外的業務，開拓定息產品、貨幣及商品業務，以增加人民幣資金的投資屬性，提高人民幣的吸引力。

總之，在未來幾年內，離岸市場的發展將成為人民幣國際化進程中不容忽視的推動力，仍會有許多值得關注的看點，高潮遠未到來。

2.7 人民幣匯率

人民幣匯率是推動人民幣國際化的重要影響因素之一。增強人民幣名義匯

率彈性，注重維護有效匯率的穩定，最終逐步過渡為市場供求決定的匯率形成機制，對於推動人民幣國際化具有重要意義。當然，人民幣國際化進程的深入將在總量與結構兩方面改變人民幣市場供求，使得人民幣匯率的形成機制發生新的變化。

2.7.1 人民幣匯率制度

1994年中國實行外匯體制改革，建立了以市場供求為基礎，單一的、有管理的浮動匯率制度。在這一時期，為了應對國際金融環境的動盪，保證中國經濟有序、漸進地對外開放，中國對人民幣匯率波動進行嚴格管理，匯率波動幅度較小，被IMF列入盯住匯率制度。

在中國加入世貿組織的大背景下，為了平衡國際收支，2005年，中國進行了人民幣匯率形成機制改革，實行以市場供求為基礎、參考一籃子貨幣進行調節、有管理的浮動匯率制度。

2008年，國際金融危機爆發，人民幣匯率開始實行盯住美元，保持基本穩定。隨著國內外經濟金融形勢的變化，中國人民銀行於2010年6月決定進一步推進人民幣匯率形成機制改革，增強人民幣匯率彈性，實現匯率波動正常化，退出階段性的盯住美元政策。2011年，人民幣擴大在跨境貿易和投資中的使用規模，資本項下人民幣可兌換範圍也進一步拓寬，夯實了人民幣匯率形成機制的市場基礎，匯率制度更富彈性。

2012年，增強雙向浮動彈性成為人民幣匯率制度改革的重點。自2012年4月16日起，銀行間即期外匯市場人民幣對美元交易價浮動幅度由千分之五擴大至百分之一。2012年6月1日，中國外匯交易中心完善銀行間外匯市場人民幣對日圓交易方式，發展人民幣對日圓直接交易，根據市場供求關係來形成人民幣對日圓直接匯率，大大促進了人民幣對日圓的交易規模。

由外匯市場供求關係決定人民幣匯率，是民幣匯率制度改革的既定目標。隨著中國外匯市場的發展與完善，人民幣匯率的彈性和靈活性得到增強，雙向浮動的人民幣匯率在中國貿易和資本流動中的價格槓桿作用越來越明顯。

2.7.2 人民幣匯率水準

1.名義匯率。

隨著2011年11月28日中國外匯交易中心首次在銀行間外匯市場啟動人民幣對澳洲元和人民幣對加拿大元的交易，境內外匯市場與人民幣進行市場化匯價交易的貨幣上升至九種，分別為美元、港元、日圓、歐元、英鎊、林吉特、盧布、澳元和加元。到目前為止，全球外匯市場主要交易貨幣中，僅有瑞士法郎與人民幣沒有建立直接的「市場化聯繫」。

根據國家外匯管理局公佈的人民幣匯率中間價資料，受到外匯供求關係變動的影響，2011年1月以來的兩年間，人民幣對美元、港幣、歐元、英鎊、日圓、林吉特和盧布等7種貨幣均有不同程度的升值。人民幣對日圓升值幅度最大，達到10.1%，對美元、港幣、歐元、林吉特、盧布升值則在5%左右，而對英鎊升值幅度相對較小，僅為0.6%。自開始市場化匯價交易以來，人民幣對澳元和加元則分別貶值2.5%和2.7%。由於貶值幅度和升值相比相對較小，整體來看人民幣升值明顯（見圖2—16）。

整個2012年，人民幣匯率表現出新的特點，以穩定和貶值為主旋律，在一定程度上緩和或弱化了近三年的總體趨勢，使得人民幣的升值特點不再顯著。其中，由於美元年中走強，呈現波段中升值，人民幣對美元匯率經歷了年中的貶值，但隨著美國非農就業資料的不佳，以及美國QE3的推行，10月開始人民幣再度明顯升值。市場對「財政懸崖」的擔憂使美元承壓，貶值預期在短期內延續，至2012年底，人民幣對美元匯率較2011年底小幅升值0.2%。港幣與美元之間保持聯繫匯率制，因此，人民幣對港幣匯率與人民幣對美元匯率走勢幾乎完全相同。歐元在經歷了2011年的大幅貶值後，2012年幣值波動劇烈。

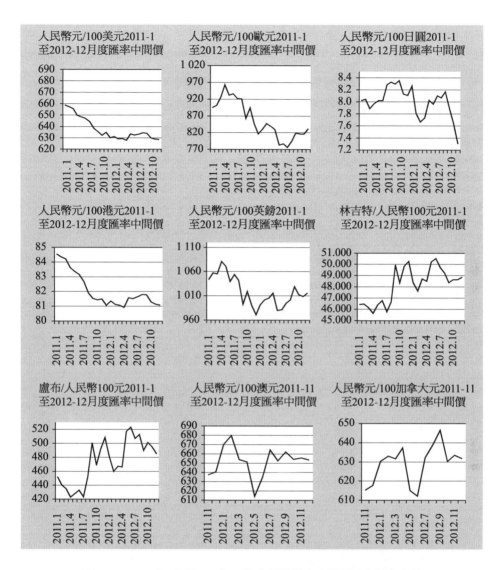

圖2—16 2011年1月至2012年12月人民幣匯率中間價月度變化走勢

注：國家外匯管理局自2010年8月19日起，公佈人民幣對林吉特匯率中間價；自2010年11月22日起，公佈人民幣對盧布匯率中間價；自2011年11月28日起，公佈人民幣對澳元、加元匯率中間價。人民幣對林吉特、盧布匯率中間價採取間接標價法，即100人民幣折合多少林吉特、盧布，人民幣對其他7種貨幣匯率中間價仍採取直接標價法，即100外幣折合多少人民幣。月度數據均為期末數。

資料來源：國家外匯管理局。

上半年由於希臘債務問題遲遲不見好轉，對歐元區經濟的擔憂使歐元持續走低，並在年中經歷了大幅貶值。從7月開始，經過歐元區各國領導人的共同努力，歐元區穩定機制構架得到完善，各國財政整固和銀行業聯盟的建立提振了市場信心，而且隨著希臘債務緩解獲得新的進展，歐元區消息面整體利好，推動歐元進入一輪強勁的上漲。2012年末與年初相比，人民幣對歐元升值1.9%。人民幣對盧布在2012年上半年出現了超過13%的升值，下半年人民幣開始貶值，年末對盧布升值4.6%。人民幣對英鎊、林吉特匯率在經歷了劇烈波動後，2012年底較年初分別升值4.6%、2.8%；澳元和加元變化趨勢相似，均經歷了1月的大幅升值，在5、6月貶值明顯，但之後又逐漸升值，全年升值分別為2.0%和2.3%。與其他貨幣變化趨勢明顯不同的是，人民幣對日圓扭轉之前的弱勢，在2、3月份大幅升值後迅速貶值，自6月1日人民幣對日圓開始直接交易以來的半年內，匯率波動相對比較平緩，但由於政壇的變動，人民幣對日圓匯率在10月再次開始明顯升值，隨著12月16日安倍晉三在大選中獲勝，寬鬆立場將得到推行，使日圓加速貶值，全年人民幣升值達9.9%。

　　多方面的原因造成2012年人民幣升值放緩甚至在年中出現貶值。如前所述，中國政府增強了人民幣匯率雙向浮動的彈性。匯率政策變動改變了人民幣只漲不跌的升值預期，使人民幣匯率更加符合市場漲跌規律，在中國外貿形勢低迷、貿易順差急劇減少的情況下，人民幣對主要貨幣都出現了較大幅度的貶值。加之歐債危機持續惡化，新興市場經濟體增速同步放緩，資產吸引力下降，出現了熱錢抽離、外資做空的情況，美元等外幣買盤相對增強，在2012年年末出現的風險資產漲勢更是促進了外幣升值。

　　儘管人民幣快速升值的預期發生逆轉，但2012年7月國際貨幣基金組織發佈報告稱，人民幣依然被中度低估，人民幣升值預期的經濟基礎仍未發生根本改變。

　　2. 名義有效匯率。

　　鑒於雙邊匯率無法綜合反映人民幣的對外匯兌水準，因此我們運用貿易加權平均匯率，即名義有效匯率來測度人民幣的綜合對外價值。

據國際清算銀行資料，自2011年1月以來的兩年間，人民幣名義有效匯率累計升值達6.9%，這一升值主要體現在2011年。其中，2011年上半年較為穩定，從9月開始快速升值。進入2012年以來，人民幣走勢不如2011年強勢，名義有效匯率升值明顯放緩，在104～107之間上下波動，較為穩定，年底人民幣對美元、日圓等貨幣的強勢，促使人民幣反彈，實現了一定程度的升值，但年內累計升值幅度仍不超過1.4%，屬於基本穩定。整個2012年，人民幣名義有效匯率都維持在較高水準，與2010年基期相比有5%以上的升值，出口企業壓力仍然較大（見圖2—17）。

　　在人民幣名義有效匯率穩定升值的同時，其他主要國際貨幣則表現出不同的特點（見圖2—18）。近兩年，英鎊和美元名義有效匯率均實現升值，而歐元和日圓則出現貶值。其中，英鎊增幅為3.7%，且升值主要集中在2012年前10個月，升幅達3.07%；日圓則波動較為劇烈，特別是2011年3月發生日本海嘯後，日圓名義有效匯率升值顯著，達到近三年最高值111.44，但劇烈的波動也使日圓的匯率穩定性變差，風險較大，伴隨著日圓在2012年底的弱勢，

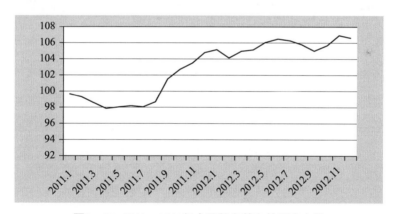

圖2—17　2011—2012年人民幣名義有效匯率走勢

注：月度平均，指數2010年=100。
資料來源：國際清算銀行（BIS）。

　　日圓的名義有效匯率也同步地在第4季度大幅貶值；美元和歐元走勢線幾

乎成對稱性變化，體現出一定的聯動性，歐元區繼續受歐債危機深化的影響，歐元兩年內貶值達1.1%，但在2012年12月有所回升，美國在2011年上半年面臨嚴重的預算、債務和兩黨爭端等問題，使得名義有效匯率一度大幅貶值，並在7月達到低位，但隨著美國採取一系列措施復甦經濟，使得有效匯率下降趨勢及時扭轉，並在這之後保持相對穩定，實現0.5%的小幅升值。

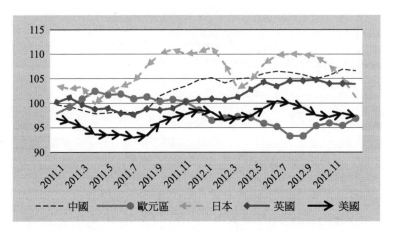

圖2—18　2011年1月—2012年12月五大經濟體貨幣名義有效匯率走勢

注：月度平均，指數2010年=100。

資料來源：國際清算銀行（BIS）。

從近兩年名義有效匯率走勢來看，相對其他主要國際貨幣，人民幣仍然較為堅挺，且有望繼續保持穩定的增長。從2012年資料來看，人民幣雖然僅升值1.37%，不及英鎊的2.98%，但明顯強於貶值的美元和日圓，特別是貶值達9.16%的日圓。不過1.37%的增幅也表明人民幣升值的增速較前兩年有所放緩，有效匯率趨於穩定。

3. 實際有效匯率。

由於經濟週期不同步以及宏觀經濟管理水準差異，金融危機以來各國的通貨膨脹率呈現較大的差別，發達國家的CPI較低，而新興市場國家的CPI較高。

據國際清算銀行統計，2011年1月以來的兩年間，人民幣實際有效匯率上升顯著，累計達到8.0%，而這一升值主要集中在2011年8月—2012年1月的半年

之內，其間人民幣累計升值超過8%。然而，進入2012年以來，人民幣實際有效匯率開始下降，前9個月貶值達1.8%，但年底的漲勢使全年仍然實現了0.69%的小幅升值（見圖2—19）。由於人民幣相對而言仍然較為強勢，實際有效匯率維持在較高水準也在意料之中。人民幣實際有效匯率升值，再加上外需疲弱以及發達國家貿易保護主義傾向的增強，使得2012年中國的出口遭遇前所未有的打擊，增長率降到十年新低。

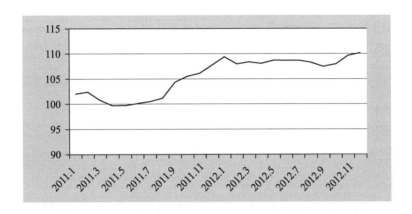

圖2—19　2011年1月—2012年12月人民幣實際有效匯率走勢

注：月度平均，指數2010年=100。
資料來源：國際清算銀行（BIS）。

　　與主要國際貨幣相比，近兩年，人民幣實際有效匯率升值幅度最大，明顯高於排名第二的英鎊的5.1%。但2012年情況卻出現反轉，微弱升值的人民幣僅好於貶值的美元和日圓，英鎊和歐元出現了明顯的升值。

　　4. 人民幣NDF匯率。

　　在外匯管制國家，貨幣通常不能自由兌換，為了規避匯率波動的風險，20世紀90年代出現了無本金交割的遠期交易，人民幣、越南盾、印度盧比、菲律賓比索等新興市場貨幣都出現了NDF這種衍生工具。

　　進入2012年，人民幣首先延續了2011年底強勢升值的趨勢，表現為美元對

人民幣1年期NDF匯率快速下降，並在2月8日達到6.257 5的歷史新低，海外人民幣升值預期強烈。但從2月底開始，1年期NDF開始進入長達半年之久的上升期，這源於美國從2008年金融危機中復甦的跡象開始凸顯，其2012年上半年的經濟資料較好，GDP漲幅和通貨膨脹率均好於市場預期，同時也與中國增強匯率雙向浮動彈性有關。在多重因素的作用下，投資者對人民幣升值預期有所減弱，甚至認為短期內會出現貶值，資本外流使得人民幣對美元一度貶值。8月底以來，美元對人民幣NDF價格再次出現扭轉，經過半年左右的調整，人民幣升值預期再度走強，表明海外市場對人民幣仍然看好，人民幣升值的趨勢短期內不會改變，人民幣對美元匯率在10月實現同步扭轉。然而，在經歷了3個月的升值之後，12月1年期人民幣NDF再度貶值，暗示未來12個月人民幣對美元將出現貶值。由於出現了年中的大幅升高，美元對人民幣1年期NDF在2012年全年僅下降0.82%（見圖2—20）。

從中國經濟和外匯儲備狀況看，人民幣仍然具有一定的升值空間；國際環境變化，美歐等國失業率居高不下，繼續使得人民幣升值壓力短期內不會消失。反過來，人民幣升值增強了投資者對持有人民幣資產的信心，擴大了人民幣成為國際儲備貨幣的可能性，這對人民幣國際化進程的推進具有一定程度的積極意義。

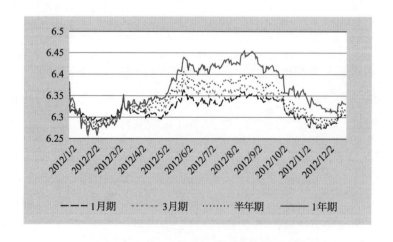

圖2—20　2012年人民幣NDF每日綜合收盤價

資料來源：Bloomberg.

2.8 中國資本帳戶開放程度

IMF在其發佈的《匯兌安排與匯兌限制年報》（Annual Report on Exchange Arrangements and Exchange Restrictions. AREAER）中，將資本專案的交易劃分為7類11大項，在評估各國資本管制狀況的時候，IMF又將這11個大項細分為40個子項。

本報告首先根據《2012年匯兌安排與匯兌限制年報》對中國2011年的資本開放度進行測算，然後將中國2011年的資本帳戶各子項與2010年相比較，對資本帳戶變化的具體項目進行詳細羅列。

2.8.1 中國資本帳戶開放度測算

Epstein和Schor（1992）最早提出使用AREAER衡量資本管制程度，Cottarelli和Giannini（1997）將AREAER的資本管制資訊量化為二元變數[1]，進行算術平均，計算出資本帳戶開放度。由於該方法過於粗略，得到的結論可信度受到不少質疑，本報告使用目前主流的資本開放度測度方法即四檔約束式方法[2]，對我國的名義資本帳戶開放程度進行測量。

按照《2012年匯兌安排與匯兌限制年報》中對中國2011年度資本帳戶管制的描述，2011年我國資本帳戶不可兌換項目有4項，主要是非居民參與國內貨

---

1 即0/1虛擬變數，若資本帳戶專案存在管制記為0，反之記為1。

2 計算公式為：$open = \sum_i^n p(i)/n$。

式中，*open*代表資本帳戶開放的程度，從0到1取值，值越小說明資本帳戶管制程度越大，*n*表示資本項目開放中考慮的資本交易專案總數，在此表示中國11個資本大項交易下的40個資本交易子項，$p(i)$表示第i子項的開放程度，用四檔取值法對各子項進行賦值。$p(i)=1$表示此資本交易專案沒有管制，是指對真實性的資本專案交易或匯兌基本沒有管制；$p(i)=1/3$表示有較多限制，是指對較多交易主體或大部分資本專案進行限制；$p(i)=2/3$表示此資本交易專案管制很少，是指僅對個別交易主體或少數資本專案交易進行限制；$p(i)=0$表示嚴格管制，是指不允許或禁止進行的交易專案，包括無明確法律規定，但實際操作中不允許或禁止的交易專案。另外，在AREAER中也有少數專案表示有管制但是沒有具體資訊，此類情況賦值為1/2。

幣市場、基金信託市場以及買賣衍生工具等；部分可兌換專案主要集中在債券市場交易、股票市場交易、房地產交易和個人資本交易等四個方面；相比2010年，2011年有6個大項存在細微的變化，表明我國2011年的資本帳戶相比2010年進一步放開。運用四檔約束式方法進行計算，同時考慮到細微變化，綜合量化《2012年匯兌安排與匯兌限制年報》的描述，我國的資本開放度為0.512 5（見表2—9）。

表2—9　IMF定義下的2011年度中國資本管制現狀

資本交易項目	2011年
1.對資本市場證券交易的管制	
A.買賣股票或有參股性質的其他證券	
（1）非居民境內購買	QFII可投資國內A股；外國個人投資者的所有權不能超過公司股份的10%，投資總額限制為300億美元；QFII發起的養老基金、保險基金、共同基金等長期資金的鎖定期為3個月。2011年12月16日起，一些QFII進一步被允許使用人民幣投資於國內證券市場。
（2）非居民境內出售或發行	非居民可以出售A股和B股；在當前的政策規則下沒有對非居民發行A股或B股的限制，但目前沒有非居民發行A股或B股。
（3）居民境外購買	在外匯局監管下，國內公司可購買海外發行的股票；保險公司在海外市場的投資額不能超過總資產的15%；QDII在監管下可以進行一定額度的投資組合；合格境外上市公司的國內子公司的國內員工可以參與這些公司的股權激勵方案。
（4）居民境外出售或發行	證監會監管在境外上市的國內公司。
B.證券與其他債務性證券	

續前表

資本交易項目	2011年
（5）非居民境內購買	QFII可投資國內上市債券；可參與可轉換債券發行；截至2010年8月17日，符合資格的外國機構可投資於銀行間債券市場等，這些投資都有限制，但沒有最低限度的持有期。
（6）非居民境內出售或發行	國際機構可發行人民幣計價債券，但須財政部、發改委和人民銀行批准。
（7）居民境外購買	在各自的外匯配額和管理法規限制內，符合資格的銀行、基金管理公司、證券公司和保險公司可以購買海外債券；銀行購買外匯和投資外國債券不能超過已批准的額度。
（8）居民境外出售或發行	須要發改委同意，允許離岸人民幣債券發行。
2.對貨幣市場工具的管制	
（9）非居民境內購買	QFII在最小鎖定期的限制下可購買貨幣市場基金；銀行間外匯市場不能直接參與；QFII發起的養老基金、保險資金、共同基金等長期資金的鎖定期為3個月。
（10）非居民境內出售或發行	禁止：非居民不允許出售和發行貨幣市場工具。
（11）居民境外購買	在各自的外匯配額和管理法規限制內，QDII可購買海外貨幣市場工具；保險公司海外投資額不能超過總資產的15%。
（12）居民境外出售或發行	須外匯局批准，本地居民可以在國外發行貨幣市場工具，且這些債券和商業票據期限不少於一年。
3.對集體投資類證券的管制	
（13）非居民境內購買	QFII可投資於國內的封閉式和開放式基金。
（14）非居民境內出售或發行	禁止：這些交易不允許。

續前表

資本交易項目	2011年
（15）居民境外購買	在各自的外匯配額和管理法規限制內，QDII可購買海外集體投資性證券；保險公司海外投資額不能超過總資產的15%。
（16）居民境外出售或發行	須外匯局批准，本地居民可在國外發行集體投資類證券。
4.對衍生工具與其他工具的管制	
（17）非居民境內購買	禁止：這些交易不允許。
（18）非居民境內出售或發行	禁止：這些交易不允許。
（19）居民境外購買	在銀監會監管下，金融機構可購買和銷售國外衍生工具，但必須滿足一些規定。在國家外匯管理局登記的情況下，合格境外上市公司的國內子公司的國內員工可以參與這些公司的股權激勵方案。
（20）居民境外出售或發行	銀監會監管，規則管制購買申請。
5.對商業信貸的管制	
（21）居民向非居民提供	須外匯局批准，跨國公司的駐本地公司可直接借款給境外關聯的公司。
（22）非居民向居民提供	已得到批准的金融機構和國內中資企業可以從事短期的外國借款，借貸期限超過一年的由國家發改委批准。
6.對金融信貸的管制	
（23）居民向非居民提供	須外匯局批准，跨國公司的駐本地公司可直接借款給境外關聯的公司。
（24）非居民向居民提供	一年期以上的國際商業信貸須發改委批准，金融機構對外借款須外匯局同意。
7.對擔保、保證和備用融資便利的管制	
（25）居民向非居民提供	在外匯局批准的範圍內，一些非銀行金融機構和企業可以提供財務與非財務的對外擔保，所有擔保都必須在交易的基礎上註冊。

續前表

資本交易項目	2011年
（26）非居民向居民提供	在外匯局批准的一定範圍內，在一些試點地區的從國內金融機構借入資金的中資企業可以接受來自外國機構的擔保。
8.對直接投資的管制	
（27）對外直接投資	須外匯局批准，國內機構可匯寄海外投資總額的一定比例；截至2011年1月6日，內地20個省市的本地公司可用人民幣對外直接投資。
（28）對內直接投資	在法律和規章下，非居民可在中國投資；投資必須滿足諸多條件。2011年10月12日起，外國投資者可從事通過國外合法所得人民幣在中國的直接投資活動。
9.（29）對直接投資清盤的管制	須外匯局審批。
10.對不動產交易的管制	
（30）居民在境外購買	國內機構購買國外的房地產須遵守對外直接投資的規則；保險公司的投資額不能超過總資產的10%。
（31）非居民在境內購買	外國居民購買國內商品住宅必須遵守一定的規則；須在指定的銀行直接轉換外匯資金。
（32）非居民在境內出售	須外匯局審批，非居民可轉移銷售房地產獲得的外匯收入。
11.對個人資本流動的管制	
貸款	
（33）居民向非居民提供	有一定限制。
（34）非居民向居民提供	有一定限制。
禮品、捐贈、遺贈和遺產	
（35）居民向非居民提供	設定最高配額，一年不超過5萬美元。
（36）非居民向居民提供	設定最高配額，一年不超過5萬美元。
（37）外國移民在境內的債務結算	—

續前表

資本交易項目	2011年
資產的轉移	
（38）移民向國外的轉移	退休和養老金可匯向國外，如果一次性申請匯向國外的總金額超過20萬元，資金須分階段匯出。
（39）移民向國內的轉移	—
（40）博彩和中獎收入的轉移	—
資本開放程度	0.512 5

禁止	較多限制	較少限制	沒有限制

資料來源：IMF：《2012年匯兌安排與匯兌限制年報》。

2.8.2　開放度發生變化的具體項目

　　相比2010年，在資本專案交易的11個大項中，對資本市場證券交易的管制、對衍生工具與其他工具的管制、對商業信貸的管制、對金融信貸的管制、對擔保和備用融資便利的管制以及對直接投資的管制6個大項有變化；具體到40個子項中，涉及8個子項進一步向資本帳戶開放推進。

　　關於「對資本市場證券交易的管制」中的第一個子項，截至2010年12月31日有106家QFII，總投資197.2億美元，到2011年底，累計達110家合格境外機構投資者已獲得批准，總投資216.4億美元；相比可以看出，對QFII呈現逐步擴容的趨勢，緩慢放寬對投資範圍和流入流出的限制。其他子項詳細變化如表2—10所示，底色標注的專案為變化的內容。

表2—10　2011年中國資本帳戶管制現狀相對2010年的變化

資本交易項目	2010年	2011年相對2010年的變化
1. 對資本市場證券交易的管制		通過一個試點專案，一些QFII正進一步被允許使用人民幣投資於國內證券市場，第一批試點機構是國內有資質的中國基金管理公司和證券公司的香港子公司。

續前表

資本交易項目	2010年	2011年相對2010年的變化
A. 買賣股票或有參股性質的其他證券		
（1）非居民境內購買	截至2010年12月31日，有106家QFII，其中97個批准的投資額度是197.2億美元，投資額度在總限額300億美元以內。	截至2011年底，累計達110合格境外機構投資者已獲得批准，總投資216.4億美元。自2011年12月16日起，在現有的QFII制度的基礎上，通過一個試點專案，一些QFII進一步被允許使用人民幣投資於國內證券市場，第一批試點機構是國內有資質的中國基金管理公司和證券公司的香港子公司。
（2）非居民境內出售或發行		無變化。
（3）居民境外購買	QDII可以在某些配額和監管部門批准後，通過一個特定的帳戶，投資於境外證券市場。	在國家外匯管理局登記的情況下，合格境外上市公司的國內子公司的國內員工可以參與這些公司的股權激勵方案，在這些方案條款規定下可以購買股份或期權。
（4）居民境外出售或發行		無變化。
B. 證券與其他債務性證券		
（5）非居民境內購買		無變化。
（6）非居民境內出售或發行		無變化。
（7）居民境外購買		無變化。
（8）居民境外出售或發行		
2. 對貨幣市場工具的管制		
（9）非居民境內購買		無變化。
（10）非居民境內出售或發行		無變化。
（11）居民境外購買		無變化。
（12）居民境外出售或發行		無變化。

續前表

資本交易項目	2010年	2011年相對2010年的變化
3. 對集體投資類證券的管制		
（13）非居民境內購買		無變化。
（14）非居民境內出售或發行		無變化。
（15）居民境外購買		無變化。
（16）居民境外出售或發行		無變化。
4. 對衍生工具以及其他工具的管制		
（17）非居民境內購買		無變化。
（18）非居民境內出售或發行		無變化。
（19）居民境外購買		在國家外匯管理局登記的情況下，合格境外上市公司的國內子公司的國內員工可以參與這些公司的股權激勵方案，在這些方案條款規定下可以購買股份或期權。
（20）居民境外出售或發行		無變化。
5. 對商業信貸的管制		
（21）居民向非居民提供		無變化。
（22）非居民向居民提供	進行外國投資的國內銀行可以不轉換國外債務合同中使用人民幣獲得的收益。	左欄的描述沒有出現。
6. 對金融信貸的管制		
（23）居民向非居民提供		無變化。
（24）非居民向居民提供	機構不得將從國外貸款合同中使用人民幣獲得的收益進行轉換。	左欄的描述沒有出現。
7. 對擔保、保證和備用融資便利的管制		

續前表

資本交易項目	2010年	2011年相對2010年的變化
（25）居民向非居民提供	對外提供財務擔保的國內銀行和其他國內機構所提供的所有擔保都需要外匯管理局批准，必須完成所有的對外擔保登記。	在國家外匯管理局規定的範圍內，國內銀行可提供未經批准的個人交易的對外財物擔保；提供對外擔保的國內銀行必須定期向國家外匯管理局歸檔；在外匯局批准的範圍內，一些非銀行金融機構和企業可以提供財務與非財務的對外擔保，所有擔保都必須在交易的基礎上註冊。
（26）非居民向居民提供		補充說明：在外匯局批准的一定範圍內，在一些試點地區從國內金融機構借入資金的中資企業可以接受來自外國機構的擔保。
8. 對直接投資的管制		
（27）對外直接投資		無變化。
（28）對內直接投資	非居民可在中國投資。	*非居民可以在中國投資和興辦企業。
		*自2011年10月12日起，外國投資者可從事通過國外合法所得人民幣在中國的直接投資活動。
9.（29）對直接投資清盤的管制		無變化。
10. 對不動產交易的管制		
（30）居民在境外購買		無變化。
（31）非居民在境內購買		無變化。
（32）非居民在境內出售		無變化。
11. 對個人資本流動的管制		
貸款		
（33）居民向非居民提供		無變化。
（34）非居民向居民提供		無變化。
禮品、捐贈、遺贈和遺產		

續前表

資本交易項目	2010年	2011年相對2010年的變化
（35）居民向非居民提供		無變化。
（36）非居民向居民提供		無變化。
（37）外國移民在境內的債務結算		無變化。
資產的轉移		
（38）移民向國外的轉移		無變化。
（39）移民向國內的轉移		無變化。
（40）博彩和中獎收入的轉移		無變化。

資料來源：IMF：《2012年匯兌安排與匯兌限制年報》。

第三章

當今世界如何看待人民幣國際化

　　按照建構主義的說法，觀念和認知本身就是人類社會現象的重要組成部分。世界各國如何看待人民幣國際化？是否樂觀？是樂見其成還是視為挑戰？是否願意參與其中？隨著時間的推移，各國態度是否有所變化？這些外部認知和態度，本身就能對人民幣國際化的進程乃至成敗有著重大影響；其中所包含的資訊，也可以為中國政府擬定相關政策時提供參考。因此，對這種認知和態度的研究很有必要。

　　在2012年度人民幣國際化報告中，我們已經比較系統地回顧了此前國際和國內學術界對於人民幣國際化問題的理論認識和學理分析。在本年度人民幣國際化報告中，我們將在去年的基礎上往前拓展一步，重點探討當前世界各國如何看待人民幣國際化的問題。首先，我們將通過問卷調查的設計發放、回饋統計和推理分析，並結合本章課題組成員在多次訪談中所獲取的回饋，探討世界各國對人民幣國際化的態度，尤其是考察不同的國家、不同的部門對人民幣國際化的態度有何共性與區別。[1] 然後，我們按照不同的主題來梳理2012年度出

1　在部門的選擇上，我們主要的調研和問卷對象包括金融機構、政府部門、智囊機構人員。由於後兩類願意提供回應的數量較少，而且在不少國家這兩類人士本質上屬於一個圈子，所以我們在統計中把他們並為一類。金融機構相對而言更加代表市場因素，而政府官員和智囊機構更代表各國的官方態度。當然，官方公開態度與問卷所反映出來的匿名狀況下的態度自然會有所區別。

版的各國主流媒體和學術文獻中對人民幣國際化議題的報導和探討[1]，並與此前的輿論略作對比，以看出外部輿論環境和關注點的變化。

3.1 基於問卷和調研的觀點匯總

為了便於對照，同時也為了避免過度細化帶來的資料超載，引起不必要的閱讀厭倦，我們在作對比的時候選取了三大比較視角（見表3—1）：一是看不同類型國家在人民幣國際化問題上的看法有何異同；二是看來自不同地域板塊的受訪者看法有何差異；三是考察來自不同部門的人士之間觀點有何異同。

表3—1　人民幣國際化問卷調查分類

比較視角	受訪物件分類		
國家類型	美國	非美發達國家	發展中國家
地域板塊	中國周邊	歐洲	非洲
不同部門	政府及智囊機構		企業與金融機構

在國家類型的分類上，我們除了把國家按照傳統的發達和發展中國家來劃分外，也特意把美國同其他發達國家區分開。這主要是考慮到人民幣國際化的前景可能被理解為對美元霸權的威脅或瓦解，而對於其他發達國家而言則基本不存在這樣的顧慮。如果考察其內部經濟結構或者對外經濟行為，我們不難發現美國同非美發達經濟體的確存在明顯差別，比如對外直接投資淨額，或者出口商品與服務的結構等等。

在不同的地域板塊上，我們主要選取中國周邊、歐洲、非洲等三大地域板塊。拉美、中東地區的問卷回饋樣本太小，不足以單獨列出，所以暫且忽略。在中國周邊，我們的受訪物件分佈在日本、韓國、香港、新加坡、泰國、印

1　在國家選擇上，我們盡可能擴大覆蓋面，但又必須考慮到可操作性，為此以西方國家和主要發展中國家為主，語言以英語、法語、西班牙語、俄語、日語、韓語為主，其他語言只能暫時不作考慮。

度、馬來西亞、印尼等地；在歐洲，受訪對象遍佈南歐、西歐、北歐、東歐各地；在非洲，受訪者相對單一，主要來自南非、迦納和馬達加斯加三國。

在不同的部門之間，我們主要劃分兩大部門：一是政府及智囊機構，一是企業與金融機構。我們假設這兩類主體在思維模式和關注議題等方面存在顯著的差異。考慮到人民幣國際化是一個專業性非常強、關乎利益分配的話題，企業與金融機構顯然要比政府官員或普通智囊機構人員更加敏感、更加關注。所以，這兩類人士的區分，某種程度上可以看作是專業人士和非專業人士之間的區別。

我們的問卷設計集中在三個板塊：一是考察人民幣國際化議題受到的關注程度；二是考察該議題受到的支持程度；三是考察推進人民幣國際化的政策難點和抓手何在。每一個板塊我們通常都有五～七個問題來展開。下面我們將分別就這三個板塊對問卷回饋情況及其含義進行梳理。[1]

3.1.1 人民幣國際化得到較高關注

對於人民幣國際化議題的關注度，我們從以下五個問題來予以分析，包括受訪物件自身對該議題的了解程度，該議題進入社交話題的程度，該議題在媒體上的曝光率，政府是否對其關注以及政府是否出臺相關政策以應對之。

就受訪者自身而言，94%的專業人士認為自己對此議題非常了解，而只有59%的非專業人士作此回答。在各類國家間，美國只有57%的受訪對象自認為非常了解此議題，明顯低於非美發達國家的74%，也低於發展中國家的64%。在不同地區中，周邊地區的受訪者了解度是最高的，達到86%，非洲其次，為71%。

在社交場合，人民幣國際化已經逐步進入人們的議題。在每個類別的受訪群體中，朋友間私下交流的時候偶然會提到人民幣國際化。當然，這離熱門話

1　本課題組向世界各國的官員、學者、企業家和金融業人士發放了四、五百份問卷，在統計分析的截止日前收回有效問卷90份，儘管樣本量離我們的期望值有一定距離，但是考慮到受訪者的層次，其蘊涵的資訊足以提供一定的參考價值。此外，本課題組利用各類機會，同美國、英國、義大利、加拿大等各國的官員和學者就人民幣國際化進行了座談。本節的分析都是基於上述問卷回饋和座談所展開。

題還有一定距離，在企業和金融業專業人士圈子中人們聊得較多，但是在其他組別中通常只有一成多的人會經常聊起。

媒體對此話題的關注度在不同組群中差異明顯。關注度最高的是亞洲媒體和商業媒體，分別達到71%和81%。人民幣國際化目前推進較快的是在亞洲，而且獲益的主要是金融業和貿易企業，所以亞洲媒體和商業媒體對此關注度高就很好理解了。這提醒我們這樣一個事實，即媒體關注度同利益分佈關係非常密切。未來如果需要圍繞人民幣國際化操作某種國際公共關係專案，或者需要引導輿論塑造形象，那麼一個合理的選項是把宣傳資源優先集中在亞洲媒體和各國的商業媒體上。

至於政府關注度，值得一提的現象有以下兩點。第一點是美國政府對此議題非常關注，這種態度與其在其他問題上反映出來的消極形象形成鮮明對比。如果把「非常關注」和「一般性關注」兩項合併考察，認為自己的政府對人民幣國際化議題關注的人，美國受訪者是所有組別中最高的，既高於非美西方國家，也高於發展中國家，甚至高於亞洲的周邊國家（地區）。這個事實提醒我們，雖然人民幣國際化目前還沒有成為中美戰略與經濟對話的正式議題，美國政府其實可能已經對此虎視眈眈了。一旦人民幣國際化程度達到一定水準，比如說超過英鎊的地位，那麼可能就會被視為對美元優勢地位的一種現實威脅而非潛在挑戰。第二個值得一提的現象是，政府背景同企業背景人士的回答正好相反。政府背景的人士認為自己的政府對此不怎麼關注，而企業背景的人士認為自己的政府非常關注。這種背離邏輯上只能有兩種解釋：要麼是政府人士故作輕鬆，要麼是企業界人士高估了此事在其本國政策議程中的重要性。

當被問到本國政府是否已經有明確的政策應對時，亞洲受訪者中54%的人說有，明顯高於其他地區。最低的是非洲受訪者，僅僅14%的人說有政策。一方面，這說明對於亞洲各國而言，人民幣國際化是一種非常現實的外部政策變數；另一方面，對於非洲國家而言，這個議題似乎仍比較遙遠，而且它們對外部環境變遷的前瞻性和反應能力也顯得比較有限。

3.1.2 國別和區域的人民幣國際化支援度差異較大

在本問卷設計中，前後共有近十道題目直接或間接地詢問受訪物件對人民幣國際化的支援度。具體涉及人民幣國際化帶來的積極和負面影響、他人態度、使用人民幣的意願，以及估測人民幣成為大宗商品的計價結算貨幣和儲備貨幣的前景。[1]

第一，美國對人民幣國際化的支持態度最消極。

認為人民幣國際化能帶來便利的美國受訪者只有29%，而非美發達國家的受訪者則達到67%；認為人民幣國際化帶來負面影響的美國人則有36%，而非美發達國家的受訪者則僅為17%。顯示美國受訪者對人民幣國際化更多地持懷疑和負面態度，而非美發達國家的受訪者則持遠為積極的態度。

在他人的態度問題上，認為別人支持人民幣國際化的美國人有36%，而非美發達國家的受訪者則有57%。斷言未來人民幣不可能進入國際大宗商品交易計價地位的美國人有21%，而僅有7%的非美發達國家的受訪者如此悲觀。斷言人民幣不可能成為重要國際儲備貨幣的美國者有31%，而持類似判斷的非美發達國家的受訪者僅僅占10%。

一個不爭的事實是，人民幣國際化是對當今主要國際貨幣美元的部分替代，多數美國人主觀上不想樂見其成。因此，美國的態度和其他國家相比存在明顯區別。

美國人究竟在擔心人民幣國際化帶來的哪些負面影響呢？最大的選項是

---

1 許多問題都是直接地詢問受訪者的態度和判斷，但是我們必須意識到，作為受訪物件，他們知道自己在回答中國大學研究者提出的問題。有一部分問卷，我們課題組甚至是通過中國央行的某部門直接轉發給若干外資銀行的，要求他們配合調研。無論何種情況下，儘管問卷本身是匿名的，但是在通過郵件回饋時，他們的身份和背景完全可能處於非匿名狀態，而受訪者對此也很可能心知肚明。有鑑於此，他們可能多多少少在回答問題的時候盡可能「禮貌」一些、積極一些，而這顯然會影響到本調查結果的真實客觀程度。所以，考慮到相關問題的敏感性，我們必須通過一些迂回的問題來幫助受訪者卸下心理包袱，透露其真實態度。詢問受訪者眼中的他人態度，便是一種社會科學研究中常見的迂回策略。受訪者所認為的他人態度，其實往往是受訪者內心的投射。所以對該問題的回答，在統計上可以作為直接問題答案的對照和參考。人民幣在大宗商品交易中的計價、未來十年人民幣國際化前景評估，也都具有類似的功能。

從中國進口的商品將變得更貴了，占38%；其次是本幣匯率將受人民幣升值、貶值的影響，占31%。美國受訪者似乎更看重人民幣國際化對其消費帶來的衝擊。這種答案也意味著，美國國會及一部分政府官員在人民幣匯率議題上的強硬姿態背後，並不一定有美國民眾的實質性支持。2010年受訪美方人士整體上表示對人民幣國際化「樂觀其成」，最具代表性的理由是：「人民幣國際化之後中國將難以像以前那樣操縱匯率，獲取貿易優勢」。但是2012年部分訪談物件，尤其是華爾街精英改變了支持態度，轉而強調美國的利益損失。他們認為國際化了的人民幣將在全球貨幣市場上搶奪美元的份額，而且人民幣一旦國際化，便會大大減小中國對美元的儲備需求，這無疑是對美元地位的一種潛在損害和巨大挑戰。近年來，為了刺激經濟復甦，美國政府債務居高不下，維持如此龐大債務規模的辦法之一就是量化寬鬆政策，零利率確保了每年的利息支出不會成為新增債務的源頭。作為美國聯邦債券的最大外部持有者，如果中國減少對美元的需求，減持美國國債，美國政府將不得不提高利率以吸引足夠的買家。該舉措不但不利於美國經濟復甦，而且還會明顯延緩美國聯邦債務水準的修復進程。

此外，華爾街的受訪者特別提示，高峰時期華爾街的利潤占到全美國企業利潤的40%～50%，全球金融交易的35%集中在華爾街，這些都是以美元的國際貨幣特權地位為基礎的。一旦美元的地位動搖，華爾街的前景將變得暗淡。

第二，發展中國家的支持度並不比發達國家更高。

中國國內有一種流行的觀念認為，中國推進人民幣國際化可能會受到西方國家的抵制乃至反對，但是在發展中國家中將會受到歡迎。然而通過問卷和訪談，我們發現實際情況並非如此。

發展中國家的受訪者對人民幣國際化的支持度處於美國和非美發達國家的受訪者之間。他們比起美國要積極，比如有52%的受訪者認為人民幣國際化能帶來便利，這一數字高於美國的29%，但低於非美發達國家的67%。他們認為有負面影響的占26%，也居於美國的38%和非美發達國家的17%之間。對周圍他人態度的評估，和是否接受貿易中以人民幣計價結算，以及對未來十年人民幣占

全球儲備的比例的估計，也顯示出類似的關係。

發展中國家的受訪者關心的人民幣國際化的潛在負面影響主要是進口商品的價格和本國匯率受影響。

當然，也有一些方面發展中國家的回饋最為積極，比如，61%的發展中國家受訪者相信未來五年內各種大宗商品都有可能以人民幣計價結算，高於另外兩組的36%和53%。此外，各國都歡迎中資金融機構前往其母國設立分支機構，發展中國家的支持者達到了83%，高於另外兩類國家。即便是美國和歐洲，歡迎中國開設金融分支機構的比例也高達七成以上。這組樂觀而開放的資料表明：經歷了全球金融危機和歐洲債務危機之後，相對穩健的中國金融體系受到了各國的認可，而且中國已經成長為主要的國際投資大國。

第三，未來十年人民幣的國際地位將超過日圓和英鎊。

對於未來人民幣國際化的可能進展的估計，我們提供的選項除了有百分比外，還額外提供了一個參照系，那就是日圓和英鎊的地位。[1]從問卷統計來看，非美發達國家最為樂觀，83%的受訪者認為人民幣將在十年內超過英鎊的地位，超過三分之一的受訪者甚至認為國際儲備貨幣中人民幣的比重能夠達到10%以上。假如國際社會的預判大體準確，那麼十年之後，也就是到2022年，人民幣在國際儲備貨幣中的比重至少可以超過5%。考慮到中國在全球貿易中的重要地位，以及未來十年內人民幣離岸市場的大發展，人民幣在貿易結算和金融交易中的使用會穩步上升，綜合這三方面的因素，人民幣國際化指數很可能達到10%。這樣的前景恐怕比目前中國國內流行的估計樂觀得多。本課題組對人民幣國際化前景所做的「積極」預測，與國際社會的樂觀度相比，顯然也略顯保守。

第四，地緣板塊之間的問卷比較，驗證了人民幣國際化採取「周邊（東亞）優先，發展中國家跟進，再拓展發達國家」的策略是十分明智的，這一策

---

1 事實上，考慮到日圓和英鎊在全球外匯儲備中的比例大約是4%～5%，我們可以把這一選項等同於選項B，即大於5%。這樣列的好處在於能給人以比較直觀的判斷，避免讓非專業人士陷入數字泥潭。

略已經收到了一定的預期效果。

確信人民幣國際化帶來便利的受訪者，亞洲（79%）多於非洲（57%），更多於歐洲（44%）。受訪者對他人態度的揣測，也反映出類似的關係，79%的亞洲受訪者提供了積極估計，明顯多於非洲的43%和歐洲的46%。此外，使用人民幣支付的意願，貿易中接受人民幣計價結算的意願，亞洲國家也明顯高於其他地區。

亞洲國家對人民幣的熱忱，應該可以用得益於東亞地區內的產業內貿易和分工網路及自由貿易來解釋。東亞地區在過去20年間，形成了非常緻密而高效的貿易和分工網路，地區內各經濟體的產品，都在很大程度上彙集到中國的東南沿海來組裝成最終產品。中國從歐美等地獲取的貿易順差也通過這種貿易網由周邊各經濟體分享。在很大程度上，從總體上看，東亞經濟體，無論其規模大小和發達程度，對中國都形成了較強的經貿依賴關係。2010年1月，中國—東盟自由貿易區建立，2012年11月，中、日、韓宣佈啟動自由貿易區談判，自由貿易區的制度安排使得東亞各國的貿易往來和經濟聯繫更加緊密。這樣的輻輳結構形成了人民幣國際化的天然平臺。順著這種貿易網路拓展人民幣的外部循環，作為人民幣國際化階段性目標的地區化，將是水到渠成的事情。隨著中國經濟結構調整的推進，中國的貿易結構將發生質的變遷，加工貿易比例進一步下降，貿易順差占國民經濟的比例進一步收斂，這樣的變遷使得中國本土市場對外部商品的吸引力逐漸提升，人民幣的國際滲透力進一步加強。

非洲國家的受訪者對人民幣國際化的態度也相當積極。他們對人民幣成為大宗商品的計價結算貨幣非常樂觀，也非常歡迎中資金融機構前往建立分支機構，而且對於人民幣國際化對他們可能帶來的負面代價最不放在心上。儘管非洲與中國經貿聯繫的密切程度低於亞洲周邊國家，但是非洲金融貨幣市場的可滲透性更有利於人民幣份額的擴張。

上述回饋資訊充分說明，儘管2012年中國與周邊國家的地緣政治形勢因島嶼之爭有所惡化，但是人民幣國際化還是應該堅持從周邊起步，然後逐步向地區外國家拓展。迄今為止，地緣政治上的相互猜疑和防範尚不足以阻礙經濟上

的融合趨勢以及對人民幣的實際使用。另外，非洲是下一個希望之地，人民幣國際化進程有可能在非洲取得較好的效果。

第五，從事貿易和金融業務的專業人士，對於人民幣國際化的態度更加樂觀積極。

在是否認為人民幣國際化帶來便利的問題上，81%的專業人士的回答是：是，而僅有42%的非專業人士作此選項。對他人態度的估計，兩者之間的差異更加明顯，分別有87%的專業人士和36%的非專業人士認為其他人支持人民幣國際化。對於未來十年人民幣國際化達到的水準，81%的專業人士認為能超過英鎊的水準，而只有68%的非專業人士作此判斷。值得一提的是，在所有斷言人民幣不可能成為重要國際貨幣的人士中，非專業人士同專業人士之比為9：1。這樣的差異說明，對金融和經濟越熟悉，對人民幣國際化的前景就越樂觀、越樂見其成。

3.1.3 推進人民幣國際化的難點和抓手

如何推進人民幣國際化？圍繞這個核心問題，我們設計了一系列具體問題，比如：「阻礙人民幣國際化的問題是什麼」、「哪些問題阻礙了人民幣在貿易結算中的使用」以及「提高人民幣國際化水準的關鍵措施是什麼」。[1]

第一，人民幣在計價結算上的發展步伐滯後於貿易本身的發展，大部分受訪者認為人民幣貿易計價結算還有較大的發展空間。有哪些因素妨礙了人民幣貿易計價的推廣呢？多數受訪者認為首要障礙是人民幣全球支付不便利。其次是海外人民幣缺乏投資管道，打擊了他們接受和持有人民幣的意願。再次，在華外資金融機構比例過低帶來了人民幣流動的不便。但是專業人士（來自金融機構）和非專業人士（來自政府和智囊機構）的不同受訪群體在這一問題上的觀點存在比較明顯的差異。反而是非專業人士比較重視，而專業人士並不認為

---

1 顯然，從邏輯上講這些問題之間有一部分含義甚至是重複的，但這種重複某種意義上反而有助於我們深入了解受訪者在這一核心問題上的認知和判斷。

這是個問題。[1]

第二，資本項目管制被認為是人民幣國際化的明顯阻礙。從問卷回饋看，有三成受訪者認為資本項目的限制是人民幣國際化的最大障礙，同樣比例的受訪者認為推進人民幣國際化的核心舉措是放開資本項目管制。從控制宏觀經濟和系統性金融風險的角度考慮，中國政府將循序漸進地取消資本專案管制。資本項目管制的放開，或者說人民幣在資本項目下實現自由兌換，向來不被國際觀察者看好。在我們的直接訪談中，不少專家甚至認為將來某個時間中國政府會在人民幣國際化上打退堂鼓，其理由就是中國可能難以承受資本專案放開所帶來的負面代價。

第三，政治因素在人民幣國際化中具有十分重要的作用。部分受訪者認為，中國政治體制和決策方式的不透明，可能會降低國際社會對中國政府的信任，人為增加了人民幣的風險，進而會妨礙國際投資者持有人民幣資產。在問卷的統計中，共有19%的受訪者認為政治體制差異會成為阻礙人民幣國際化的重要因素。他們幾乎全部來自政府和智囊機構。此外，國家間政治的關係對人民幣國際化也有影響，一些受訪者強調積極的高層遊說，以及雙邊和多邊貨幣協定，認為這是推進人民幣國際化的最重要的抓手。有兩位發展中國家的受訪者特別指出，美國為了護持美元霸權，很可能對人民幣貿易計價結算施加政治壓力。

第四，中資銀行「走出去」緩慢不利於人民幣國際化。絕大多數受訪者認為，中資銀行在人民幣業務上比外資銀行更有優勢。然而，中資金融機構在外籍人士心目中的形象總體上並不高，突出表現為中資金融機構的運作不夠專業、服務不夠好，而且不夠國際化。與外資銀行相比，中資金融機構的投行業務和財富管理差距較大，而且海外分支機構嚴重不足。導致中資銀行「走出去」緩慢的主要原因在於中國政府進行了過多的干預和控制。

非洲受訪者中有63%認為建立海外分支機構是推進人民幣國際化的關鍵所

1　這可能跟我們問卷調查的物件群體有關，因為這些專業人士本身大部分都是在中國的外資銀行工作的外籍人士。

在。在支援中資銀行前往開設分支機構的受訪者中，非洲部分是最積極的，支持者達到了86%。可見如果中資銀行要「走出去」，非洲值得優先考慮。

3.2 人民幣國際化的國際輿論動態

3.2.1 中國利用對外貿易來推進人民幣國際化

正如我們在《人民幣國際化報告2012》中重點指出的那樣，人民幣國際化的起步是從跨境貿易計價結算逐步推開、逐步升級的。各國媒體上在作相關報導、分析和評論時，其中一個著眼點正是貿易對人民幣國際化的推動作用。

到2012年為止，中國已經成為世界上120多個經濟體的最大交易夥伴。中國是世界第一貿易大國，占全球貿易總額的11%。[1]

中國對大宗商品的需求，帶動了很多資源出口型經濟體的繁榮，比如澳洲。國際事務律師所Allens的駐澳礦產部門負責人Erin Feros認為，人民幣國際化是不可避免的，因為中國對外投資是如此迅猛，中國的銀行業在這些投資中扮演核心角色，中國對全球大宗商品的胃口非常巨大。就澳洲而言，它的大宗商品交易受制於美元幣值的高估，而一個升值的、可兌換的人民幣有助於減少協力廠商貨幣帶來的成本並且便利中、澳之間的商品貿易。[2]

HSBC澳洲分行投行部主管James Hogan說，對於同中國有貿易關係的企業客戶而言，以人民幣計價和結算，不但降低了交易成本，而且提供了一種天然的貨幣對沖手段，從而控制了風險，更重要的是可以從中國商業夥伴那裡得到更多的議價空間。[3]按照該行的貿易供應鏈負責人Andrew Skinner提供的資料，

1　Abheek Barua."Why yuan cannot replace dollar for int'l trade"，http://www.rediff.com/business/slide-show/slide-show-1-column-why-yuan-cannot-replace-dollar-for-intl-trade20121101.htm, 2012-11-01.

2　Allens."New report examines international use of renminbi and economic role of Chinese outbound M&A"，http://www.allens.com.au/med/pressreleases/pr23nov12.htm,2012-11-13.

3　Glenda Korporaal. "Renminbi beginning to replace the dollar"，from *The Australian*，http://www.theaustralian.com.au/business/in-depth/renminbi-beginning-to-replace-the-dollar/story-fn8sc6jr-1226282340973, 2012-03-05.

通過用人民幣計價和計算，同中國貿易的澳洲企業可以節省合同額七個百分點的成本。最初使用人民幣結算的都是經驗老到的大公司，但是在過去半年中，大量的中小企業也加入其中。他認為，那些有在華業務的公司，如果不用人民幣交易的話將會在未來數年中處於明顯的劣勢。[1]

除了總量巨大之外，中國對外貿易的另一個特點是多元化發展很快。很多學者，比如俄羅斯的Savinskiy和Andreev，都已經認識到，中國對發達國家的依賴將在未來的數年間明顯下降，對西方市場的出口增速有所下降，但是對金磚等發展中國家的出口保持了高速增長。在Andreev看來，這一貿易領域的多元化戰略將大大推進人民幣的國際化進程。[2]

南非標準銀行在其報告中表示：南非政府將力挺人民幣成為新的全球貨幣，使用中國貨幣而不是美元進行對華貿易，有利於非洲企業在同其他金磚國家的商業交往中減少交易成本，消滅貿易障礙。[3]Jeremy Stevens,一位身處北京的南非經濟學家說，非洲是人民幣國際化的肥沃土壤，預計2015年非洲各國的央行將把20%的儲備放在人民幣資產中。[4]

貨幣的使用從交易計價結算向更高層次的投資需求溢出，是一個非常自然的過程。由於人民幣在國際貿易中的影響力穩步擴大，人民幣國際化進程正在溢出到金融部門。

駐澳國際事務律師所Allens的銀行和金融服務部門負責人Richard Gordon說，人民幣國際化對於銀行和其他金融機構而言是一個非常有價值的新事物，

---

1 Mark Eggleton. "Exciting times in banking sector", from The Australian.http://www.theaustralian. com.au/business/in-depth/exciting-times-in-banking-sector/story-fn8sc6jr-1226282359951, 2012-03-05.

2 Andreev.V.P. "Интернационализацияюаня: новыевозможности", http://zenit.ru/media/rus/content/pdf/yuan/Yuan_internationalisation_new_Article_May2012.pdf, 201205.按照本章作者的統計，中國內地對美國、日本、歐洲、香港等發達經濟體的出口占總出口的比例，在1998年前後達到峰值，占到75%左右；而此後這一比例穩步下降，到2011年已經降到了58%以下。這一變化既是中國在世界市場中分工地位變遷的自然反映，又是中國政府長期鼓勵出口多元化政策的累積效應的體現。

3 新華社報導. "Africa to back renminbi as international currency in BRICS Summit: media", http://news.xinhuanet.com/english/china/201203/25/c_131488488.html, 2012-03-25.

4 "Progress in Africa is satisfied of the internationalization of the RMB yuan bonds into foreign reserve", http://www.gangtie5.com/2012/08/05/4715.html, 2012-08-05.

因為它創造了新的融資和投資需求。在當前競爭越來越白熱化的國際金融環境下，這種新貨幣融投資需求對於商業銀行業和投資銀行業都尤其重要。值得一提的是，人民幣在如此短期內就獲得了充分的市場信用，而且在亞洲、歐洲和美國中期票據融資中，人民幣如今經常會被作為支付幣種選項之一。澳洲儲備銀行Wayne Swan表示支援人民幣計價的新金融和投資產品，並促使人民幣銀行和融資業務更加緊密聯繫。[1]澳新銀行亞洲部認為，其中國高淨值客戶的增長促進了人民幣相關金融產品的增加。而那些參與了離岸人民幣交易的企業客戶受益於定價的透明，而且在同中國商業夥伴交易時享有更優惠的條款。[2]

　　當然，依靠貿易推進人民幣國際化這一策略，在現實操作中，顯然還存在一些問題。余永定教授在多篇英語文獻中談到進出口的不對稱性，進口時中國企業樂於支付人民幣，而出口結算中人民幣比例低。由於國內採取緊縮的貨幣政策，利率較高，在這種情況下，人人都願意持有人民幣資產，誰也不願意擁有人民幣負債。[3]他的相關觀點在國際上廣泛被引用。俄羅斯學者Andreev指出，人民幣在國際金融市場上的流動性相當差，外國企業從中國進口貨物時，它們難以用人民幣支付，原因在於中國企業在出口時並不樂於接受人民幣支付。[4]由於人民幣升值預期，外國商業企業既沒有動機去支付人民幣，也沒有動機去承擔人民幣債務。[5]與之相關的一種現象是，目前有不少人民幣的持有者著眼的不是人民幣在貿易結算中的實際使用，而是匯率升值帶來的潛在收益。HSBC澳洲負責人Paulo Maia說，目前已經有越來越多的客戶持有人民幣存

1　Philip Wen."Swan ups talks for China currency trade", from *Bussiness Day*. http://www. theage. com.au/business/china/swan-ups-talks-for-china-currency-trade—2012071121vb4.html, 2012-07-11.

2　Renters. "ANZ first Aussie bank to get Chinese retail licence", from *Business Day*. http:// www.smh.com.au/business/world-business/anz-first-aussie-bank-to-get-chinese-retail-licence— 20120305-1uclv.html, 2012-03-05.

3　Yongding Yu. "Revisiting the Internationalization of the Yuan", http://www.adbi.org/ files/2012.07.04.wp366.revisiting.internationalization.yuan.pdf, 2012-07.

4　Andreev.V.P. "Интернационализацияюаня: новыевозможности", http://zenit.ru/media/rus/ content/pdf/yuan/Yuan_internationalisation_new_Article_May2012.pdf, 2012-05.

5　Alicia GarcíaHerrero. "INTERNACIONALIZACIÓN DEL RENMINBI: ¿QUÉ ESTÁ SUCEDIENDO Y QUÉ HEMOS DE ESPERAR?" （Argentina）http://www.revistasice.com/ cachepdf/BICE_3005_2736_A44F3B0CBB5C34F52FA68A9621F31220.pdf, 2011-01.

款，以期從貨幣升值中長期獲利。[1]

也有專家指出，人民幣國際化依靠中國的進出口貿易來啟動，但是其國際化的後果又可能反過來改造中國的出口。一種貨幣的國際化會導致對該貨幣需求的增加，從而導致均衡匯率的相對上升。當人民幣（因為國際化而）升值時，原先依靠匯率低估而出口的中國企業，必須面對這樣的選擇：要麼投資研發，從而在價值鏈上向上爬升，要麼在更高的匯率壓力下消亡。

3.2.2　人民幣國際化所需改革及伴隨的風險

人民幣國際化需要很多前提性改革，事實上，2012年度的中國金融體系改革在很大程度上都有助於推進人民幣國際化。那麼具體有哪些方面需要改革？它們之間又有什麼樣的邏輯關係和先後順序？這些改革將伴隨哪些風險？國際輿論對此著墨頗多。

國際貨幣基金組織對中國的經濟改革的期望，集中體現在拉加德在北京的發言中：「所需要的是這樣一個路線圖：更加堅挺和更富彈性的匯率，更加有效的流動性和貨幣管理，更高品質的監管與治理，以及高度發展的金融市場，借貸利率自由化，以及最終開放資本帳戶。如果這些都能夠做到，實在看不到有什麼理由人民幣不能達到與中國經濟規模相稱的國際地位。」

有很多學者和媒體都提到了中國的匯率低估和缺乏彈性，這是在國際經貿爭端中最容易被提及的一個話題。Eswar Prasad和Lei Ye認為，嚴格管理的人民幣匯率，削弱了中國貨幣政策的獨立性。Vallee指出，政府控制匯率體制，匯率彈性小是人民幣國際化所面臨的主要障礙。[2]類似觀點在Takatoshi Ito，

1　Glenda Korporaal. "Renminbi beginning to replace the dollar", from *The Australian.http://www.theaustralian.com.au/business/in-depth/renminbi-beginning-to-replace-the-dollar/story-fn8sc6jr-1226282340973, 2012-03-05.

2　Vallee, Shahin. "The internalisation path of renminbi", （France） http://www.bruegel.org/publications/publication-detail/publication/715-the-internationalisation-path-of-the-renminbi/, 2012-03-13.

TahsinSaadiSedik等人的文章中都有呼應。[1]

　　另一個改革共識集中在資本項目的開放問題上。Simon Flint認為，匯率機制的改革要求外匯市場的自由化，放鬆資本專案的管制。[2]Prasad等人指出，儘管中國的資本帳戶在過去的十多年間逐步趨於開放，但中國至今仍然不是一個開放的經濟體，金融投資並不能自由地進出中國。Savinskiy和Minorenko等人提出，資本專案下的不可兌換性是人民幣國際化的重大障礙。[3]中國政府目前似乎認為：即便人民幣在資本項目下不完全可兌換，也是可以推進貨幣國際化的，因此打算以漸進方式實現人民幣資本專案的可兌換。但是到目前為止，人民幣在國際上仍然很難流通。[4]Robert N. McCauley指出，離岸人民幣自由地進入大陸市場有助於減少外幣借款的風險。[5]

　　馬駿認為，如果資本項目不開放，僅僅依靠貿易項目下人民幣輸出的話，只能達到預估國際化的百分之十。放鬆跨境人民幣的流量限制，同資本帳戶自由化（或人民幣與其他貨幣之間的兌換）改革是並行不悖的，因此這兩項改革應齊頭並進。近年中國貿易順差的迅速下降和對外直接投資的上升，以及市場對人民幣升值預期的降低，這些因素允許中國政府以更快的速度和更大的步伐開放資本項目。[6]國內金融體系的改革也是廣受關注的改革要點。Garcia Herrera提出，市場基礎設施的現代化與發展也是關鍵內容。到2020年把上海建成國際金融中心，需要吸取香港和新加坡的經驗教訓，並把中國銀行變成國際化的銀行。到目前為止，金融機構的內外分離確保了國際和國內金融市場之間

1　Takatoshi Ito. "The Internationalization of the RMB: Opportunities and Pitfalls", http://www.cfr.org/china/internationalization-rmb-opportunities-pitfalls/p26287, 2011-11.

2　Simon Flint. "RMB regime change—a leftist approach", http://china.ucsd.edu/research/Conferences/RMB/documents/Simon.flint.pdf, 2012-09-06.

3　Savinskiy, S. P. "Процессинтернационализациивалюты КНР: реалии и перспективы",（Ruusia）http://www.cbr.ru/publ/MoneyAndCredit/savinsky_10_12.pdf, 2012-10.

4　Mironenko, Vyachaslav. "Какиеденьгимогутстатьальтернативойдоллару и евро",（Ukraine）http://www.ricardo.com.ua/money/investment/199785, 2011-09-06.

5　Robert McCauley. "Renminbi internationalisation and China's financial development", http://www.bis.org/publ/qtrpdf/r_qt1112f.pdf, 2011-12.

6　參見馬駿：《如果資本項目不開放，人民幣國際化程度有限》，和訊網，http://forex.hexun. com/20120111/137162849.html，2012-01-11.

的隔離。這種隔離有助於將國際化過程中的負面代價和風險最小化，直到中國內部的金融部門足夠健康、完善。[7]更多的學者把注意力集中在國內金融部門的改革上，Prasad等人指出，銀行在中國的金融體系中仍然占主導地位，國內銀行界提供的信貸總額遠遠超過股票和債券市場的融資規模。而且銀行體系受政府直接控制。由於存貸利率和金融牌照都受到政府管制，銀行的利潤有了保障，而這種保障限制了金融業的競爭，扼殺了更廣泛的金融市場的發展，並構成了有效監管的障礙。[8]Garcia Herrera主張中國應儘快結束金融抑制和財政投資對經濟的主導。同時，應當對管制規則做深層次的調整，增進私人部門對金融信貸資源配置的參與。[9]當然，改革的先後順序也有講究，Richard W. Fisher認為，中國在放鬆資本帳戶管制前，應當加快提高國內金融機構品質。兩者順序不能顛倒，否則可能會導致宏觀經濟風險。[10]

美元之所以能吸引全球如此多的資金雲集其中，一個重要優勢就在於美國金融市場無可比擬的廣度和深度。儘管美國是全球金融危機的發源地，但頗有諷刺意味的是，美國當前不斷增長的負債將增強而不是削弱美元霸權和全球金融體系（Hackkausen，2012），其中一個原因在於美國國債和其他債券提供了具有足夠廣度和深度的金融市場，而這正是中美之間的一個關鍵差距。中國不必像美國那樣借那麼多債，相反，中國應該發展替代性的金融市場，並為人民幣投資提供更加豐富的資產選項。[11]Barry Eichengreen提出，中國必須建立更具流動性的金融市場。它的債券市場規模仍較小，而且大部分的債券持有者是國內機構投資者，特點是買入後持有至到期，很少交易。各國央行在決定把儲備

7　Alicia GarcíaHerrero. "INTERNACIONALIZACIóN DEL RENMINBI: ¿QUÉ ESTÁ SUCEDIENDO Y QUÉ HEMOS DE ESPERAR?"（Argentina）http://www.revistasice.com/cachepdf/BICE_ 3005_2736_A44F3B0CBB5C34F52FA68A9621F31220.pdf, 2011-01.

8　Eswar Prasad and Lei Ye. "Will the Renminbi Rule?" http://www.imf.org/external/pubs/ft/fandd/2012/03/prasad.htm, 2012-03.

9　Alicia GarcíaHerrero. Ibid.

10　Richard W. Fisher. "Implications of Renminbi Internationalization for the U.S. and the Global Economy", http://www.dallasfed.org/news/speeches/fisher/2012/fs120607.cfm, 2012-06-07.

11　Hackkausen, Joerg. "КакКитайнамеренпотеснитьдоллар", http://inosmi.ru/world/20121002/200253990.html?id=200259183, 2012-10-02.

放在哪種貨幣中時，非常重視資產流動性，而金融市場的廣度和深度是貨幣流動性的基礎。[1]阿根廷學者Stanley預期，中國政府將會考慮如何通過一些恰當的措施，增加境外人民幣回流中國的管道。中國政府可能創設更多的國家級資本市場以吸納海外人民幣。[2]

除了上述內容外，TahsinSaadiSedik和Tao SUN還提道，人民幣國際化要求中國建立更強的金融監管框架，並建立恰當的機制應對潛在資產價格泡沫和不穩定的資本流動，以及適當規模的財政結餘和貿易開放。而且當跨國公司投資到中國的時候，需要讓它們確信政府將保護資本的安全，確保低通脹，以及公共債務的可持續性，但是有些學者，比如荷蘭的Knoppers，指責中國缺乏透明度，並且在此方面缺乏足夠的政策意願。[3]

正是由於人民幣國際化需要那麼多艱難的內部改革，不少外部觀察者對於中國政府能否堅持走人民幣國際化道路持懷疑態度。澳洲學者指出，人民幣國際化伴隨的改革很有可能帶來對宏觀經濟的衝擊、金融業的動盪、國際收支平衡的危機。[4]雪梨的澳洲政策智囊機構LOWY研究所發表的報告稱，通往國際儲備貨幣地位的道路要求中國政府幾乎全面地變革經濟發展模式：取消資本管制，允許人民幣匯率自由浮動，並使其內部金融市場自由化，當前的中國經濟模式將面目全非。[5]Barua說，目前仍然不清楚中國政府是否真的願意採取如此

1　Barry Eichengreen. "The Renminbi Challenge", http://www.project-syndicate.org/commentary/can-china-have-an-international-reserve-currency-by-barry-eichengreen, 2012-10-09.

2　Leonardo E. Stanley. "AperturaFinanciera e Internacionalización del RMB: beneficios y desafíos", （Argentina）http://www.akb.org.br/upload/1408201211133196576_Stanley.pdf, 2012-08.

3　Knoppers, Frank. "Australiëwilyuangebruikenvoordirectehandel met China", http://www.marketupdate.nl/nieuws/valutacrisis/australi%C3%AB-wil-yuan-gebruiken-voor-directe-handel-met-china/, 2012-07-06.

4　Peter Cai. "Yuan's world currency status 'may harm financial system'",http://www.theage.com. au/business/yuans-world-currency-status-may-harm-financial-system—20120902258cu. html, 2012-09-03.

5　Alistair Thornton. "Anaemic ascent: why China's currency is far from going global",http://www.lowyinstitute.org/publications/anaemic-ascent-why-chinas-currency-far-going-global, 2012-08-14.

步驟，因為這必將導致中國政府對人民幣匯率失去控制。[1]Vallee也認為中國政府正在採取各種改革措施使其貨幣國際化，但是這些措施是否足以實現這一目標仍有待觀察。[2]

3.2.3　人民幣國際化對美元地位的挑戰

人民幣國際化的國際含義遠遠超出了財經領域，因為信用貨幣具有天然的政治含義。人民幣國際化的進展催生了全球媒體對美元未來地位以及中美經濟關係的辯論。對於學者們而言，人民幣對美元的挑戰似乎比起人民幣國際化本身更加重要。

Hackkausen基於當前全球經濟趨勢，構想了三種未來可能的國際貨幣體系：一是美、歐集中於其國內經濟，因而中國需要使人民幣成為國際貨幣，進而成為單極貨幣。第二種場景，美元和人民幣成為國際貨幣，而歐元邊緣化；美元仍是國際貨幣，而在亞洲內部人民幣主導其貿易。第三種場景是，人民幣與歐元也跟美元一樣成為國際主流貨幣，人民幣在金磚國家和亞洲國家中成為主導貨幣，而歐元保有和鞏固其在歐洲的地位。

Arvind Subramanian等人也持有類似觀點，他們認為人民幣地位上升體現出重要含義，這是經濟主導地位從美國向中國轉移的重要標誌。中國不僅是全球最大的經濟體（以購買力平價衡量）、全球最大的出口國以及十多年來最大的淨債權國，而且「人民幣區」目前在亞洲已經取代了「美元區」。我們不能低估這一局面的象徵意義及其歷史意義，因為儘管東亞在地理上與美國相距甚遠，但過去始終都是美元後院的組成部分。經濟主導地位的轉移凸顯出東亞國家將會面臨的激烈角力。經濟、貿易以及如今的貨幣的吸引力正促使這些國家靠近中國。但中國在政治和安全方面的策略卻把這些國家推入了美國的懷抱，

---

1 AbheekBarua. "Why yuan cannot replace dollar for int'l trade" ,http://www.rediff. com/business/slide-show/slide-show-1-column-why-yuan-cannot-replace-dollar-for-intl-trade/20121101.htm, 2012-11-01.

2 Vallee, Shahin. "The internationalisation path of the renminbi" ,（France）http://www. bruegel. org/publications/publication-detail/publication/715-the-internationalisation-path-of-the-renminbi/, 2012-03-13.

美國「重返亞洲」的戰略最直觀地反映了這一現狀。[1]

中日兩國在2012年開始貨幣直接交易在國際輿論上引起了很大的反響，各國媒體都予以報導、評論，而且其著眼點正是中、美、日三國貨幣在東亞地區內的合縱連橫。

關於人民幣與日圓直接交易的必要性，日本媒體認為它有助於鞏固東京在亞洲作為金融中心的地位，避免被香港和新加坡邊緣化，而且，有助於保護日圓的國際地位，提升人民幣影響力，而這都有利於抗擊全球金融危機的負面影響。《清邁協定》中，東亞貨幣安全網的美元儲備規模將翻倍，如果在其儲備中納入日圓和人民幣，那麼該計畫的有效性將大大提升。擴大對華貨幣合作，對於實現履行日本在維護東亞金融穩定中的責任而言是非常重要的。[2]

「世界第二和第三大經濟體攜手，世界老大成為旁觀者。」韓國《世界日報》這樣評論中日兩國的合作。報導稱，有分析認為，中日此舉將挑戰美元的世界基礎通貨地位，今後美元的地位有可能動搖。德國《金融時報》以「中國和日本聯手對抗美元」為題稱，亞洲兩個最大經濟體貨幣直接交易將減少它們對美元的依賴。中國的目標是建立長期有影響力的世界貨幣，作為世界兩個主要儲備貨幣美元和歐元的替代。德國投資網稱，中日貨幣協定是「人民幣世界貨幣小說的第一章」。[3]中日之間的貨幣合作並沒有讓美國政府有所表態，倒是其他東亞國家開始擔憂。《首爾經濟》題為「人民幣日圓合作中沒有韓元」的社論稱，從東北亞秩序和均衡的角度看，中日兩國排除韓國進行貨幣直接兌換，令韓國感到不自在。雖然兩國各有所圖，但問題是韓元怎麼辦？作為世界第7大出口國和第11大經濟體，韓元的國際化水準還遠遠未達到期待的水準。[4]

然而，2012年中期的樂觀之聲言猶在耳，冷峻的地緣政治衝突卻在中日之

---

1 Arvind Subramanian and Martin Kessler. "China's Currency Rises in the US Backyard", from *Financial Times*, http://www.iie.com/publications/opeds/oped. cfm?ResearchID=2245,2012-10-21.

2 The Asahi Shimbun. "Editorial: Direct yen-yuan trade will increase financial stability in Asia",http://ajw.asahi.com/article/views/editorial/AJ201206040060, 2012-06-04.

3 人民網專題報導「中日貨幣直接交易後對美元的挑戰」，http://japan.people.com. cn/35463/203826/7830621.html, 2012-05-30.

4 同3。

間突然爆發，釣魚島爭端的不斷發酵升級，使得中日關係進入「政冷經也冷」的狀態，顯然大大延緩了貨幣合作的進展，從而延緩了美元被擠出東亞地區的進程。這一事態進展令人不由得想起年初某篇日本媒體文章的謹慎和遠見。

「美國入侵伊拉克的原因，據說就是因為薩達姆試圖把石油交易貨幣轉換為歐元。日本當年試圖把日圓變成亞元，採取了建立亞洲貨幣基金之類的手段，但是由於遭到美國的激烈批判而放棄。……由此看來，中日貨幣合作具有重要意義，日本政府已經啟動了一個有趣的遊戲。……美國對於美元的國際霸權地位非常敏感，日本和其他相關國家要小心別踩老虎尾巴。」[1]

中日貨幣合作關係的進展和受挫，提醒我們這樣一句名言：「貨幣即政治」。很大程度上，正是由於中國在地緣政治中的地位仍然處於弱勢，所以許多觀察者並不看好人民幣對美元地位的挑戰能力。

主流觀點認為短期內人民幣暫時還難以對美元形成威脅，這一進程至少要10～15年。[2] Robert Skidelsky說，儘管中國在探討人民幣國際化，但現實進展不大，當前，美國同世界上最大的外匯持有國的政治關係仍然為美元提供著強有力的支撐，包括日本、韓國、沙烏地阿拉伯、科威特、卡達和阿聯酋都處於美國軍事保護傘之下。[3]

Richard W. Fisher認為，人民幣的國際化前景一定程度上會威脅美元主導地位帶來的特權，但不能忘記全球主導貨幣受益於人類行為的慣性，人們往往積習難改。[4] Eswar Prasad和Lei Ye強調中國和美國之間的最大差異在於資產流動性和安全性，如政府債券市場的規模。美國金融市場的深度、廣度和流動性

1　MichioUshioda. "Attempts to threaten dollar's dominance could irk U.S." ,from *The Mainichi*. http://mainichi.jp/english/english/perspectives/news/20120203p2a00m0na003000c. html, 2012-02-03.

2　比如，Subbachi, Destais, Garcia Herrera等人。

3　Robert Skidelsky. "Why China won't rule" ,from *Business Day*. 2012-05-30. http://www. businessdayonline.com/NG/index.php/analysis/commentary/38583-why-china-wont-rule.

4　Richard W. Fisher. "Implications of Renminbi Internationalization for the U.S. and the Global Economy" ,http://www.dallasfed.org/news/speeches/fisher/2012/fs120607.cfm, 2012-06-07.

都是中國無法比擬的。中國未來十年不會取代美國的霸主地位。[1]

　　IEXPROFS認為，儘管中國學者相信全球金融危機給人民幣國際化帶來了機遇，但是事實上中國經濟對外依存度仍然很高，而且很脆弱，換言之，人民幣事實上依賴於美元的調節。阿根廷學者Stanley認為，恰恰是中國人自己確保了美元的老大地位，他們多年來把巨量出口盈餘都投入到美元債券中，成為美國債券最大的外部持有者。Barua則聲稱中國把外匯儲備從美元轉移到別的貨幣或者資產類別中，將是一種搬起石頭砸自己的腳的行為，因為中國政府大筆賣出美元國債會導致價格暴跌，而包括中國在內的持有者會受損。

3.2.4　人民幣國際化的動機

　　中國政府究竟是基於何種動機推動人民幣國際化？這也是一個熱門話題。

　　有些學者把人民幣國際化的動機理解為對原有國際貨幣體系的修正。根據Andreev的說法，中國政策制定者意識到他們已經陷入了美元陷阱，而他們試圖儘快跳出美元陷阱。中國試圖將依賴美元的世界傳統經濟模式變革為多極貨幣體系，甚至是讓人民幣取美元而代之。拒絕對美元的依賴可以帶來某些好處，比如，中國的進出口商將因此而降低其交易中的貨幣匯兌成本，並讓中國的官方儲備和私營部門不必持有那麼多外匯，從而免於匯率貶值風險。Iglesias提供了四條其他理由：一是創造（對西方市場）具有替代性的外部需求；二是增加中國在亞洲和世界上的政治影響力；三是把上海建成能與華爾街和倫敦競爭的金融中心；四是實現從製造和出口導向的經濟向服務與消費導向經濟的平穩轉變。澳洲Allens的技術傳媒負責人Niranjan Arasaratnam認為，人民幣國際化可以幫助中國實現「十二五」規劃中所說的經濟轉型。[2]

　　通過本幣國際化，中國試圖擴大對一些國家的出口，尤其是那些美元緊缺的國家，比如白俄羅斯、阿根廷、冰島以及大部分非洲國家。儘管這些市場到

1　Eswar Prasad and Lei Ye. "Will the Renminbi Rule?" http://www.imf.org/external/pubs/ft/fandd/2012/03/prasad.html, 2012-03.

2　Allens. "New report examines international use of renminbi and economic role of Chinese outbound M&A" ,http://www.allens.com.au/med/pressreleases/pr23nov12.htm,2012-11-13.

目前為止仍然很小而且無法替代歐美大市場，但是中國希望能逐步將其貿易多元化，而且逐步提升自己同新型經濟體貿易的比例（Iglesias, 2012）。在全球層面上，中國渴望通過人民幣國際化能夠與美國和歐盟政府一起坐在全球貨幣體系的決策桌邊。其中一環就是把人民幣在2015年的特別提款權構成改革納入其貨幣籃子中。阿根廷的Stanley也主張，人民幣國際化的一個主要目標是增加中國在國際上的政治影響力。根據荷蘭IEXPROFS的說法，人民幣國際化背後牽涉到中國政府試圖提升其國際地位的雄心。

英國財經評論家大衛・皮林的解釋與上述觀點不同，他從中國國內政治博弈的視角來看待人民幣國際化的動機。按照他的看法，如同20世紀90年代的「入世」談判有力地推動了國內改革一樣，中國的市場改革派人士希望依靠國際化的邏輯倒逼中國國內的金融貨幣體制改革。這就像某種形式的「外壓」（gaiatsu）——日本官員有時也利用外部壓力來推進國內政策。如果確實如此，人民幣國際化就有可能迅速發展，對中國國內資本市場和匯率體制產生重大影響。當然，這種博弈是否必然成功，仍然具有很大的不確定性。他認為更可能的情況是，中國政府將保持牢牢的控制，人民幣國際化進程將失去動力。[1]

這種解釋在澳洲Lowy研究所那裡引起了共鳴，他們也認為：改革必然會觸動既得利益，並且將中國經濟暴露在各種未知的限制條件和外部衝擊之下。面對越來越多的本土反彈和批評聲音，中國可能缺乏強有力的後續政策以支持持續改革。為了能夠推進改革，中國央行的官員們不得不採取「特洛伊木馬戰略」，也就是強調貨幣國際化的好處，以此來打動最高決策者採納其改革思維。[2]

1　David Pilling. "The renminbi won't replace the dollar any time soon", from *Financial Times*. http://www.ft.com/intl/cms/s/0/798813bc-f681-11e1-9dff-00144feabdc0. html#axzz2EAX0aP85, 2012-09-05.

2　Alistair Thornton. "Anaemic ascent: why China's currency is far from going global", http://www. lowyinstitute.org/publications/anaemic-ascent-why-chinas-currency-far-going-global, 2012-08-14.

3.2.5 人民幣國際化前景與預期

　　各國輿論對人民幣國際化的前景是否看好，這種態度本身在一定程度上會影響人民幣國際化的進程。在人民幣國際化的前景問題上，有一些媒體是比較積極的。

　　國際輿論意識到，即便沒有強勢的政策推動和改革輔助，人民幣似乎已經獲得了部分國際化的內在動能。Vallee認為，未來7～10年內，即便當前政策改動甚少，人民幣的國際地位也必然會有較大提升。他建議中國政府把力量重點放在重新設計本土金融部門，而不是費力邀請外部參與。如果中國能夠採取各種必要的改革，那麼人民幣將在15～20年內對歐元構成重大挑戰，成為多極貨幣體系中的重要一極。當然，在歐元區，它還是難以取代歐元本身，因為缺乏歐元和歐盟與生俱來的包容和政治雄心。

　　Babacar Ndiaye是原非洲開發銀行的行長，他認為歐債危機和美國「債務懸崖」所帶來的投資風險，迫使非洲很多國家將不得不把它們的儲備轉入人民幣資產。[1]

　　澳洲商界的態度似乎最為樂觀。HSBC澳洲負責人Paulo Maia預測未來三年內，中國對新興經濟體的貿易量中半數以上將改為使用人民幣計價和結算。[2]該行的貿易供應鏈負責人Andrew Skinner認為，儘管人民幣短期內無法和美元抗衡，但是到2015年左右將成為國際上三大交易貨幣之一。「中國的銀行也許不是那麼老練，但是它們正在崛起。這是令人興奮的時刻，人民幣國際化的動能良好，並且迅速擴展出去。」[3]

　　當然並不是每一位觀察者都那麼樂觀，東南非共同市場商務理事會的祕書

1　*China Daily.* "First yuan bonds to African banks" ,http://www.china.org.cn/business/201207/31/content_26072549.htm, 2012-07-31.

2　Glenda Korporaal. "Renminbi beginning to replace the dollar", from *The Australian.http://*www.theaustralian.com.au/business/in-depth/renminbi-beginning-to-replace-the-dollar/story-fn8sc6jr-1226282340973, 2012-03-05.

3　Mark Eggleton. "Exciting times in banking sector", from *The Australian.* http://www. theaustralian.com.au/business/in-depth/exciting-times-in-banking-sector/story-fn8sc6jr-1226282359951, 2012-03-05.

長Trust Chikohora認為，「儘管在金磚國家中開始討論使用人民幣結算，但是我不認為現在就開始實施」，而且新興國家目前階段使用當前主流貨幣可能更合適。[1]

顯然，人民幣國際化的步伐取決於本土金融改革的進展。而本土金融改革是否實施很大程度上又取決於政策的演進和背後的政治決心。法國學者Vallee認為，中國決策層內部就此問題也存在分歧，比如在執政黨和央行之間。中國新領導層在這個問題上可能還需要時間和更多資訊來做出長遠決定，因此相關政策環境並不是像學者們所想像的那樣確定和可預測。Stanley（阿根廷）認為，中國政府何時會實現人民幣資本項目下完全可兌換，此事還是很難判斷。根據過去的歷史經驗，Barua認為，中國決策者一旦看到經濟領域的嚴峻困難，就會退回經過時間考驗的政策。所以，並不能排除這樣一種可能，即中國政策在改革和推進人民幣國際化一段時期之後，發現了問題，人民幣匯率重新與美元事實上掛鉤。該貨幣的潛在持有者必須記住有此風險。Simon Flint提醒讀者，匯率的自由化和政治經濟自由化是具有雙向作用的。[2]Michael Schuman也認為，中國決策者生怕過早且過快地推進人民幣自由化會打亂中國經濟發展的步伐，結果會給經濟帶來負面影響。現階段中國政府仍認為，資本控制是保證本國經濟運作良好的利器，這會防止2008年由美國引起的全球金融危機的後續影響給中國經濟帶來更大衝擊。[3]

由於中日在經濟發展模式上具有一定的相似性，所以日本當年的金融改革過程往往被人用來作為一個參照系。加藤隆俊提出，從日本當年的經驗來看，日本花了三十年的時間才逐步實現進口自由化並取消外匯管制。未來中國將有充分潛力把人民幣變成具有國際領導地位的貨幣，但是要實現這一點，首先必

---

1 VinjeruMkandawire. "Africa: new frontier for the renminbi" ,http://blogs.ft.com/beyond-brics/2012/08/22/africa-new-frontier-for-the-renminbi/#axzz29x0FKd9X, 2012-08-22.

2 Simon Flint. "RMB regime change—a leftist approach" ,http://china.ucsd.edu/research/Conferences/RMB/documents/Simon.flint.pdf, 2012-09-06.

3 Michael Schuman. "China Takes a Big Step to Make the Yuan a Rival to the Dollar" ,http://business.time.com/2012/07/02/china-takes-a-step-to-make-the-yuan-a-rival-to-the-dollar/, 2012-07-02.

須讓本國的金融機構擁有更大的自主權。他認為日本並無能力阻止人民幣的國際化，相反，日本必須思考未來在商業上同中國貨幣合作的可能性。[1]大衛·皮林也從中日比較的角度看待中國的改革步伐。與日本一樣，中國的增長模式也建立在國內廉價信貸和本幣被低估的基礎之上。日本到了20世紀80年代初才敢於開始放鬆資本管制——當時，日本或多或少已趕上了西方的生活水準。中國共產黨則要更加依賴自己在配置信貸和保護國有產業及創造就業的出口商方面的能力。[2]

從長遠來看，中國的經濟發展前景和品質將決定人民幣國際化的最終成敗，而且中國金融貨幣體系改革的步伐很大程度上也取決於此。保持高速增長，中國將在未來十年或十五年內取代美國成為全球第一大經濟體（Knoppers，2012；Mironenko，2012）。但現實是，中國宏觀經濟增長品質堪憂，表面上充滿動能，但是內部卻非常不穩定。Chilo向讀者描述了一個宏觀經濟成功而微觀經濟失敗的圖景。為了應對2008年的金融危機衝擊，中國政府推出4萬億元財政刺激和巨量信貸供給，大量資本通過銀行信貸湧入虧損的國有企業，導致金融資源進一步錯配，最終產生巨額銀行呆壞賬。過量的中國儲蓄被引導進入房地產泡沫中而不是有效的投資中。[3]中國經濟增長放緩是否能夠得以「軟著陸」？如果「軟著陸」，那麼可以預期人民幣國際化進一步拓展，如果「硬著陸」，那麼社會動盪加劇而最終導致中國滿盤皆輸（Barry Eichengreen）。

此外，Barry Eichengreen還從政治角度提出了對人民幣國際化前景的質疑。他認為政治民主對於一國貨幣的國際化而言也是重要的。為什麼民主制度那麼重要？因為民主選舉的政府對公眾的承諾是可信的，因為他們不能為所欲

1　加藤隆俊.「絵空事ではない人民元の国際化」，路透日本網.2012-08-13. http://jp.reuters.com/article/jp_forum/idJPTYE87C02620120813?pageNumber=1&virtualBrandChannel=0.

2　David Pilling. "The renminbi won't replace the dollar any time soon" ,from *Financial Times*. http://www.ft.com/intl/cms/s/0/798813bc-f681-11e1-9dff-00144feabdc0.html#axzz2EAX0aP85,2012-09-05.

3　Robert Skidelsky. "Why China won't rule" ,from *Business Day*. 20120530. http://www.businessdayonline.com/NG/index.php/analysis/commentary/38583-why-china-wont-rule.

為，更不能剝奪資本，否則他們將被選民趕下臺。所以，外國投資者儘管不能投票，但考慮到本國投資者能夠對政府形成制約，所以大家有信心持有。當然，中國政治邏輯正在發生改變，其他中國政府機構的決策者也在面臨著更多的制約。基於網路的社會運動迫使中國決策者加強勞動和環保標準，既然如此，貸款方的權利理應也會得到更多的保障。

3.2.6 2012年有關人民幣國際化的國際輿論特點

與往年的國際輿論相比，2012年度圍繞人民幣國際化問題的國際輿論表現出以下特點：

第一，關注和爭論的焦點有所變化。2009—2011年，人們主要爭論的是人民幣國際化的利弊、條件、香港離岸市場的建設以及中國對外簽訂雙邊貨幣互換等議題。而到了2012年，人們討論的內容更加具體、更加專業化，比如貿易中的人民幣計價結算現象，資本專案放開的順序和風險等等；另一方面，相關輿論的視野更加開闊，開始把地緣政治問題引入人民幣國際化的探討中來，尤其是中日美在貨幣上的競爭合作與縱橫捭闔。

第二，對人民幣國際化的前景，一部分學者的觀點出現了變化，比如，Barry Eichengreen在過去幾年一貫比較樂觀，但是2012年的多篇文獻中則顯得比較悲觀。整體而言，悲觀者和樂觀者之間的觀點更加分化，樂觀者受到貿易結算形勢的鼓舞變得更加樂觀，有人甚至認為未來三年內便有較大進展。而悲觀者更加悲觀，認為中國政府最終會難以接受人民幣國際化帶來的代價而打退堂鼓。

第三，對於中國推動人民幣國際化的動機，國際上的觀察者們把握得更加精準、更加透徹。尤其是一部分觀察者意識到中國國內的部門間博弈對於理解人民幣國際化政策的進退調整具有重要意義。比起此前把中國決策者簡單化地理解為一個理性的統一整體的思維方式，這類新觀點顯然更加貼近實際。

第四章

國際貿易格局變化對國際貨幣替代的影響

4.1 國際貿易格局變化的歷史演變

　　國際貿易格局可以寬泛地理解為世界的主要區域、國家（或地區）在國際貿易中的份額、國際貿易產品、國際貿易區域範圍、國際貿易方式及由此表現出來的參與貿易的各區域、國家（或地區）間的實力對比態勢和總體的秩序與狀況。國際貿易格局變化主要強調特定時期內主要區域或國家在國際貿易總體結構中的地位變化，具體體現為進出口貿易總額（或比重）的變化，以及以不同產品作為貿易單位的對外貿易總額（或比重）即貿易結構的變化。從歷史上看，國際貿易格局至今發生了五次重大的變化，下面介紹前四次重大變化，第五次重大變化作為單獨一節在下一節介紹。

4.1.1 以歐洲（英國）為中心的國際貿易格局

　　伴隨著15世紀末的地理大發現，東西方航線的聯通，葡萄牙、西班牙、荷蘭等海上強國相繼稱雄。17世紀率先完成工業革命為英國的產業躍進帶來了巨

大推動力，19世紀初英國建立起了以其為中心的單邊壟斷全球貿易格局。

1. 國際貿易由區域向全球擴張。

新航線的拓展和美洲新大陸的發現擴大了國際貿易的市場範圍，促使各區域市場由先前的相對割裂的單元轉變為聯通交疊的整體。新航線開闢之前，當時的國際貿易處於一種區域化、傳遞性狀態，西歐、北非、東亞各區域內國家地區經貿往來自成體系，串聯東西方貿易的只有陸、海兩條絲綢之路。新航線則將東西方直接連接在一起。

2. 以英國為中心的全球性貿易體系逐步形成。

17世紀中期葡萄牙海上帝國版圖不斷縮小，荷蘭逐漸取代其在東亞貿易中的壟斷地位，並在西非美洲和歐洲貿易中占據絕對優勢。憑藉工業革命帶來的強大經濟實力，英國在三次英荷戰爭和拿破崙戰爭中獲勝，重創荷蘭和法國並獲取了海上霸權，荷蘭的眾多海外殖民地都落入英國囊中。強大的海軍和商船隊，以及廣袤的海外殖民地，使得英國成為最早擁有國際貿易霸權的國家。在為期100年的「英國統治下的和平」（Pax Britannica）時代（1814—1914年），僅占世界人口2%的英國一直把世界工業生產的大約40%和國際貿易的25%控制在自己手中，形成了幾乎是圍繞「世界工廠」英國開展的單極貿易。

3. 以自由貿易為主的全球貿易秩序。

英國經濟學家亞當·斯密（Adam Smith，1776）[1]認為只有自由競爭的市場經濟才是最理想的。隨著國際貿易市場的擴張，至19世紀中期，歐洲進入自由貿易時代，英國和法國、比利時、荷蘭、德國等國家的雙邊貿易額迅速增長，貿易關係日益密切。以英國對法國貿易為例，1851—1860年英國向法國出口年平均值為440萬英鎊，1861—1870年則達1 020萬英鎊（張曙光，2009）。

4.1.2 三足鼎立的國際貿易格局

1. 圍繞英國的單級貿易走向三足鼎立。

1　1776年英國經濟學家亞當·斯密出版了《國民財富的性質和原因的研究》，在書中他抨擊了重商主義的保護政策，提出以「自由貿易」來代替以前的重商主義。

19世紀後期，隨著工業革命波及範圍的擴展和加深，先進技術逐漸被其他國家學習吸收，地區間分工日益明確。美國、德國等後起之秀經濟實力不斷增強，1870—1913年間，英國貿易額只增長了89%，而同期美國增加1.6倍，德國增加了1.8倍。貿易額增長速度的不同，直接導致英國貿易霸主地位岌岌可危。第一次世界大戰摧毀了英國70%的商船，令英國元氣大傷，對外貿易壟斷地位逐漸喪失。德國和美國後來居上，國際貿易出現英、德、美三足鼎立的局面。

2. 以德國、美國為代表的貿易保護主義政策盛行。

在自由貿易體系下，德國、美國等趕超型國家的幼稚工業受到英國等強大競爭者的排擠。為了擺脫成為英國等老牌工業化強國的原料供給國，保護培養本國幼稚產業的迅速成長壯大，德國、美國紛紛制定了貿易保護主義政策。德國經濟學家李斯特[1]主張有區別、有節制、循序漸進的保護政策，既最大限度地利用政府行政干預手段，建立起有效的工業保護機制，又鼓勵企業走出國門開拓國際市場，激勵企業進步和發展的競爭意識。在此思想指導下，19世紀末德國政府開始有意識地培育重工業。人力、物力在國家的指導下被更加合理地利用，德國的電氣、化工、鐵路、鋼鐵等產業迅速躍居世界前列。

4.1.3 美國單極國際貿易格局

兩次世界大戰徹底改變了當時的國際貿易格局。英國、德國、日本等國均在戰爭中遭受重創，美國獨享戰爭紅利。二戰結束至20世紀70年代，美國始終保持著以其為中心的單極國際貿易格局。

1. 美國貿易份額全球獨大，貿易額增長迅速。

兩次世界大戰讓英國、德國、日本等國均遭受重創，國力、財力、勞動力損耗殆盡，各國面臨著戰後國內社會經濟體系恢復重建的巨大物資缺口。美國憑藉遠離戰爭主戰場且參戰較晚的優勢，不僅經濟沒有受到嚴重影響，而且還在戰爭中通過為各方提供軍需物資大發戰爭財。1948年美國出口貿易占全球份

1　1827年李斯特出版《美國政治經濟學大綱》，反對亞當‧斯密的自由貿易信條。

額近1/4，黃金儲備占全球份額2/3強，生產總值占世界生產總值的1/2。美國通過戰後自己主導建立的國際經濟新秩序，以及將直接貸款和貿易移植入對歐洲的各項戰後援助計畫，在接下來的20年時間裡，貿易份額全球獨大，維持著以其為中心的新的單極國際貿易格局（見圖4—1、圖4—2）。

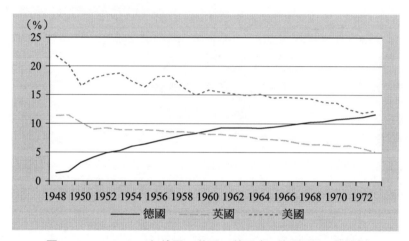

圖4—1　1948—1973年德國、英國、美國出口貿易占全球份額

資料來源：WTO.

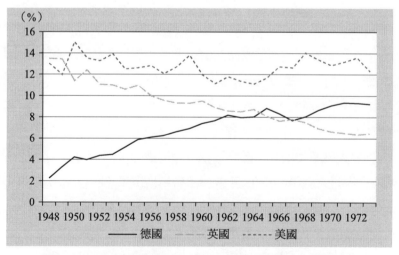

圖4—2　1948—1973年德國、英國、美國進口貿易占全球份額

資料來源：WTO.

美國一方面作為供貨商源源不斷向歐亞大陸提供生產、生活物資，另一方面也盡享世界最富有國家的實惠，大量進口工業製成品用於消費及各項支出，進出口貿易額迅速增長。尤其是20世紀60—70年代，美國進出口貿易額呈指數型增長，1963年美國商品進出口貿易額分別為234億美元和186億美元，至1973年，僅十年之隔，美國的進出口貿易額分別增長了3倍和4倍，達到714億美元和732億美元（見圖4—3）。

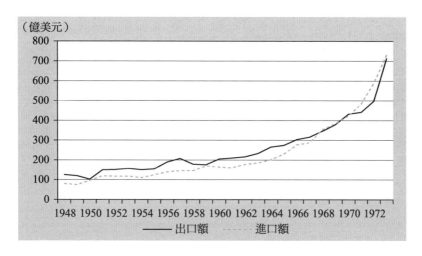

圖4—3　1948—1973年美國進出口貿易額

資料來源：WTO.

2. 貿易產品以工業製成品為主。

從貿易產品結構來看，歐亞大陸戰後重建對農業產品和工業製成品形成巨大需求，作為少數未遭受戰爭損毀的國家之一，美國成為全球商品的供應商，憑藉雄厚的國力基礎、先進的科學技術和豐裕的自然資源，1973年美國對外出口中工業製成品占全部出口貿易的62.8%，農業產品占比28.7%（見圖4—4）。

3. 歐美大陸為主要國際貿易區。

二戰後至20世紀70年代，美國充當了主要參戰國戰後恢復重建的供貨商，大量工業製成品運往歐洲大陸。另外，冷戰期間為聯合歐洲大陸抗衡社會主義陣營，美國以直接投資和進口等方式和西歐各國及日本建立起密切的貿易往來

關係。這一時期國際貿易格局從地域來看，表現為以美國為代表的北美和歐洲大陸為當時國際貿易的主體，亞、非、拉美及其他地區國際貿易發展穩定（見圖4—5）。

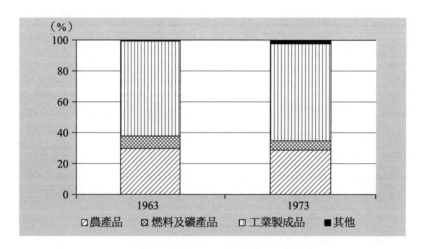

圖4—4　1963年和1973年美國出口商品結構圖

資料來源：WTO.

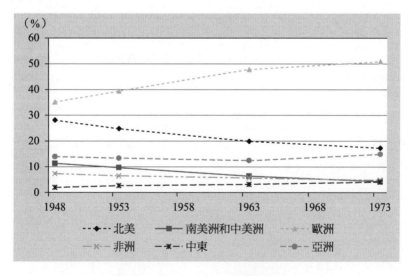

圖4—5　全球各地域出口貿易額占比

資料來源：Wind資訊。

冷戰中東西對峙的國際貿易格局

　　戰後初期，一批亞非拉國家在擺脫殖民統治後選擇了社會主義道路，形成了基於意識形態的東西方對峙。美國和蘇聯分別成為資本主義、社會主義陣營的領袖。1947年，美國總統杜魯門在國會正式提出「對蘇聯發動冷戰，以遏止共產主義」。北約和華約兩大軍事集團相繼開展了全面緊張的對峙和對抗。除了軍備競賽等一系列軍事對抗之外，貿易戰也拉開序幕。同年，美國對蘇聯展開了經濟封鎖。1949年，美國、英國、法國、德國等17個西方國家成立了巴黎統籌委員會，目的就是要對共產主義國家實行禁運和貿易限制。為了限制共產主義國家的發展，巴黎統籌委員會將包括軍事武器裝備、尖端高科技產品和戰略產品都列入禁運範圍。到20世紀70年代後，禁運產品主要向高技術領域集中，凡是能夠對生產方式產生重大變革的新技術，基本都在禁運範圍之內。[1]美國牢牢控制住西歐陣地，通過營造和歐洲大陸更加密切的經貿往來拉攏並鞏固同北約成員國的關係，扶持德國、日本等新興資本主義國家，一致抗衡社會主義陣營。面對西方國家的貿易限制，以蘇聯、中國為代表的社會主義陣營積極開展生產自救，農業、工業產品基本上都是自給自足，即使存在少量生產、生活物資的進出口，也僅是在社會主義陣營內部互通有無。另外，由於社會主義陣營國家都嚴格實行計劃經濟體制，國家計畫配置完全取代市場功能，國內市場幾乎全面萎縮，對於社會主義陣營來說，以西方市場為主體的國際市場根本不存在。

　　在冷戰期間，並不存在國際性的自由貿易，兩大對立的意識形態陣營之間幾乎沒有經濟聯繫。每一陣營內部，各國通過對外援助和與各自的超級大國之間的備忘錄貿易相互聯繫、相互作用。[2]

1　http://finance.sina.com.cn/j/20100509/22097901824_1.shtml.
2　參見廖子光：《金融戰爭》，北京，中央編譯出版社，2008。

冷戰把世界割裂為兩個陣營，國際貿易基本只在各自陣營內部進行，這對全球貿易帶來了巨大的衝擊。這一階段的國際貿易格局從地域來看，以北美和歐洲國家為主體的西方陣營出口貿易份額達到並超過全球的一半（見圖4—6），而以亞洲、拉美國家為主體的社會主義陣營對外貿易發展緩慢（見圖4—7）。

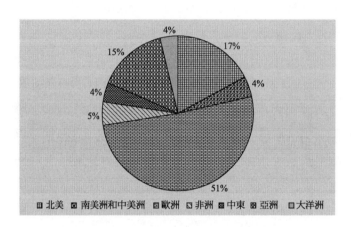

圖4—6　1973年全球各地區商品出口貿易占比

資料來源：WTO.

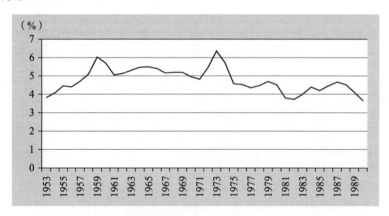

圖4—7　1953—1990年社會主義陣營國家（前南斯拉夫、保加利亞、羅馬尼亞、中國、越南、匈牙利、波蘭）出口貿易全球占比

資料來源：WTO.

4.1.4 一強多極國際貿易格局

由於兩次世界大戰的爆發以及戰後世界新秩序的形成，各國社會、經濟發展不平衡導致國際競爭力的差異使得國際貿易格局再次發生質的變化。日本經濟飛速發展，歐洲聯盟取得突破，新興經濟體和發展中國家開始崛起，國際貿易格局從二戰後美國單極主導轉變為美國一強和歐洲、日本及新興經濟體等多極並存的國際貿易格局。

1. 德國、日本貿易份額迅速增長，美國進出口貿易穩中趨緩。

20世紀60年代，德國和日本相繼走出戰爭陰霾。70—80年代末德國、日本經濟飛速發展，進出口貿易額增長迅速。德國出口業素以品質高、服務周到、交貨準時而享譽世界，其主要出口產品有汽車、機械產品、化學品、通信技術、供配電設備和醫學及化學設備。主要進口產品有化學品、汽車、石油天然氣、機械、通信技術和鋼鐵產品。德國主要貿易對象是西方工業國家，其中進出口一半以上來自或銷往歐盟國家。1986—1990年，德國的出口額曾為世界第一。日本貿易產品結構同樣具有較大的國際競爭優勢。出口產品中超過88%的份額為工業製成品，尤其在電子製造和汽車產業方面日本擁有世界一流的先進技術，高科技電子產品和汽車在全球銷量遙遙領先（見圖4—8）。伴隨著東亞貿易自由區的發展，至1993年亞洲占日本全球出口貿易份額過半，達到58.7%，亞洲已經成為日本最大的貿易額來源地（見圖4—9）。據WTO統計，1970年日本、德國商品進出口貿易總額分別為382億美元和642億美元，20年後的1990年，日本、德國商品進出口貿易總額已分別達到5 225億美元和7 771億美元，分別增長13.7倍和12.1倍（見圖4—10）。而在此期間，美國進出口貿易發展穩中趨緩，自70年代進口額超過出口額，貿易赤字日漸嚴重，美國全球貿易比重逐漸降低，至20世紀80年代中期，美國在世界出口中的份額下降到約1/7，在發達國家出口中的份額下降至不足1/5（見圖4—11、圖4—12）。

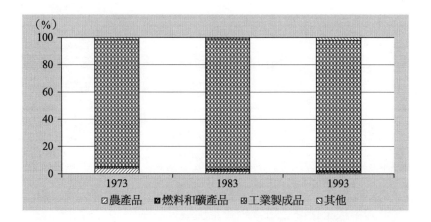

圖4—8　1973年、1983年、1993年日本出口商品結構圖

資料來源：WTO.

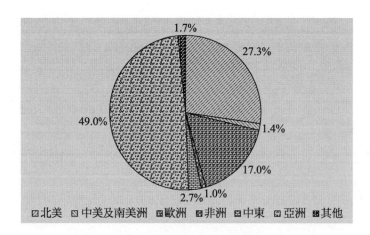

圖4—9　1983年日本商品出口分地區比例結構圖

資料來源：WTO.

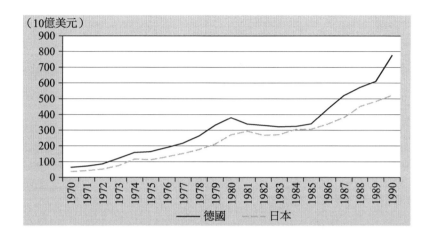

圖4—10　1970—1990年德國、日本進出口貿易額

資料來源：WTO.

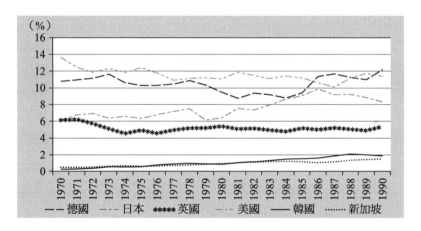

圖4—11　1970—1990年德國、日本、英國、美國、韓國、新加坡的出口貿易占全球份額

資料來源：WTO.

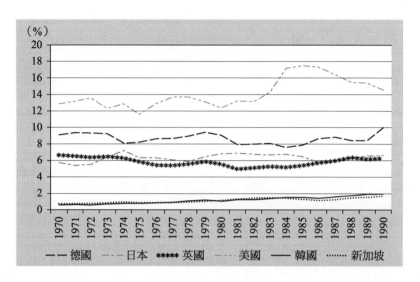

圖4—12 1970—1990年德國、日本、英國、美國、韓國、新加坡的進口貿易占全球份額
資料來源：WTO.

2.「亞洲四小龍」騰飛，亞洲貿易份額上升。

日本經濟崛起受到不少亞洲國家的推崇和效仿，20世紀70年代後期，新加坡、韓國、香港、臺灣等一批東亞國家和地區紛紛採取出口導向型經濟模式，積極引進並承接發達經濟體的產業轉移，經濟高速增長，貿易規模也不斷擴大。這些國家及地區的經濟增長奇跡使它們獲得「亞洲四小龍」的美譽（見圖4—13、圖4—14）。在「亞洲四小龍」的帶動下，1983年亞洲出口貿易額全球占比達19%，較1973年提高了近5個百分點（見圖4—15），亞洲成為當時全球貿易不可或缺的一極，為國際貿易格局增添了新的力量。

3. 歐洲聯盟的發展推動歐洲區域化貿易。

1958年1月1日歐洲各國組建了歐洲經濟共同體，在煤鋼、農業、能源、航空等行業進行跨國合作，隨後逐步取消各種非關稅壁壘，包括有形障礙、技術障礙和財政障礙，大大推動了區域內的貿易和經濟一體化。1993年1月1日，歐洲建成商品、人員、資本和勞務自由流通的歐洲統一大市場，並訂立統一貨幣歐元的時間表，標誌著歐盟經濟和貿易區域化、集團化達到前所未有的水準。

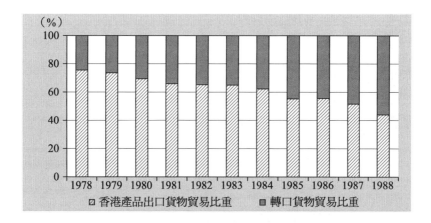

圖4—13　1978—1988年香港出口和轉口貨物貿易比重

資料來源：WTO.

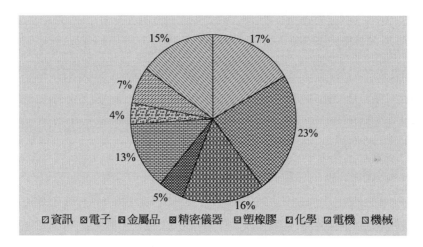

圖4—14　1984—1994年臺灣從美國接單產品結構

資料來源：WTO.

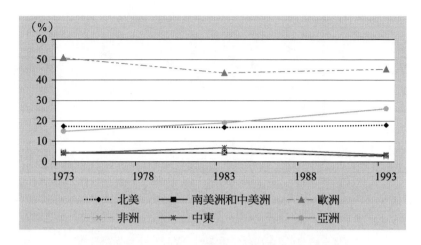

圖4—15　1973—1993年全球各地區出口貿易份額

資料來源：Wind資訊。

　　歐盟成員國的貿易往來幾乎沒有什麼貿易摩擦，降低了貿易成本，使得歐盟成員國內部貿易份額上升到其全部貿易額的2/3，還使得歐盟成員國獲得了一種集體的力量，提升了它們對歐盟外國家貿易的競爭力。歐盟一體化所帶來的示範效應導致越來越多的國家結成經濟和貿易聯盟，貿易區域化還在繼續改變著國際貿易形式和貿易格局。

　　4. 貿易結構方面，技術貿易份額逐漸增加。

　　國際貿易結構出現了明顯變化，原料等初級產品貿易額逐步下降，製成品以及服務貿易額不斷上升。在製成品貿易中，技術含量較高、產品附加值較大的機電產品脫穎而出，占據了最大的份額。世界機電貿易額的增長率大大超過國際貿易總額的增長率，其出口額由1955年的169億美元上升到1981年的6 150億美元，26年增長了35.4倍。此外，隨著貿易自由化的發展，各國對服務貿易的限制逐漸減少，在WTO《服務貿易總協定》的推動下，世界服務貿易規模急速擴大，比重逐年上升，一些國家的服務貿易規模甚至超過貨物貿易規模。在服務貿易中，高附加值的技術貿易占據重要的地位。1965年世界技術貿易額僅為20億美元，1975年增至110億美元，1985年達400億美元，20年增長了20倍，增長速度迅猛。

4.2 新興市場崛起後的國際貿易格局變化

4.2.1 新興市場崛起後的國際貿易格局特點

自20世紀80年代以來，發展中國家及新興經濟體在本國「對外開放」、「出口導向」政策的指導下，加快與國際接軌，積極參與國際競爭，充分利用兩個市場、兩種資源，發展民族經濟，經濟實力持續增強。進入21世紀以來，以金磚國家為代表的新興經濟體異軍突起，其經濟的快速發展和貿易規模的快速擴大，對以傳統西方國家主導的國際貿易市場形成挑戰，促使世界經濟和國際貿易格局進入新一輪調整和變化之中。

1. 新興市場國家和發達國家貿易份額平分秋色。

伴隨國際範圍內的產品內分工模式的深化，在跨國公司的主導和推動下，新興工業化國家也因積極承接由發達國家轉移出的資本密集型、熟練勞動密集型產業而整體崛起，包括中國在內的廣大發展中國家也先後融入了全球生產網。當前在世界前十大製造業大國中，新興經濟體已占了半數，貿易額也持續增加。新興市場特別是以金磚國家（巴西、俄羅斯、印度、中國、南非）為代表的新興工業化國家的崛起對美、歐、日市場主導全球貿易流向的傳統格局形成了兩大顯著影響和挑戰（見圖4—16）。

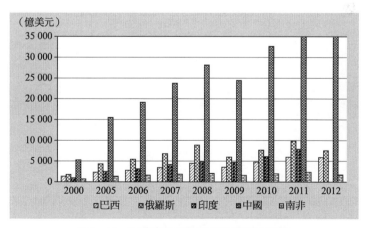

圖4—16 金磚國家貨物和服務進出口總額

資料來源：《金磚國家聯合統計手冊2013》，其中印度2012年貨物和服務進出口總額缺省。

一方面，發展中國家及新興經濟體在國際貿易增量中的比重不斷上升，發達國家貿易份額逐漸收縮。過去10年，新興經濟體出口貿易全球份額從2000年的34.2%增長到2012年的49%，進口貿易份額從2000年的30.3%增長到2012年的44.8%；而發達國家出口貿易份額則從65.8%下降到2012年的51%，進口貿易份額從69.7%下降到2012年的55.2%，新興市場國家和發達國家的進出口貿易份額幾乎平分秋色（見圖4—17）。尤其是2008年金融危機後，新興經濟體商品進出口貿易放量增長，拉動全球經濟迅速走出危機陰霾。繼2010年創下危機後商品進出口貿易最大年增幅後，2011年新興經濟體商品進出口貿易額持續穩定增長，當年全球商品出口貿易額上升21.9%，其中發展中國家增幅為28.8%，發達國家增幅為16.5%;全球商品進口上升21.5%，其中發展中國家增幅為28.7%，發達國家增幅為16.6%（見圖4—18、圖4—19）。不僅是商品貿易，在服務貿易進出口額的排名中，新興經濟體的作用也有所上升。2010年中國和印度在世界前十大商業服務貿易出口國行列中分列第4位和第10位;在世界前十大商業服務貿易進口國行列中分列第3位和第7位。金融危機後，所有經合組織成員國都出現了巨額赤字，美國、歐盟、日本陷入高負債困境，以高負債支撐高消費並為全世界提供市場的發展模式將難以持續，而中國等新興經濟體的國際貿易雖然受到了較大的影響，但其增長態勢並未改變，與發達國家的表現形成了鮮明的對比，全球的需求增量將主要由新興經濟體的消費和投資增長來提供。

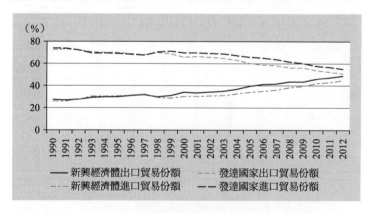

圖4—17　1990—2012年新興經濟體和發達國家全球貨物貿易占比

資料來源：UNCTAD.

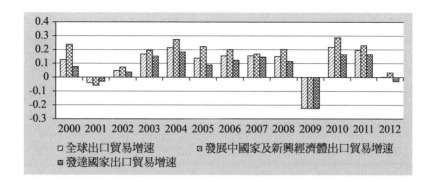

圖4—18　2000—2012年全球、發展中國家及新興經濟體、發達國家出口貿易增速

資料來源：UNCTAD.

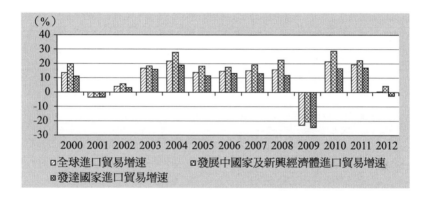

圖4—19　2000—2012年全球、發展中國家及新興經濟體、發達國家進口貿易增速

資料來源：UNCTAD.

　　另一方面，發展中國家的要素稟賦差異化和分化趨勢進一步加大（見表4—1），南南市場興起，部分取代了原有的南北貿易。2009年中國超越美國成為巴西的第一大交易夥伴，2010年成為印度的第二大交易夥伴。

表4—1 金磚國家貨物進出口情況一覽表

國家	經濟概況	主要出口	主要進口
中國	全球第二大經濟體	機電、高新技術產品、自動資料處理設備及其部件、針織或鉤編服裝	機電、高新技術產品、原油、鐵礦砂
巴西	國民生產總值等經濟指標居拉丁美洲之首	鋼材、鐵礦砂、紙漿和咖啡、糖、大豆等特色農產品	石油、化工原料、小麥等
俄羅斯	礦產資源豐富	石油和天然氣等礦產品、化工產品、寶石及其製品、木材及紙漿	食品和農業原料產品、橡膠、紡織服裝類商品
印度	在南亞地區具有最強的經濟實力	車輛及其零件和配件、電氣機械和設備及其零件	礦物燃料、珍珠、寶石、貴金屬
南非	非洲第一大經濟體，基礎設施良好，資源豐富，是世界五大礦產國之一	黃金、其他金屬及其製品、鑽石、食品、飲料、煙草、機械及交通運輸設備等	機械設備、交通運輸設備、化工產品、石油

資料來源：根據《金磚國家聯合統計手冊2012》整理。

專欄4—2

中國超越德國成為全球最大貨物出口國

　　根據WTO公佈的貨物貿易資料，2009年，中國出口12 016億美元，同期，德國出口11 200億美元，中國超過德國成為全球第一大貨物出口國。2009—2012年，中國又連續4年保持出口全球第一。對於這一成績，有必要從兩方面來看：

　　一方面，反映我國對外貿易取得了巨大發展。改革開放之初的1978

年，我國出口額僅為100億美元，在全球位列第31位，同期德國出口1 425億美元，是我國的14倍以上，僅僅30年時間就取得這樣的成績是來之不易的。究其原因，一是我國始終堅持對外開放政策，不斷拓展外開放的深度和廣度；二是我國充分發揮了自身的比較優勢，積極承接國外產業轉移，迅速發展成為世界工廠。

另一方面，也要認識到貿易大國並非貿易強國。數量的第一不等於品質的第一，無論在出口結構、產品檔次還是品牌影響力上，我國距離貿易強國還有不小的差距。2009年，我國出口總額中一半來自加工貿易，出口主體中外資企業仍是多數。在國際產業鏈中，我國仍處於加工組裝環節，而設計、銷售兩頭在外，大部分利潤被外資企業獲得。

2. 歐洲、北美市場份額收縮，亞、非、拉美市場份額擴張

商品貿易方面，從商品貿易份額來看，歐洲、亞洲和北美是全球前三大商品出口貿易區域（見圖4—20）。但從地域結構來看，以西方發達國家為主體的歐美市場，2012年商品出口貿易份額則較2000年均有不同程度下降，其中美國從12.1%下降至8.4%，德國從8.5%下降至7.6%，日本占比從7.4%下降到4.3%。然而擁有較多發展中國家和新興市場國家的亞、非、拉美等地區，進出口貿易份額則顯著上升：2012年，中國成為世界第一大出口國，商品出口額占全球10.7%，較2000年上升7個百分點；巴西從0.8%上漲至1.4%，上升0.6個百分點；印度從0.6%上漲至1.6%，上升1個百分點（見圖4—21）。

商業服務方面，西方發達國家憑藉雄厚的科技實力、成熟完善的基礎設施與服務體系作為全球商業服務提供者。2011年美國仍保持為全球第一大商業服務貿易國，進出口貿易額達9 760億美元，順差1 860億美元。德國和英國分別位居全球第二大和第三大商業服務貿易國，貿易額分別達5 420億美元和4 440億美元。作為發展中國家的中國和印度等國，則更多是通過歐美等外資控股的跨國公司獲取商業服務，多為商業服務的淨進口國。

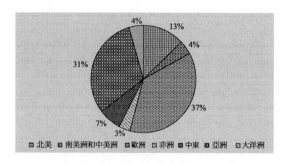

圖4—20 2011年全球各地區商品出口貿易占比

資料來源：WTO.

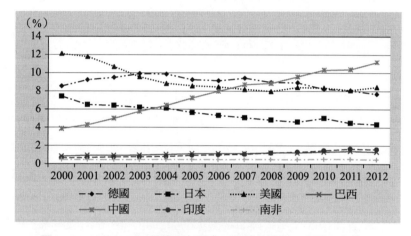

圖4—21 2000—2012年德國、日本、美國、巴西、中國、印度、
南非等國商品出口貿易全球占比

資料來源：WTO.

3. 南北間產品內貿易模式占主體。

從分工方式來看，南北間產品內貿易是當前主要國際貿易模式。國際分工的不斷深化導致貿易模式改變。自第二次工業革命（19世紀70年代）至今，國際貿易模式經歷了三個階段：第一階段，19世紀70年代至20世紀40年代，國際貿易模式是基於各國發揮資源比較優勢基礎上的南北間產業間貿易模式，即發達的工業化國家從發展中國家或落後國家進口農業產品、資源產品和初級勞動密集型產品，在國內生產加工成工業製成品後再出口至發展中國家和落後國

家；第二階段，二戰後尤其是20世紀60年代至80年代末，北北間的產業內貿易取代了傳統的南北貿易，即發達國家和發達國家之間以替代性產品為主的貿易往來增加，貿易規模和比重不斷上升，這主要是不完全競爭下發揮規模經濟的結果；第三階段，從20世紀80年代末至今，經濟全球化加速，在垂直專業化分工的基礎上，南北間產品內貿易成為當前國際貿易的主要模式。

南北間產品內貿易模式的具體表現：第一，發達國家和發展中國家貿易往來日益密切。在垂直專業化分工的基礎上，完整的產品價值鏈根據價值屬性被拆分為不同環節，這些不同的環節在具有相應比較優勢的多個國家進行生產、開發，國家間的比較優勢差異明顯，主要體現在發達國家和發展中國家之間。產品價值鏈中屬於勞動、資源密集型的中間品的生產、組裝主要在發展中國家完成，而技術、資金密集型的研發、設計等環節主要在發達國家進行。從近十多年來看，發展中國家對發達國家的工業製成品出口率增速明顯快於發達國家間出口增速（見圖4—22）。第二，除製成品外，產品內貿易尤其以中間品為貿易對象。產品內貿易模式下，完整的產品價值鏈被拆分為多個環節，並安排在不同的國家進行生產、加工、組裝，生產組織者通過國際貿易往來實現前後生產環節的銜接和價值附加，因此產品內貿易尤其以中間品貿易為主，全球中間產品貿易額持續快速增長。第三，在全球化的背景下，跨國公司的海外佈局成為南北間產品內貿易的主要組織者和積極推動者。以跨國公司為主導，產品內貿易主要有「內部化」和「跨國外包」兩種組織形式。「內部化」表現為跨國公司根據其全球生產佈局，以FDI方式直接在東道國建立垂直一體化的子公司，再由母公司向子公司購買中間品或製成品，屬於公司內部化貿易；「跨國外包」表現為跨國公司與國外非關聯企業簽訂契約，將多個國家連結到同一種產品生產鏈上，以外包的方式先向東道國企業出口部分生產工序，再從其購買中間投入品或製成品。

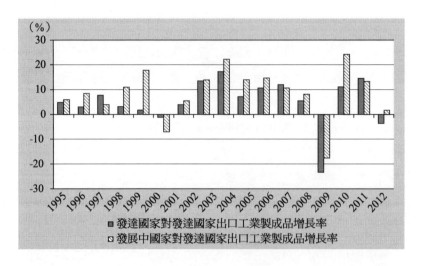

圖4—22　1995—2012年發展中國家與發達國家出口工業製成品增長率

資料來源：UNCTAD.

4. 能源及礦產品貿易份額居前，文化、資訊等商業服務貿易增長較快。

從貿易物件結構來看，商品貿易方面，機械和運輸品、燃料近十年保持較高的出口比例，由於價格提升使得能源及礦產品的出口額占比自2009年至今有所增長，2012年燃料全球出口占比達到19%，較2009年的14%增長了5個百分點。由於大宗商品價格上漲，能源及礦產品出口增長較緩慢，2005—2012年年均增長3.5%。農產品和製成品年均增長率分別達4%和4.5%（見圖4—23）。商品服務方面，個人、文化及娛樂服務、資訊服務貿易近年來增速較快，2011年增速均超出15%。商業服務出口貿易結構中，其他商業服務中的其他商務服務、旅遊和運輸服務三項總和占比超出2/3，為最主要的商業服務產品（見圖4—24）。

5. 區域貿易成為主流。

當前全球一體化的大趨勢下，地緣經濟不但沒有衰減，反而進一步加強。特別是20世紀80年代以來，世界經濟、政治往來日益緊密，各國相互依存、相互促進，一個國家不可能脫離世界獨立發展，更無法獨自應對國際政治和經濟局勢動盪的挑戰。在強烈的國際競爭壓力和國際政治經濟環境中眾多不確定因

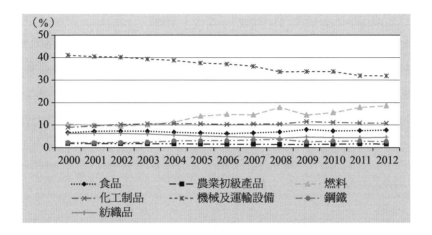

圖4—23 2000—2012年全球商品各項出口占比

資料來源：UNCTAD.

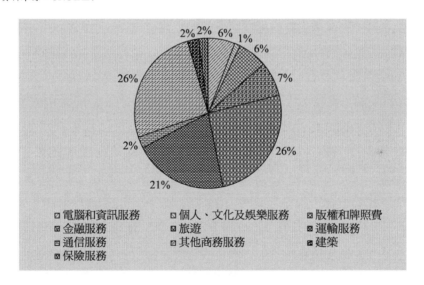

圖4—24 2011年全球商業服務各項出口占比

資料來源：WTO.

素下，區域聯盟得益於地理和傳統上的優勢，成為每一個國家躋身世界的有力保障和必要需求。冷戰結束後，各國紛紛組成以地緣經濟為特徵的區域經濟集團或貿易集團，取代了之前的以政治軍事聯盟為基礎的經濟貿易聯盟。另外，

從各國貿易政策調整趨勢來看，長期以來，自由貿易和貿易保護始終是伴隨世界經濟和國際貿易發展的兩大對立主張，在不同的歷史階段和背景下雙方力量強弱輪流更替。而事實上，任何一個國家都不會採取完全的自由貿易或保護貿易政策，而是在兩個極端政策中尋找一個適當的平衡點。區域貿易具有將二者結合起來的優勢，即區域內各國間貿易可以實現自由化，得到自由貿易的好處，而貿易區域外的經濟往來又強調貿易保護，實現各國保護貿易的利益，兼顧了自由貿易和保護貿易的優勢，因此加入區域貿易集團成為當前各國政策選擇的趨勢。

20世紀80年代末，國際貿易區域化集團化已現雛形，形成了以歐洲統一大市場、北美自由貿易區和以日本為中心的亞太經貿合作為三大核心，東盟六國自由貿易區、南椎體共同市場、安第斯關稅同盟、加勒比共同市場、中美洲自由貿易區等眾多規模較小貿易集團組成的國際貿易格局。1995年，世界貿易組織開始運作，但由於杜哈回合談判遲遲無法完成，多方面利益難以調和，越來越多的經濟體將推動自由貿易的努力從多邊框架轉向雙邊和區域內的自由貿易協定。20世紀80年代末至今，北美自由貿易區（NAFTA）的擴張、歐盟統一大市場成立和歐元的誕生、中日韓三國各自與東盟建立自由貿易區等一系列區域經濟一體化協定的簽訂，使得區域經濟一體化成為多邊貿易體系的有益補充。在區域經濟一體化的發展中，國際貿易的流向發生了變化，區域內貿易在國際貿易中的比重上升，國家之間的競爭向區域集團之間的競爭演變（見圖4—25、圖4—26）。尤其是伴隨著亞洲新興市場國家的迅速崛起，中日韓—東盟區域在產業、貿易、投資和金融方面有著廣泛而深入的合作，這將降低對傳統歐美市場的依賴度，進而改變全球經濟和貿易結構。東亞經濟體與歐盟、北美自由貿易區成為國際貿易的前三強。

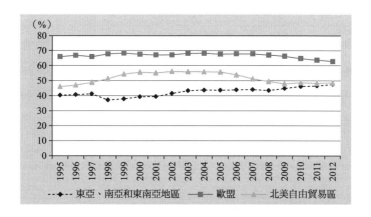

圖4—25　1995—2012年主要地區區域內出口貿易占該地總出口比重

資料來源：UNCTAD.

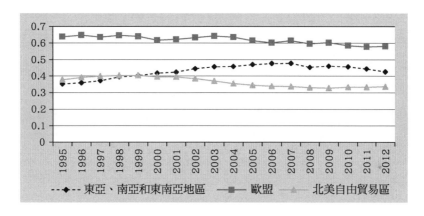

圖4—26　1995—2012年主要地區區域內進口貿易占該地總進口比重

資料來源：UNCTAD.

6. 多邊貿易不進則退，雙邊貿易逐漸普及。

成立於1995年的WTO，是在全球貿易領域擁有統一規範和協調能力的國際組織，其在處理協調各國貿易政策、平衡國際貿易關係、減少貿易摩擦等領域發揮了重要的領導作用，其所宣導及構建的多邊貿易體制的五項主要原則：非歧視性、自由貿易、可預見性、公平競爭、鼓勵發展和經濟改革，對國際經濟秩序具有十分普遍的指導意義，目前其成員擴大到158個，組織原則和規則

覆蓋了96%以上的全球貿易。然而，隨著中國、印度、巴西和俄羅斯等新興經濟體迅速崛起，世界經濟秩序中的西方國家單極格局被打破，尤其是金融危機後新興經濟體在拉動全球經濟增長中貢獻了巨大的力量，因此新興經濟體需要權利和義務對等的話語權。但日漸增長乏力的歐美發達國家則不願放棄或分享既得利益，不願與後來者平等對話。在經濟發展水準參差不齊、利益關係錯綜複雜的當前，WTO成員間在諸如氣候變化、糧食安全、能源危機、金融監管、自然資源等各種新問題上據理力爭、各不相讓，分割化的各國利益將難以通過多邊貿易協定進行協調和統一，這集中表現在已談判十餘年的杜哈回合。由於各方不願妥協退讓，杜哈回合幾乎成為「雞肋」，前景不被看好。而與此同時，由於雙邊自由貿易具有談判成本低、對外經濟戰略調整靈活、速度快、範圍廣、可持續締結、示範效果好等優勢，因此當多邊貿易合作陷入僵局之時，雙邊貿易逐漸興起。據WTO統計資料，目前向WTO通報的區域和雙邊貿易協定總數達到410個，已生效實施的有231個。其中，亞太經合組織（APEC）、中國—東盟自貿區（ACFTA）等相對成熟的區域經濟一體化組織形式，已經在整合區域經濟發展動力、促進區域經貿活動等方面發揮了巨大的積極效應。另外，《區域全面經濟夥伴關係協定》（RCEP）、《泛太平洋戰略經濟夥伴關係協定》（TPP）、《跨大西洋貿易與投資夥伴關係協定》（TTIP）等也逐漸顯示出其促進作用。

4.2.2 當前貿易格局的演變動因和未來發展趨勢

1. 當前國際貿易格局的演變動因。

當前國際貿易格局的演變動因主要來自20世紀末發端的資訊技術與產業革命、對外經濟戰略調整下的新興經濟體崛起和日漸普及的雙邊、區域貿易新形式。首先，資訊科技革命是推動國際貿易變革的關鍵因素。知識、資訊的傳播決定了社會分工的深化變革，影響了跨國公司的管理模式，並以其為載體衍生出南北間產品內貿易的新模式。另外，新興經濟體崛起是推動國際貿易格局變革的主導力量。20世紀末，發展中國家積極調整對外貿易戰略，承接國際產

業轉移，以資源密集型、勞動密集型產業為開端，充分利用本國資源或勞動力優勢，廣泛開展對外經濟合作，以貿易順差拉動國內經濟迅速增長，促進國際貿易格局向多元化方向發展。最後，雙邊、區域貿易新形式是鞏固國際貿易新格局的體制保障。在世界經濟復甦乏力、多邊貿易體系裹足不前的背景下，雙邊、區域貿易新形式為世界各國尋求新的經濟增長點帶來了希望和動力。區域和雙邊貿易協定為鞏固國家間向更靈活、廣泛的經貿合作，實現更加互惠雙贏的願景提供了穩定和可持續性的體制保證。

2. 未來發展趨勢。

新貿易保護主義將呈現經常化和普遍化。金融危機爆發後，受其衝擊全球經濟陷入低迷，以歐美為代表的發達國家國內消費、投資需求大幅萎縮，失業率屢創新低，在國內社會的重壓下，歐美發達國家把眼光轉向振興本國實體經濟，以外貿拉動經濟，以擴大淨出口來增加就業，緩解國內貿易逆差。與此同時，全球經常專案不平衡不斷擴大，新興經濟體巨額的貿易順差與歐美發達國家的巨額逆差形成鮮明對照。在此背景下，全球範圍內貿易保護主義將成為西方發達國家和新興經濟體普遍和經常性的貿易政策，世界經濟復甦將增添更多不確定因素，經濟全球化和國際貿易自由化將迎來新的挑戰。除了常規的技術壁壘外，碳關稅、綠色壁壘將逐漸成為一種新型貿易保護主義手段。

新興服務貿易規模持續擴大、結構不斷升級。在未來能源及大宗產品價格高企、農產品等初級產品供給不足的趨勢下，實體經濟發展受到一定影響，因此以資訊、金融服務為代表的新興服務業將逐漸成為世界服務貿易的主體。今後，在國際產業結構調整和升級中，國際投資將更加傾向於服務業，當前服務業領域的外國直接投資已占全球對外直接投資總流量的2/3（陸燕，2010），這一趨勢將持續下去。另外，國際服務貿易結構也將不斷升級，主要表現為運輸、旅遊等傳統服務貿易所占比重下降，而以其他商業服務（主要包括通信、建築、保險、金融、電腦和資訊服務、專有權利使用和特許、諮詢、廣告宣傳、電影音像和其他商業服務）為代表的現代服務貿易發展迅速，貿易額所占比重將有所提升。

雙邊貿易形式普及。未來世界經濟復甦步伐放緩，國際市場需求不振，經貿摩擦形勢更加嚴峻，政策性和體制性矛盾更加突出，在此條件下，各國將會尋求更廣泛的雙邊經貿合作，規避政治、政策上的衝突，以互利互惠為目的，結合各類型國家或地區的比較優勢，更加靈活、有針對性地做出對外貿易政策安排，滿足對外貿易和經濟的穩定與可持續發展。

4.3 驅動國際貿易格局變化的模式

驅動國際貿易格局變化的主要模式包括戰爭驅動模式、政治陣營驅動模式、技術與產業驅動模式、出口導向型經濟驅動模式以及新興市場驅動模式，這五種驅動模式在國際貿易格局的歷次變革中都有明顯體現。

4.3.1 戰爭驅動模式

戰爭是國際貿易格局的一個重要力量。15—17世紀地理大發現逐漸將世界聯繫成一個整體，「國際貿易格局」這一詞彙隨之開始擁有真正的外延與內涵。新航道開闢後的諸多戰爭與殖民活動，特別是一系列貿易殖民，塑造了國際貿易的早期格局，其中以荷蘭為典型代表。16世紀荷蘭造船業躍居世界首位，至17世紀中葉其商船隊擁有商船總噸位相當於西班牙、葡萄牙、英國、法國四國商船噸位之和。1602年和1621年，在政府的批准和扶持下，荷蘭工商業者籌資建立了荷屬東印度公司與荷屬西印度公司，經國會授權獲得從好望角經印度洋、太平洋直至南美洲麥哲倫海峽一線的貿易壟斷權。通過設立貿易商站和殖民貿易壟斷，荷蘭以低廉價格攫取殖民地資源，並憑此進行轉口貿易，獲取商品價差。1619年荷蘭在爪哇北部建立雅加達，1641年奪占麻六甲，1656年占取錫蘭，而後擴展至日本以及臺灣，壓倒性地確立了其亞洲勢力版圖。與此同時，荷蘭於1614年占領北美東海岸哈德遜河口，1626年「購買」曼哈頓、修建紐約，1630—1640年從西班牙和法國手中奪取加勒比海上諸群島，1623年占

領南美圭亞那，十年戰爭奪取巴西。至17世紀中葉，荷屬西印度公司占據非洲黃金海岸和奴隸海岸，以及好望角這一海上戰略要道。在龐大殖民帝國的基礎上，國際貿易份額空前擴大，亞洲的絲綢、瓷器、香料、棉花、茶葉，美洲的金銀、糖、煙草、染料、毛皮，非洲的黃金、象牙，挪威的木材、丹麥的魚類、波蘭的糧食、俄國的毛皮，大都由荷蘭商船轉運，海上馬車夫通過全球殖民與轉口貿易確立了其國際貿易格局的核心地位。

國際貿易格局變遷的戰爭驅動模式具有變革快、成本高、傷害大、劃分硬性、持久性差等特點。伊拉斯謨曾說過：「戰爭只能帶來傷害」，「即便是最勉強的和平，也勝過最正義的戰爭。」因此，國際貿易格局變革的戰爭驅動模式已不符合當今「和平與發展」的世界主題，現實適用性有限。

4.3.2 政治陣營驅動模式

作為上層建築，政治對經濟發展具有重大影響，對國際貿易格局也不例外。國家利益的最高層面即為政治利益，政治陣營劃分是世界貿易格局確立的重要依據。而基本相同的制度模式和政治信仰則是政治陣營形成的前提。政治理念、政治陣營的對抗最早可以追溯到西元前雅典與斯巴達的對陣，而政治陣營驅動國際貿易格局變革的最典型實例則是冷戰格局下基於美蘇兩大政治陣營的世界貿易格局。

冷戰時期，以美蘇為核心的兩大陣營對抗激烈，集團間壁壘高築，相對封閉，主要在陣營內部進行貿易往來。二戰後，美國以馬歇爾計畫幫助並聯合歐洲盟國，對抗蘇聯的滲透擴張。承繼莫洛托夫計畫，1949年，蘇聯、保加利亞、匈牙利、波蘭、羅馬尼亞、捷克斯洛伐克等國宣佈成立經濟互助委員會（簡稱「經互會」），「建立密切的經濟聯繫」，此後阿爾巴尼亞、德意志民主共和國、蒙古、古巴、越南相繼加入。在中蘇關係破裂前的1956—1961年中國以觀察員身份列席經互會例行會議，此外，觀察員國家還包括寮國、阿富汗、安哥拉、衣索比亞、莫三比克、葉門、朝鮮以及尼加拉瓜。根據《進一步加強和完善經互會成員國合作和發展社會主義經濟一體化綜合綱要》，經互會

成員國將「加強和完善經濟和科技合作與發展社會主義一體化」，並且規定分階段實現外貿「一體化」。1950—1970年，蘇聯和其他經互會國家的貿易額一直占蘇聯外貿總額的一半以上。經互會國家間內部貿易占集團貿易總額的60%，生產原料80%～90%由內部供給，至1986年來自經互會國家的機器技術產品占蘇聯進口的71.1%，占東歐同類產品出口的45.8%。因此，作為基於社會主義陣營的經濟貿易組織，經互會成為了世界貿易格局的「硬性」劃分標準，也是資本主義陣營國際貿易往來的明確界限。

當今該種政治陣營驅動模式的效力大大減弱，不復冷戰時期的激烈與硬性，但卻對包括貿易限制、貿易方式、產品結構等貿易經濟格局劃分具有一定的基礎性作用，也影響著區域貿易格局的形成。歐盟就是一個集政治實體與經濟實體於一身的區域一體化組織，在政治陣營內部實現經濟的無邊界協調發展，是當今政治驅動模式的集中體現。

4.3.3 技術與產業驅動模式

近現代世界經濟理論與發展歷史表明，技術與產業是推動國際貿易變革的關鍵因素。古典貿易理論認為比較優勢是國際貿易的決定性因素，李嘉圖、弗農、威爾斯、赫克歇爾、俄林等眾多經濟學家相繼從不同角度進行過論證。資源稟賦，特別是技術與產業發展，決定了世界貿易格局的國別與產品結構。波特認為一國的競爭力取決於其產業創新與升級的能力。克魯格曼則強調產業集聚可以促進知識、資訊的傳播，從而獲得溢出效應，創新與管理決定了國家競爭優勢與國際貿易格局。技術革命引發產業巨變，在國際貿易格局中形成國家間的中心—週邊關係、經濟依附關係。核心國家進而占據產業鏈高端，掌握和安排國際貿易方式、管道、產品和國別分工，從而進一步鞏固了既有的貿易利益格局。

18世紀英國的工業革命與產業巨變，致使其成為世界貿易的主導國家，成就了19世紀的不列顛時代。產業是經濟中的實質力量，這一時期的英國，在棉紡業、機器製造業、造船業（輪機船）、採礦業等方面均已占據世界產業主導

地位。產業發展成為英國海外市場擴大的核心驅動力，以英國棉紡織業為例。在紡織技術領先的基礎上，英國棉紡織產業發展要求大量的原料供給與產品輸出，促使英國棉紡織貿易全球擴張。機器時代的到來和工廠化制度的確立，致使國際貿易商品日益豐富，輪船、火車等新的交通運輸工具以及國際金融工具和貿易公司大量湧現，貿易管道不斷拓展和深化。18世紀產業巨變後歐洲確立了優勢產業地位，歐洲與世界其他國家之間形成了以製成品與初級產品為特點的貿易流向，以歐洲為強勢、殖民地為弱勢的極不公平的貿易局面和以西方強勢為核心的新貿易秩序。[1]

技術差距理論認為伴隨國際貿易的不斷拓展，技術示範效應持續強化，技術終將為發明創新國以外其他國家掌握，致使國際技術差距收斂，其中技術趕超模型甚至認為技術落後區域可以通過技術引進與擴散，以「低成本」方式實現技術趕超。戰後日本就是引進技術、學習創新、實現趕超的一個成功代表。自20世紀40年代末，日本開始不斷引進國際先進技術，在政府的支援指導下吸收學習，並實現技術的產業化與高效利用，促進了日本製造業的崛起與海外擴張。以日本汽車工業為例，20世紀50年代日本引進歐美先進技術學習轉化，60年代實現自主設計與創新，70年代走向國際市場，80年代則占據國際汽車貿易重要地位。日本技術、產業的崛起，奠定了其區域貿易的核心地位，促進了亞洲經濟圈的形成。

此外，美國資訊技術革命也是該貿易格局驅動模式的一大佐證。作為美國科技政策戰略重點，發展資訊科技產業極大地提升了美國技術競爭力，英特爾、微軟等大公司超常規發展，國際互聯網路迅速普及，促使其經濟技術水準遙遙領先，新科技革命致使美國從1991年4月起實現經濟連續增長近九年，不僅鞏固了美國在國際貿易中的核心地位，而且使技術貿易地位愈加重要。

1　參見王曉明：《世界貿易史》，北京，中國人民大學出版社，2009。

4.3.4 出口導向型經濟驅動模式

　　國家經濟發展模式對於國際貿易格局具有不可忽視的作用，特別體現在發展中國家的經貿崛起中。發展中國家具有收入低、儲蓄率低的特點。儲蓄率低，用來擴大再生產的投資就很少；投資很少，產出增長幅度就很小，進而收入也難以增加。如果沒有外援，沒有新增投資，發展中國家就會身陷「貧困惡性循環」中，應驗「馬太效應」的詛咒。因此，利用外資、負債、出口導向型經濟模式是發展中國家脫貧致富、提高產出水準、立足於國際貿易格局之中的一條捷徑。

　　20世紀六七十年代，韓國、新加坡、臺灣、香港金融經濟開始起飛，人均收入年增長率接近20%，創下了經濟持續高速增長的「東亞奇跡」，被世界冠之以「亞洲四小龍」的美譽。「亞洲四小龍」的成功相當程度上歸功於其外向的出口導向型經濟發展模式，積極利用外資，以滿足國際市場的產品、技術需求為目標規劃產業，合理配置境內外資源，在不同的經濟階段運用國際收支逆差或順差的不平衡發展策略，先後三次承接以美國、日本為主的發達國家的產業轉移，成功使其自身產業結構遞次向勞動密集型、資本密集型、資本與技術密集型產業過渡，從而大大提高了經濟效率和國際競爭力，取得了經濟的跨越式進步，最終晉升到高收入國家行列。以韓國為例，其之所以創造出舉世矚目的「漢江奇跡」，根本原因有三：第一，韓國通過大規模舉借外債，按照產業規劃的需要，著重購買國外技術先進的成套技術設備，並在此基礎上進行消化吸收。第二，緊跟國際產業升級步伐，優先發展具有國際競爭力的「戰略產業」。20世紀70年代韓國將產業結構從輕紡工業調整到汽車、鋼鐵等重工業，20世紀80年代韓國重點發展技術和知識密集型產業，進入21世紀韓國又全力發展資訊技術產業。第三，實施品牌戰略，集中優勢資源，提高資本集中度，扶持三星、現代、大宇等大型企業集團，打造世界著名品牌，提升國際競爭力，收穫巨額的品牌價值，提高韓國經濟的軟實力。

4.3.5　新興市場驅動模式

　　20世紀70年代以來，發展中國家積極對外開放，承接國際產業轉移，以資源密集型、勞動密集型產業為開端，廣泛開展國際貿易，並隨後嘗試向產業鏈高端邁進。伴隨著管制放鬆以及網路技術的大發展，貿易比較優勢逐漸變化，新興市場國家崛起，國際貿易格局更加多元化，主導力量開始由北向南轉移。新興經濟體的經濟、貿易份額不斷擴大。至2011年，新興經濟體貿易份額全球占比達28%，較2001年增長了56%。[1] 2008年金融危機後，歐、美、日等發達國家貿易經濟陷入低迷，而金磚國家（中國、俄羅斯、印度、巴西和南非）則成為了世界經濟貿易增長的主要拉動力。截至2009年，金磚國家經濟產出已達全球總量的24.7%，較2001年增長了40%以上。[2] 次貸危機後，各國貿易的核心度發生了顯著的變化。北美自由貿易區的美國、加拿大與墨西哥的核心度在次貸危機後均呈下降的趨勢，其中美國的核心度在最近10年中一直下降，次貸危機後下降更明顯；作為新興經濟體的中國，其核心度在這10年中一直上升，且上升幅度較大，印度、俄羅斯與巴西在次貸危機後增幅也很顯著，2009年的核心度接近2007年的2倍。[3]

　　由此可見，儘管新興市場國家仍存在一定的經濟、社會問題，但已經成為世界貿易中的重要「一極」，並蘊藏無限的發展空間與動力。

　　當然，不容忽視的是貿易制度規則在國際貿易格局形成中的重要作用。第二次世界大戰後，關貿總協定、國際貨幣基金組織和世界銀行成為構築戰後國際經濟新秩序的三大支柱。而在此三大機構中，發達國家特別是美國擁有較大的話語權。通過制定有利於發達國家的貿易規則，為其廉價獲得發展中國家的資源、增強貿易競爭力、實現經濟擴張提供了制度性保障。

1　資料來源：國際貨幣基金組織。
2　資料來源：世界銀行，GDP數值經購買力平價調整。
3　參見陳銀飛：《2000—2009年世界貿易格局的社會網路分析》，載《國際貿易問題》，2011（11）。

新興市場國家需要「對等貿易」新理念

　　由於實體經濟的衰減與勞動欲求的消退，作為世界經濟基礎性支撐的西方市場日漸萎縮，西方國家作為世界經濟火車頭的色彩正在消退。相反，新興市場國家具有強勁的發展勢頭。本輪國際金融危機促使世界經濟和國際貿易格局進入了一個轉型期。

　　縱觀歷史，一種新的國際經濟秩序往往是在巨大的破壞（譬如戰爭）之後誕生的。不打破舊的利益機制和舊的分配格局，僅僅借助新興市場國家的彼此合作來形成經濟發展的新動力，其能量十分有限，由此產生的利益衝突也難以勾合。一方面，新興市場國家未能擺脫對西方國家的經濟依賴與觀念信奉，彼此缺乏互信而且還有一定的戒心；另一方面，新興市場國家也未能構築起符合新興經濟體發展需求和利益的新秩序。為了推動國際貿易長久的穩定發展，維護新興市場國家正當的利益，夯實互信基礎，新興市場國家必須提出國際貿易新主張，改變舊有的秩序觀念，推行新的國際貿易理念。

　　第二次世界大戰後，市場經濟成為西方經濟學的主流，該理論在國際貿易領域的運用便是「自由貿易」。事實上，即便是那些號稱最「開放」、最「自由」的西方國家，也沒有真正實踐過「自由貿易」——因其與經濟學更本質的主體出發點「利益最大化」相衝突。換言之，西方國家所謂的「自由貿易」，不過是其實現利益最大化的一種意識形態和口號。20世紀80年代以來，伴隨中國、俄羅斯等計劃經濟國家轉變經濟體制與形態，冷戰局面被打破，形成了巨大的新興經濟體與市場躍進空間，短期內的世界經濟容量催生了「亞洲四小龍」等依附諸如中國等後發國家帶來的市場機遇。當中國等轉型國家融入世界經濟潮流並參與其

中後，市場及資源配置開始逐漸緊張，保護主義悄然生起，其中不乏大量針對新興國家的產業保護及出口鼓勵措施，明顯違背了西方國家一向宣導的「自由貿易」準則。為了給自己尋找一個體面的臺階，同時也為了保護自身經濟利益，以美國為首的西方國家誘導國際貿易觀念，提出了新的「公平貿易」概念，為其反傾銷等貿易保護措施提供理論依據。顯而易見的是，「公平」是一個「道德詞彙」，屬於價值判斷的範疇，有鮮明的主體性和主觀性，其中隱藏的便是「我」的利益最大化。誰在貿易中侵犯了「我」的利益，誰便是「不公平貿易」。正是這種衡量標準，導致西方國家保護主義氾濫，主體國家結成關稅同盟。

如何破除「公平貿易」旗號下的貿易保護主義呢？一個有效的策略或許就是「對等貿易」。對等貿易並非一個史無前例的新概念或新實踐，而是一個「舊瓶裝新酒」的復生理念。早在20世紀50年代，對等貿易就通過易貨貿易得到體現。當時諸如中國、蘇聯等經互會國家因為外匯匱乏，借助易貨貿易，突破支付貨幣短缺的約束，擴大雙邊貿易規模，促進雙邊經濟發展。在以貨易貨貿易方式下，貿易雙方談定一個總體額度，形成價值對等的貿易往來關係。由此可見，對等貿易在最初的易貨貿易階段，就實現了不使用協力廠商貨幣（即通行的國際貨幣）計價和貿易平衡兩大目標。然而，易貨貿易具有一些明顯的缺陷，突出表現為貿易雙方的供求不易匹配、易貨貿易額及範圍有限，而且一方可以利用貨幣幣值高估占對方的便宜，效率比較低下等，隨著經互會的瓦解以及發展中國家經濟、一般貿易的增長，特別是資本大規模流入，這些國家的外匯支付約束逐漸消失，易貨貿易的動機大大減弱，到20世紀末易貨貿易悄然退出了歷史舞臺。但這不意味著對等貿易理念相伴而生。相反，在當今國際貿易格局變化的新形勢下，將對等貿易升級換代，灌輸以新的理念、實踐以新的形態，恰恰是在舊有秩序中居從屬地位的新興市場國家應該提倡和復興的理念與行為。升級換代的新的對等貿易從理念上揚棄了「公平貿易」內含的主體道德性，追求的是超越「公平貿

易」的貿易平衡——這才是構築在均衡概念基礎上的經濟學在國際貿易理論中的最高體現。眾所周知，圍繞國際貿易利益分配最尖銳的紛爭點便是貿易失衡，無論對順差國還是逆差國，貿易失衡的經濟學後果都是「不經濟」或不健康的。嚴重的國際貿易失衡是導致本輪百年不遇的國際金融危機的一大主要原因。強調貿易平衡的對等貿易有利於糾正貿易失衡，維護國際經濟、貿易健康發展，無疑代表了國際貿易未來的發展方向。

為了適應國際貿易電子化、網路化交易方式的發展，與初級階段的易貨貿易不同，新的對等貿易理念還需要一系列政策措施與之匹配，體現為一種新的貿易實踐：開展對等貿易的國家，首先要簽署協定，確定適宜的貿易額度與貿易商品範疇；然後要提供一系列政策支持，除了一般性的關稅減免等互惠措施外，最重要的是向彼此內部市場延伸的管道安排，以使雙邊對等貿易商品直抵市場終端，不經任何其他仲介貿易環節而與消費者直接面對面。值得一提的是，新的對等貿易並不排斥「市場機制」，也不影響自由貿易，而是通過一些制度安排和政策措施，使得貿易雙方能夠在市場機制和自由貿易的基礎上更有效地實現貿易平衡，避免對等貿易的「政策性」導致經濟學上的「不經濟」。

對等貿易可以為貿易雙方帶來諸多利益：（1）在對等條件下開展貿易，對等貿易的企業及商品範疇由雙方敲定，符合彼此的經濟利益。（2）在協定額度內實現雙方的貿易平衡，有利於化解雙方貿易失衡引發的利益紛爭。（3）以本幣完成計價結算，避免美元等協力廠商貨幣波動帶來的生產成本、產量波動風險，有利於貿易穩定發展，而且還能夠提升貿易雙方的貨幣地位。（4）對等貿易商品直抵終端市場，減少了中間環節和中間成本，有利於實現消費者利益最大化。（5）對等貿易商品在特定的政策空間下往來，置於政府有關部門的監督管理之下，有效控制了參與對等貿易企業及商品的信譽度與品質，有利於雙方貿易的長期發展。

在國際貿易格局發生變化、主要國際貨幣貶值影響到貿易競爭力、利益紛爭日趨複雜激烈的當下，在新興市場國家宣導對等貿易理念，直接推進貿易平衡，對於改善新興市場國家的整體貿易形象，提升其參與世界經濟秩序重構的主動權以及在國際貿易計價的話語權，具有重要的理論與現實意義。

4.4 國際貿易格局變化與貨幣替代方式

4.4.1 國際貿易計價貨幣選擇模式及其決定因素

國際貨幣最基本的功能是計價、交易功能，即在國際貿易、國際資本流動的各項交易中充當計價結算貨幣。國際貿易的計價貨幣與結算貨幣通常是同一種貨幣，選擇某種貨幣計價，意味著選擇該貨幣結算。因此，國際貿易計價貨幣的份額是衡量貨幣國際化程度最重要的指標之一。由於一國的出口就是另一國的進口，故從出口角度討論計價貨幣，實際上涵蓋了全部貿易的計價貨幣。

1.貿易計價貨幣模式。

從計價貨幣選擇看，出口計價有三種模式：第一，本國貨幣計價，出口商使用本幣計價；第二，進口方貨幣計價，出口商使用出口目的地貨幣計價；第三，協力廠商貨幣計價，出口商使用進出口雙方之外的第三國貨幣計價。在當今的國際貿易中，美國超過98%的出口貿易使用美元計價，德國超過54%的出口貿易使用歐元計價，是典型的本國貨幣計價模式；此外，一些國家的部分出口行業也使用本幣計價，例如俄羅斯的主導出口產品——石油、天然氣，通常要求使用盧布計價，日本也有接近1/5的出口貿易使用日圓計價。向歐盟國家的出口，尤其是向歐元區國家的出口，大多使用歐元計價，是進口方貨幣計價模式。包括中國在內的廣大發展中國家，無論向哪個國家出口（歐元區除外），基本上使用美元，是協力廠商貨幣計價模式。當然，2009年以來，中國為了規避美元、歐元貶值帶來的匯率風險，鼓勵本國出口企業使用人民幣計價結算，

出口貿易協力廠商計價的比例有所下降。

2. 出口計價貨幣選擇理論。

半個多世紀以來關於貿易計價貨幣選擇的理論研究表明，穩定出口銷量，降低生產成本波動性，實現利潤最大化，是出口企業選擇計價貨幣的出發點。經濟規模、行業特性、貿易結構、宏觀經濟波動性、交易成本、避險動機是決定出口計價貨幣選擇的主要因素。

第一，經濟規模。經濟規模大的國家，生產行業齊全，進口替代能力較強，市場縱深度較大，可以吞吐多元化的進口商品。通常進口商品的市場份額不大，只是國內市場的一個補充，不會影響市場的定價。國內生產商是市場的主導者，與國外出口商之間存在激烈的競爭關係。由於經濟大國的進口需求富有彈性，市場對進口商品的價格波動比較敏感。為了減少匯率波動導致出口商品與目的地競爭對手商品的相對價格波動，國外出口商大多願意採用進口方貨幣計價模式，以經濟大國的貨幣計價。經濟規模小的國家，出口商對出口目的地的商品市場幾乎沒有任何影響力，從經濟利益角度衡量，出口商不會選擇使用本幣計價。如果經濟大國要求自己的出口企業必須使用本幣計價，經濟規模巨大帶來的本幣計價優勢就會產生溢出效應，使得越來越多的小國在出口貿易中選擇經濟大國的貨幣計價。[1]因為經濟大國的出口在經濟小國的市場中份額較高，對當地市場的價格有顯著的影響，經濟大國出口商使用本幣計價，由此帶來的匯率波動會直接影響經濟小國出口商的生產投入成本，打擊其市場競爭力。為了減少生產成本的波動性，經濟小國的出口商有動機選擇經濟大國的貨幣計價。

第二，行業特徵。隨著直接投資規模的不斷擴大，發達國家先進技術的擴散速度變得越來越快。生產技術的趨同使得各國出口商品的同質性越來越高。由於同質商品的可替代性非常強，稍微的價格變化就會導致出口需求數量的大幅波動，這類商品的生產商有強烈的願望採用主要競爭者的貨幣計價。這就是

---

1 Linda S. Goldberg and Cédric Tille. "Vehicle Currency Use in International Trade"，*Journal of International Economics*, 2008（76）. 177-192.

出現「聚集效應」（coalescing effect）的原因。聚集效應是指出口商傾向於選擇其競爭對手的貨幣來計價，以避免相對價格的波動造成銷量下降和生產成本上漲。國際競爭越激烈，產品替代彈性就越高，聚集效應也就越強。[1]由於資訊技術、網路技術和金融技術的廣泛運用，越來越多的大宗商品、初級產品集中在交易所或者電子交易平臺進行交易，這種高效的標準化交易方式，反過來又進一步推動商品的同質化，迫使出口商選擇交易所指定的、單一的、交易成本低的貨幣計價。[2]相反，那些生產技術和品質差異較大的出口商品，主要是高附加值的資本品、耐用品，出口商在計價貨幣選擇時有更多的主動性與靈活性，表現為計價貨幣比較分散，很少出現類似大宗商品那樣集中使用一兩種計價貨幣的情況。實際上，在替代彈性比較高的出口商品計價中，一旦某種貨幣取得先機，被廣泛使用於國際貿易計價，就會逐漸形成一種很強的慣性，出口商一般不會輕易替換計價貨幣。因為替換計價貨幣很可能造成交易成本上升或者國外需求數量下降，使得出口商在國際競爭中處於劣勢。Krugman（1980）[3]指出，某種貨幣要想成功地替換現行的貿易計價貨幣，一個必要的條件就是降低交易成本，使之不高於目前占據優勢的計價貨幣。

第三，貿易結構。由於經濟總量、經濟發展水準不同，世界各國的貿易結構差異很大。有的商品出口需求彈性較小，價格變化幾乎不會改變商品的需求量，例如技術先進、高附加值的製造品，或者存在剛性需求的能源產品。有的商品出口需求彈性較大，價格上漲將導致需求數量明顯減少。出口替代彈性[4]是常用的衡量市場競爭程度的指標，二者是正相關關係。因此，出口商品的市場競爭越激烈，出口替代彈性就越高，意味著出口商品價格上漲非常容易

1 Linda S. Goldberg and Cédric Tille. "Vehicle Currency Use in International Trade", *Journal of International Economics*, 2008（76）. 177-192.

2 Ronald I. McKinnon. *Money in International Exchange: The Convertible Currency System*, Oxford University Press, Incorporated, 1979.

3 Paul Krugman. "Scale Economies, Product Differentiation, and the Pattern of Trade", *The American Economic Review*, Vol. 70, No.5, 1980, 950-959.

4 替代彈性是產品價格變化導致需求數量變化的程度。如果產品價格上漲1%，產品需求減少2%，則該產品的替代彈性為2。替代彈性越大，產品價格變化對市場需求變化的影響就越大。

導致需求量大幅下滑。各國的出口行業以及各行業所占份額各不相同，Imbs和Mejean（2010）[1]根據24個主要國家的貿易結構狀況，測算了各國的出口替代彈性。美國、法國、德國、英國、日本、中國的出口替代彈性都在－3.5左右，表明這些貿易大國存在較高的出口替代彈性，出口商品價格平均每上升1個百分點，出口需求數量將下降3.5個百分點。為了贏得市場份額並避免生產成本上漲，出口商必須維護出口目的地市場的價格穩定，一個明智的選擇就是採用進口方貨幣計價，或者採用主要競爭對手的貨幣計價。

第四，宏觀經濟穩定性。在商品替代彈性較低的情況下，出口商有較大的主導權決定計價貨幣，此時宏觀經濟穩定性是出口計價貨幣選擇的重要決定因素。宏觀經濟波動，尤其是工資水準、貨幣數量的波動，必然會引起生產成本和通貨膨脹的變化，導致貨幣匯率上升或下降，從而影響出口商的邊際成本、商品價格，以及出口需求。一些實證研究表明[2]，宏觀經濟穩定性、匯率波動是出口商放棄本幣計價，轉而使用進口方或者協力廠商貨幣計價的主要驅動力。那些宏觀經濟穩定、貨幣數量增長適度、幣值穩定的國家的貨幣，容易成為眾多國家出口商選擇的計價貨幣。[3] Giovannini（1988）認為，特別是在商品價格變化存在黏滯性或者匯率波動只能部分反映到商品價格中的情況下，匯率穩定的貨幣是貿易計價的最佳選擇。[4]

第五，避險動機。避險動機[5]。在出口計價貨幣選擇中的影響力不斷上升。通過合理選擇計價貨幣，獲得匯率波動的額外收益，彌補因生產規模擴大而增加的邊際生產成本，是越來越多的出口商選擇計價貨幣的動因。出口商選擇計價貨幣時並不單純考慮匯率波動方向和波動幅度，而是綜合評價匯率波動

1　Jean Imbs and Isabelle Mejean. "Trade Elasticities: A Final Report for the European Commission", European Economy-Economic Papers 432, Directorate General Economic and Monetary Affairs（DG ECFIN）, European Commission, 2010.
2　Wilander（2006）; Bacchetta and van Wincoop（2005）; Devereux et al.（2004）
3　Giovannini A. "Exchange Rates and Traded Goods Prices", *Journal of International Economics*, 24（1/2）, 1988, 45-68.
4　Engel（2006）.
5　Goldberg and Tille（2008）避險動機是指出口商利用計價貨幣的匯率與其生產成本的同向運動關係來減少出口收益波動的動機。

與邊際生產成本之間的互動關係。即使沒有出口替代壓力，在邊際生產成本上升的條件下，如果本幣貶值，出口商就會採用進口方貨幣而非本幣計價。這樣可以使出口商獲得進口方貨幣升值帶來的額外收益，部分補償成本上漲造成的利潤損失。相反，如果本幣對外升值，避險動機將推動出口商選擇本幣計價。自2008年全球金融危機以來，主要國際貨幣在採取量化寬鬆政策下，貶值幅度較大，出口商在貿易計價貨幣選擇時表現出更強烈的避險動機，例如在替代彈性不高的出口行業，中國、俄羅斯、巴西等國紛紛採用本幣計價。

第六，交易成本。外匯交易成本是出口商品價格的一個有機組成部分。由於不同貨幣的市場規模、流動性、交易主體差異較大，外匯交易費用往往相差幾倍甚至幾十倍。作為貿易的媒介，外匯交易成本不應該對商品價格產生過多的影響，因此，交易成本較低的貨幣在貿易計價貨幣選擇中具有優勢。交易成本越低，被選擇為出口計價貨幣的可能性就越大。與商品貿易相比，規模較大的金融交易對交易成本大小更加敏感，交易成本優勢成為壓倒性的決定金融交易計價貨幣的因素。[1]根據BIS統計資料，2010年全球外匯市場的日均交易量接近4萬億美元，其中美元擁有高達43%的市場份額，無疑是占據主導地位的計價貨幣。出現這一局面的根本原因是，美元的交易費用大大低於其他貨幣，例如，日圓兌換美元的交易費用只是日圓兌換人民幣的交易費用的0.045，人民幣交易費用比美元交易費用高21倍，在其他條件不變的情況下，從節約交易費用角度考慮，中國的出口企業肯定不願選擇人民幣計價，美元計價可能更符合其經濟利益。Rey（2001）還發現，貨幣的交易成本低還會產生強市場效應（thick market externalities），使得該貨幣大量出現在各種各樣的國際貿易和金融交易之中。然而，需要強調的是，交易費用的影響作用主要體現在金融交易中，在貿易計價貨幣選擇時，交易成本並不是最重要的決定因素，與上述五種因素相比，交易成本對出口計價貨幣選擇的影響力相對較小。事實上，一些歐

1　Swoboda, Alexander K. The Euro-Dollar Market: *An Interpretation*, International Finance Section, Dept. of Economics, Princeton University, 1968; Robert A. Mundell and Alexander K. Swoboda. *Monetary Problems of the International Economy*, University of Chicago Press, 1969.

洲小國受到地緣經濟的影響，出口商主要使用歐元計價，並不因為歐元交易費用高於美元而使用美元計價。

　　除了上述六個因素外，一些非經濟因素也會左右貿易計價貨幣的選擇。政治、意識形態上敵對的國家，不會選擇對方的貨幣作為貿易計價貨幣，即便該貨幣是主要國際貨幣也不例外。例如，美國將伊朗列入「邪惡軸心國」，按照國際慣例，石油貿易應該採用美元計價，但是為了規避被美國凍結金融資產的風險，伊朗的石油出口大多採用歐元計價、本幣或進口方貨幣計價，盡可能不使用美元計價。

4.4.2　國際貿易格局變化如何改變貿易計價貨幣選擇

　　國際貿易格局主要體現為國別貿易份額、貿易行業與結構、貿易方式的一種常態。貿易格局一旦形成，就會在慣性的力量下保持平衡，直到某種巨大的力量使得國際經濟發展出現嚴重失衡，打破既定的國際貿易格局。戰爭、全球性經濟危機、技術進步、經濟聯盟、經濟崛起都是導致國際貿易格局變化的主要推動力。國際貿易格局的變化通常由局部變化開始，日積月累，經歷量變到質變的過程，在達到一種公認的突變標準後，新的貿易格局就誕生了。伴隨著貿易格局的變化，貿易計價貨幣模式也必將發生相應的改變。縱觀工業革命以來的歷史，不難發現一個客觀規律：國際貿易格局變化首先導致貿易計價貨幣替代，然後蔓延到金融領域，加速和放大這種貨幣替代，經過一段時間的發酵，最終表現為國際貨幣格局的巨變。

　　1. 新興國際貿易大國的貨幣有更多優勢成為新的貿易計價貨幣。

　　貿易份額變化與世界政治、經濟格局變化密不可分，三者之間相輔相成、互為因果。貿易份額變化背後毫無疑問是生產能力、收入水準的同方向變化。一國貿易份額提高與其全球經濟份額提高是同步或者同方向的。因此，新興貿易大國很可能同時也是新興經濟大國。如前所述，經濟規模較大的國家的貨幣在全球出口計價貨幣選擇中占據較大的優勢，該國貨幣自然而然會成為計價貨幣的新寵。為了避免出口銷售數量下降，新興貿易大國的國外出口商有強烈的

動機選擇進口方貨幣計價，這樣就提高了該國貨幣在貿易計價中的份額。不僅如此，貿易份額變化還賦予新興貿易大國更大的宏觀經濟波動溢出效應，使得那些與該國貿易關係緊密的小國也有強烈的動機進行出口計價貨幣替代，放棄原來的計價貨幣，轉而使用新興經濟大國的貨幣，以減少投入品和生產成本的波動。歷史經驗表明，新興貿易大國的崛起總是伴隨著貿易計價貨幣的替代，這種貨幣替代最初發生在與新興貿易大國地緣經濟關係緊密的周邊區域，以及雙邊貿易規模較大的國家，然後帶動與貿易相關的融資、投資等金融交易計價貨幣發生相同的替代。當這種貨幣替代積累到一定的程度，國際貨幣格局就會發生質的改變。當英國通過戰爭打敗西班牙無敵艦隊，獲得北美、澳洲和亞洲大片殖民地後，殖民地海量增長的貿易需求推動了英國的工業革命，使之成為第一個世界加工廠和最大的貿易國，用英鎊計價使得英國在英聯邦國家成為國際貨幣，而且通過市場溢出效應，英鎊被協力廠商貿易普遍使用。二戰前夕，美國繼成為世界第一經濟大國後又成為世界最大貿易國，使得美元在二戰後順理成章地取代英鎊，成為主要貿易計價貨幣。20世紀80年代，日本、德國成為可以與美國抗衡的出口大國，而且是世界第二、第三經濟大國，這樣的貿易地位與經濟大國地位賦予日圓、德國馬克作為計價貨幣的優勢，在美元獨大的國際貨幣體系下，這兩種貨幣在出口計價中的份額不斷提高，都超過了15%。

專欄4—4

貿易格局變化將美元推向國際貨幣體系霸主

美元如何替代英鎊成為國際貨幣體系的霸主？仁者見仁，智者見智，答案五花八門。歸納起來主要有三方面的原因：一是難得好的運氣。起源於歐洲的兩次世界大戰不僅打倒了美國強大的貿易競爭對手，

還壯大了美國的經濟實力;二是率先擁有原子彈和超級大國的軍事威懾力,依仗美國軍事庇護的國家需要用美元來埋單;三是擁有感召力較強的普適價值觀和先進文化,美國宣導的自由、民主、科學,成為世界的主流價值觀,這種文化軟實力賦予美國全方位的領先地位,為美元充當主要國際貨幣奠定了長久的心理基礎。

然而,毋庸置疑的是,美國從第一經濟大國變成第一貿易大國,而且連續二十多年保持貿易順差。這種貿易地位和貿易結構的變化使得國際社會出現巨額的「美元荒」,為了獲得稀缺的美元進行進口或償債支付,各國出口商紛紛使用美元計價結算,這才從根本上動搖了英鎊的國際地位,使得美元成功地替代英鎊成為最主要的國際貿易計價貨幣,並為美元順理成章地獲得金融交易和儲備貨幣地位鋪平了道路。

美國是在英國殖民地基礎上發展起來的,1861—1878年美國1/3以上的進口來自英國,1/2以上的貨物出口到英國,英國是美國最重要的交易夥伴。[1]依靠一次又一次的移民浪潮、廣袤肥沃的土地和自然資源,以及歐洲國家的大規模投資,美國後來居上,不僅實現了工業革命和西部大開發,農產品和初級貿易品極具國際競爭力,而且經濟總量還在19世紀末超過英國,成為世界最大經濟體。但是,美國地大物博、人口眾多,經濟發展主要依靠內需拉動,貿易額占GDP的比例不足10%,在全球貿易中的份額遠低於英國及歐洲列強。在1914—1917年的第一次世界大戰期間,作為中立國,美國向交戰國雙方大量出口軍火、船舶和食品,獲得了價值10億美元的黃金。與此同時,為了彌補參戰的貿易逆差,歐洲參戰國強制性賣出其公民的14億美元美國債券,並在美國金融市場上融資24億美元,大大增加美元的金融需求,國際地位大幅提升,並在第一次世界大戰後形成與英鎊區、法國法郎區對峙的美元區。

經濟大蕭條時期,為了擴大貿易規模、保持貿易順差,美國於1930

1　*Historical Statistics*,1960.轉載自弗裡德曼和施瓦茨:《美國貨幣史:1867—1960年》,64頁,北京,北京大學出版社,2009。

年出臺了《斯穆特霍利關稅法案》，對3000多種進口商品徵收關稅，稅率高達60%。1934年還頒佈了《黃金儲備法》，將黃金價格由每盎司20.67美元提高到35美元，即美元貶值41%，如此大幅度的貶值刺激了美國出口，提升美國的全球貿易份額，導致貿易格局發生明顯改變。

1939年8月開始，為了積極備戰，英國向美國大規模進口軍需物資，支付了20億美元的黃金及5.7億美元，導致英國的黃金和外匯儲備由1938年的超過40億美元快速下降到1940年9月的10億美元左右。1941年3月《租借法案》生效，美國以輸入黃金或貸款方式向其盟友提供軍需物資，貿易額高達470多億美元，不僅壓倒英國成為世界最大貿易國，還使得英國及其他國家均成為美國的債務國。為了獲得美國戰後的貸款，英國被迫放棄帝國特惠制並向美國開放市場，被迫接受美國主導的、以美元為中心的國際貨幣基金協定。

二戰後，為了鞏固當時尚不穩定的美元的國際地位，美國拿出相當於2%的GDP來實施馬歇爾計畫，向十幾個西歐國家提供巨額美元貸款，使其有能力購買美國商品以重建家園，此舉大大拓展了美國的貿易空間，使得美國在1950年出口規模首次突破100億美元大關，在全球出口中的份額超過40%，而且還積累了117億美元的貿易順差。接受馬歇爾計畫的西歐國家，需要大量美元來填補赤字和償還債務，被迫在出口貿易中放棄本幣計價或者英鎊計價，轉而使用美元計價。由此可見，正是二戰後國際貿易格局的巨大變化賦予美元更大範圍的國際貨幣計價功能，成就了美元的國際貨幣霸主地位。

2. 貿易區域化和結構調整將催生新的貿易計價貨幣。

國際貿易格局變化中，以貿易區域化和出口替代彈性變化為代表的貿易結構變化，弱化了貿易計價貨幣選擇的聚集效應和避險動機，也會促使貿易計價貨幣發生替代。依託地緣經濟的貿易區域化是國際貿易格局變化的一個重要特徵，出現了北美自貿區、「東亞10＋3」自貿區、歐盟與非洲自貿區等等，這

些區域經濟聯盟在貿易、關稅、資本流動、司法支持等方面的種種優惠條件，有利於成員國擴大相互貿易，而且相對封閉的市場環境減輕了出口競爭程度，出口計價貨幣的「聚集效應」有所減弱。此外，經濟聯盟成員國貿易、資本流動聯繫加強，一國宏觀物價、工資水準、經濟週期的波動很快就會傳遞給區域內其他國家，引起後者出現類似的宏觀經濟波動，區域內各國之間的宏觀經濟具有較高的趨同性。貿易區域化使得區域貿易強國的貨幣極有可能取代原來的國際貨幣，成為區域範圍內主要的貿易計價貨幣。例如，1951年4月，為了對抗美國和蘇聯兩個超級大國，法國、義大利、聯邦德國、荷蘭、比利時、盧森堡決定聯合起來發展經濟，簽訂了為期50年的《關於建立歐洲煤鋼共同體的條約》，在此基礎上，六國繼續拓展經濟合作的領域，1957年3月建立歐洲經濟共同體與歐洲原子能共同體，並於1965年4月將上述三個共同體合併，統稱歐洲共同體。歐共體成員國實行自由貿易，沒有任何貿易壁壘；對非成員國則通行單一的貿易和商業政策；相互協調交通和農業政策；勞動力、資本和工商企業家等生產要素可以在成員國之間自由流動。1973年，英國、愛爾蘭、丹麥加入歐共體。歐共體的自由貿易和統一大市場建設，大大促進了成員國之間的貿易，各國貿易的2/3發生在區域內。在歐共體內，德國依靠非常穩健的貨幣政策和快速的技術進步，成為頭號經濟和貿易大國。從1950年到1980年的30年間，德國的對外貿易額占世界貿易額的比重一直維持在10%左右，GDP年均經濟增速保持在5%，顯示出強大的經濟實力和國際競爭力。在1971年以前，美元幣值穩定，歐共體成員國貨幣與美元的匯率很穩定，使用美元計價沒有匯率風險或生產成本波動問題。然而，1971年美國的出口競爭力不如西歐國家和日本，美國產品在歐共體的出口替代彈性變大，美國的出口份額持續下降，並首次出現巨額的貿易逆差。國際貿易格局的這一重大變化導致美元貶值，歐共體國家的出口商出於避險動機，紛紛放棄美元計價，轉而使用聯邦德國馬克計價。就連美國的不少出口商也放棄美元，追逐聯邦德國馬克和日圓。貿易計價貨幣的替代引發了十幾輪拋售美元的狂潮，最終迫使美國政府在1973年宣佈美元停兌黃金，導致布列敦森林體系崩潰。從1980年到1987年，世界貿易往來用美元計價

的貿易額比重從34.5%降為24.8%，用德國馬克計價的貿易額比重從10.2%上升到12.4%。歐共體國家以蒙代爾的「最適貨幣區」理論為指導，努力推進貨幣一體化建設，在1999年創新出了超越國家主權的共同貨幣——歐元，廣泛使用於歐元區和歐盟的各項交易中，使得國際貨幣格局發生了翻天覆地的變化。

3. 國際貨幣格局變化的驅動模式差異對貨幣替代有不同的影響。

在戰爭驅動模式下，戰爭在短時間內摧毀了一國的經濟實力和貿易競爭力，使其由經濟大國變成經濟小國，由貿易強國變成貿易弱國，該國原來擁有的貿易計價貨幣優勢不復存在，戰爭中的贏家可以輕而易舉地替代輸家的貨幣地位。

在政治陣營驅動模式下，政治信仰、政治制度的趨同，使得成員國之間的貿易範圍、貿易方式、貿易規則、貿易計價貨幣與政治陣營之外的國家大相徑庭。冷戰時期東西方陣營水火不相容的相對的封閉性，有助於避免激烈的貿易競爭，經互會組織以「同志＋兄弟」的理念、計劃經濟作為相互貿易與經濟合作的基礎，弱化了盛行於西方世界的自由競爭、利潤最大化的計價貨幣選擇規則的影響力，貿易大多使用對等的易貨貿易，共同選擇清算協定貨幣。敵對的主要國際貨幣通常被排除在貿易計價貨幣之外，例如，在當時的中蘇、中國與東歐國家的貿易中，信用高、政治中立的瑞士法郎被選作清算協議貨幣。有的國家則直接選擇雙邊貨幣中的一方作為計價貨幣。

在技術與產業驅動模式下，儘管擁有先進技術的國家的出口品有顯著的異質性，出口替代彈性較小，有較大的選擇本幣計價的話語權。然而，國際直接投資的迅速發展使得技術容易擴散，技術先進國的領先地位容易在後來者的挑戰中喪失，對於技術進步不大，或者出口產品競爭優勢持久性較差的國家而言，進行貨幣替代、選擇本幣作為貿易計價貨幣的風險較大。此外，由於貿易計價貨幣有強大的慣性，在擁有技術與出口產業競爭優勢的國家的貨幣被國際社會廣泛接受之前，因為其缺乏規模效應，貨幣的交易成本比較高，除非原來的貿易計價貨幣大幅貶值或者該貨幣發行國的宏觀經濟十分黯淡，否則出口商進行計價貨幣替代的動機不會很強烈。如果新興的貿易大國不能借助區域經濟

聯合體的力量，僅僅依靠技術進步獲得較大的貿易份額，或者僅僅依靠產業結構調整，降低出口品的替代彈性，並不能確保其在貿易計價貨幣替代方面取得令人滿意的成績，而其在貿易計價貨幣中份額的提升也將會十分緩慢。

在新興市場驅動模式下，貿易格局的變化源自經濟全球化背景下的國際分工和跨國公司生產組織方式的改變，使得新興市場國家能夠依靠單一要素優勢而非綜合經濟實力做大貿易份額、改變貿易結構。由於新興市場國家通常不掌握技術和銷售網路，存在貿易大而不強的特徵，無論出口產品的替代彈性大小，也無論採取加工貿易還是一般貿易方式，這些國家的出口商在貿易計價貨幣選擇上都沒有多大的話語權。但是，在新興市場國家相互貿易額不斷擴大，而美元、歐元、日圓等傳統貿易計價貨幣貶值幅度較大，主要國際貨幣發行國的宏觀經濟低迷的情況下，從避險動機以及減少生產成本波動、降低出口替代風險出發，新興市場國家有強烈的動機採用出口方貨幣計價或進口方貨幣計價，即選擇新興市場國家的貨幣替代美元、歐元等原來的計價貨幣。由此可見，國際貨幣格局很可能因為新興市場國家崛起及其貿易計價貨幣的改變而發生深刻的變化。

專欄4—5

匯率波動對貨幣國際化及其路徑的影響

匯率的波動、幣值的升貶，是國際金融市場中最為常見的現象，它直接影響本國貨幣資產在國際市場上的流動，無疑會對本幣國際化使用的途徑和程度產生極大影響。儘管貨幣發行國的經濟實力和國際影響力、金融市場發展程度、價值穩定性是決定該國貨幣國際化的重要因素，然而匯率變動的趨勢和不確定性，則會在一定程度上改變上述因素

對貨幣國際化的作用機制。正因為匯率波動越來越劇烈，才使得避險動機在決定貿易貨幣計價選擇中的地位日益提升。

為了能夠全面、系統地分析一國貨幣國際化的決定因素，我們運用IMF、世界銀行、BIS的統計資料，選取了1966—2011年間主要國際貨幣的年度資料。這些貨幣包括美元、英鎊、瑞士法郎、法國法郎、馬克、日圓、荷蘭盾。1999年後歐洲國家貨幣用歐元代替。被解釋變數為世界各國中央銀行儲備貨幣總額中一國貨幣所占份額（Share）。為了統一匯率的度量單位，一國的匯率定義為1單位本幣可兌換的SDR（特別提款權）單位並取對數（ln_ex），匯率上升即為本幣升值，下降即為本幣貶值。其他經濟變數包括：一國GDP占全球GDP比重（GDP_share），CPI變動率（CPI_flu），一國進出口貿易總額占全球進出口貿易總額比例（Trade_share），出口貿易總額比GDP（Export_ratio），外幣資產規模占本國GDP比例（Asset_ratio），全球外匯市場交易本幣占比（Turnover）（見表4—2）。

表4—2　主要貨幣統計變數的描述

變數	平均值	標準差	最小值	最大值	中位數
Share	0.148 3	0.224 9	0	0.792 0	0.031 2
GDP_share	0.096 1	0.098 5	0.007 7	0.372 8	0.054 0
CPI_flu	0.101 5	0.156 8	−0.187 3	0.759 8	0.071 0
Asset_ratio	1.182 3	1.252 9	0.125 3	7.462 9	0.688 7
Turnover	0.115 8	0.100 2	0	0.375 7	0.075 8
ln_ex	−1.410 9	1.840 8	−0.594 2	1.029 6	−0.867 1
Export_ratio	0.336 3	0.193 8	0.061 4	0.909 5	0.296 2
Trade_share	0.075 8	0.060 1	0.012 7	0.311 3	0.059 3

各個變數的統計特徵表明，外匯儲備幣種占比（Share）的偏度非常高，最大值是中位數的25倍，標準差為0.2249。一國進出口貿易總額占全球進出口貿易總額比例（Trade_share）、全球外匯市場交易本幣占比（Turnover）和一國GDP占全球GDP比重（GDP_share），相關統計變數的偏度也較高，Trade_share變數的最大值是中位數的5.25倍，Turnover

變數的最大值為中位數的4.96倍，而GDP_share變數的最大值是中位數的6.9倍。統計變數較高的偏度意味著，近半個世紀以來，無論是經濟、貿易、金融市場的規模，還是全球外匯儲備幣種占比都有較高的集中度，少數幾個發達國家在國際經濟、貿易、貨幣領域具有很高的壟斷地位。

我們採用門限面板回歸方法（threshold panel regression），分析一國貨幣分別處於貶值和非貶值區間，其國際化水準決定因素的差異。結果表明，在貨幣幣值平穩和升值區間（非貶值區間），本幣國際化主要依賴於發展和完善本國的金融投資市場，推動本幣資產積極參與國際金融市場交易，為本幣資產的國際持有和使用創造條件。而在相對貶值和估值下降區間，本幣的國際化更依賴於本國經濟實力的提升和相對穩定的國內經濟環境，如提高本國經濟增長率、保持國內穩定的通貨膨脹等實體因素。貨幣升值與貶值波動對其國際化的具體影響機制如下：

第一，匯率波動對本幣貿易計價的影響。一國貨幣處於升值態勢，以本國貨幣標價的商品相對於其他國家貨幣的價格上升，會抑制外國交易者用本國貨幣融資進口本國商品，並降低本幣在國際金融市場上的使用程度，因此，出口的增長對該國貨幣國際化有抑制作用。相反，一國貨幣處於貶值態勢時，出口貿易相對規模的增長對該國貨幣國際化有促進作用。日圓國際化的歷史經驗給予了佐證。日圓的國際化始於20世紀70年代，並在90年代初達到頂峰。日圓占全球儲備貨幣的比重從1976年的2%上升至1992年的峰值8.5%，其後日圓國際化水準逐年下降。日圓國際化擴張時期正好與日圓持續升值時期重合，在這段時期，日本的全球貿易份額並沒有增長，基本保持在7%的水準，而且日本的出口在GDP中的貢獻呈下降趨勢，出口占GDP的比率從1984年的16.2%的最高水準降至1993年的12.5%。由此可見，日圓升值時期的貨幣國際化程度提升，依靠的並不是貿易規模擴張或全球貿易份額提高，也不是出口相對規模擴張。1992年日本經濟泡沫破滅後，日圓走勢疲軟，日圓大幅貶值未能刺激日本出口增長，出口額與GDP的比例始終在13%上下徘徊，日本的全球貿易

份額從1993年的7%降至2000年的5.9%，出口的下降與匯率的疲軟疊加在一起，使得日圓國際化出現倒退，表現為日圓在國際儲備中的份額持續下降。進入21世紀後，日圓走勢趨於平穩，日本出口強勁反彈，出口占GDP的比率從2000年的13.2%一路上升到2007年23.1%的峰值。但是，在幣值平穩甚至略升條件下的出口擴張，反而抑制了日圓國際化，使得日圓在國際貿易計價貨幣選擇中處於劣勢，而且成為投機者青睞的對象，全球外匯儲備中日圓份額從2000年的6%下降到2009年的3%。

第二，匯率波動對本幣金融交易計價的影響。在貨幣幣值穩定和升值時期，以該國貨幣計價的金融產品估值相對上升，對該幣種金融產品的交易量會迅速增長。而對該幣種定價資產需求的上升，會進一步促進該國貨幣國際化。在貨幣貶值時期，交易量的增長更多地來自國際市場對該貨幣計價金融資產的拋售與做空，從而在一定程度上降低了該種貨幣的國際需求，只會對貨幣國際化起到消極作用。

第三，匯率波動對海外投資者購買本幣資產的影響。本幣升值時期，本國持有外幣資產規模的擴大，既降低了國內經濟對本幣的需求，而且表明該國對本幣資產的信心不足，降低了國際投資者持有本幣資產的積極性，在短期中會明顯抑制本幣的國際化。例如，日圓升值時日本外匯儲備規模的增加，顯著阻礙了日圓國際化步伐。相反，在本幣貶值時期，本國持有外幣資產的增加，有助於增加和穩定國內外對本幣資產價值的信心，在短期中可以刺激本幣需求，為本國貨幣國際化提供信用支援。

綜上所述，在匯率的不同變動趨勢下，貨幣國際化的路徑存在顯著差異。貨幣在貶值時期的國際化，更加依賴於實體經濟，特別需要經濟增長、通貨膨脹等國內經濟因素保持穩健向好。而在升值或平穩時期，貨幣的國際化更加需要加大金融市場的發展、降低外幣資產規模和增加本幣資產國際金融市場的交易。過度追求出口貿易增長則會在一定程度上抑制貨幣國際化。

4. 國際貨幣替代與國際貨幣格局展望。

當今國際貿易格局的深刻變化使得中國、新興市場經濟體的貿易份額上升到與發達國家平分秋色的地步，區域化和雙邊貿易的重要性削弱了以往在WTO等多邊組織中擁有支配地位的發達國家的影響力，產品內貿易使得有一定要素優勢的發展中國家嵌入在國際貿易中，而不會被邊緣化，擁有了一定的話語權。根據國際貨幣替代理論和過往的實踐檢驗，這幾個突出的貿易格局變化必將導致國際貨幣格局出現如下變化：

第一，國際貨幣多元化。貿易份額增強了中國（以及與中國類似的貿易份額上升較快的新興市場國家）的市場主導能力，人民幣以及部分新興國家貨幣可能成為新的貿易計價貨幣，進而帶動貿易融資、金融交易貨幣發生跟隨性替代。發揮國際貨幣功能的貨幣將不局限於現有的主要國際貨幣，以中國為代表的新興市場國家的貨幣將進入主要國際貨幣俱樂部。

第二，貨幣區域化。區域貿易促使地緣經濟紐帶更加緊密，蒙代爾「最適貨幣區」理論的實用性增加，區域經濟大國和貿易大國的影響力相對提高，該國的貨幣有可能成為區域關鍵貨幣。目前全球最主要的三大經濟區中的兩個都有自己的區域貨幣，北美自由貿易區的關鍵貨幣是美元，歐盟的關鍵貨幣是歐元；在「東亞10＋3」區域內主要使用的還是區域外貨幣美元。隨著中國在區域內經濟、貿易地位的確立，人民幣有望成為該區域的關鍵貨幣。在非洲、拉美的區域經濟中，也將出現新的有一定影響力的區域貨幣。

第三，針對新興貨幣的匯率戰加劇。貿易格局變化帶來的貨幣替代實質上是全球購買力的一種再分配，是一種深層次的利益格局調整。既得利益集團總是不甘心讓渡貨幣曾經給予它們的額外權力和利益，總想千方百計阻止新的國際貨幣的崛起，一個有效的途徑就是發動匯率戰，借助自己規模大、交易成本低的優勢，通過貶值和市場選擇將後來者扼殺在襁褓裡。不難預料，主要貨幣會輪番向人民幣或其他新興的區域貨幣發動進攻，人為地逼迫這些貨幣升值，直到這些國家的貿易下滑、經濟衰退進而貨幣喪失市場競爭力。

第五章

貿易平衡與人民幣國際化：
對特里芬難題的完整解讀

　　貨幣國際化實現了主權信用貨幣在國際範圍內的使用。理論上，任何一種國別主權貨幣都有借此行使世界貨幣職能的可能性。但是想要成為主要國際貨幣之一，不僅要獲得非居民觀念上的認可與接受，現實中還必須有條件為非居民提供充足的流動性以滿足國際間債權債務清償的需要。簡言之，貨幣國際化的過程應當伴隨以必要的國際貨幣向非居民的流出機制。

　　據此不少人對人民幣國際化目標提出了質疑。比如認為本幣只有通過居民對外淨支付才能流向國際市場，成為非居民清償國際間債權債務的支付工具，所以人民幣國際化必然要求我國實現國際收支逆差。鑒於近十幾年來我國都是國際收支「雙順差」[1]，所以有人建議參考美國通過經常帳戶逆差向國際市場輸送美元流動性的經驗，及時調整國際收支結構以不妨礙人民幣國際化戰略目標的實現。另一方面也有人從根本上對人民幣國際化產生懷疑，強調主權信用貨幣的國際化始終繞不開「國際儲備資產充足性與非居民持幣信心二者間不可調和的矛盾」，從而對這一戰略選擇持悲觀甚至否定的態度。

　　這些質疑幾乎都把特里芬難題（Triffin dilemma）作為主要的理論依據或

1　根據《2012年中國國際收支報告》披露，在「雙順差」格局持續多年之後，2012年初步形成「經常項目順差，資本和金融項目逆差」的國際收支平衡新格局。資料來源：國家外匯管理局。

是思想淵源，但卻不同程度地存在著片面理解或者錯誤推論。本章以羅伯特·特里芬教授1960年的著作[1]為研究物件，嘗試對國際金融經典理論「特里芬難題」做完整解讀，從以下三個方面就人民幣國際化戰略的相關質疑做出回應。

首先，特里芬難題揭示了布列敦森林體系下美國國際收支平衡與國際儲備資產增長需求之間不可能兩全的內在矛盾[2]，並且這一矛盾的激化最終導致了布列敦森林體系的崩潰。本章強調國際收支問題其實只是特里芬難題的外在表現，除此之外還必須看到一切問題產生的根源都在於布列敦森林體系固有的制度缺陷，即國別主權信用貨幣制度與國際間金匯兌本位制匯率安排的不相匹配。如果脫離了金匯兌本位制的特定歷史背景，就很容易對貨幣國際化問題及其過程中的國際收支結構特徵等產生誤解。

其次，所謂「通過經常帳戶逆差向國際市場輸送流動性」的觀點是從國際貨幣的供給角度討論問題，但卻忽略了貨幣需求引出貨幣供給的一般分析邏輯。特里芬曾明確指出，一國選擇主權信用貨幣充當國際儲備資產時看重的是其「安全性」，而這種安全感更多來自貨幣發行國的主要債權國身份。此外，包括美元在內的多種國際貨幣經驗也都證明，貿易順差是非居民對債權國貨幣產生初始需求的關鍵。所以，那種儘快扭轉中國貿易順差的主張恐怕是對特里芬難題的誤讀。

根據特里芬的研究邏輯，本章提出美國經常帳戶逆差問題其實是國際貨幣格局滯後於世界貿易格局調整的集中反映。在美國貿易地位下降但貨幣地位保持不變的情況下，為滿足國際清償力的需要，美國仍要保持對外淨支付，但是國際收支結構不得已只能從「資本流出—貿易回流」轉變成為「貿易流出—資本回流」。值得注意的是，受黃金非貨幣化和國際資本流動等條件的影響，布列敦森林體系下不可持續的特里芬難題已經轉變成為現行國際貨幣體系突出

1　Triffin, R. *Gold and the Dollar Crisis: The Future of Convertibility.* Yale University Press, Inc.,1960.
2　陳建奇：《破解「特里芬難題」——主權信用貨幣充當國際儲備的穩定性》，載《經濟研究》，2012（4）。

的「不公正性」；[1]而且只要國際市場仍然過度依賴單一主權信用貨幣，那麼缺乏國際貨幣選擇自由的國家和人民所遭受的這種不公正待遇就有可能長期存在。正因為如此，人民幣國際化不僅是中國擺脫不公正待遇的可能出路，也對糾正現行國際貨幣體系的不合理偏差具有重大的積極意義。

5.1 特里芬難題的表現形式及產生根源

20世紀50年代，由於西歐經濟加快復甦，國際市場上幾度出現國際清償力不足的「美元荒」現象，直到1958年以後才暫時緩解。耶魯大學政治學教授特里芬敏銳地觀察到，為解決國際清償危機，美國付出了對西歐國家的經常帳戶惡化和黃金儲備大量減少的代價。他進一步指出，在布列敦森林體系下，作為國際儲備貨幣發行國的美國在政策選擇上不可避免地要面對「雙重困境」（double dilemma）的挑戰。[2]

第一重困境表現為在經常帳戶差額問題上進退維谷。消除逆差當然可以遏制黃金儲備持續減少的趨勢，但也「剝奪了其他國家大約2/3～3/4的國際清償力，這部分國際儲備是在貨幣性黃金供給不足情形下支撐世界經濟增長的主要來源」。

第二重困境表現為在國內貨幣政策取向上左右為難。若美國為刺激經濟增長而降低利率，「大量出於避險或逐利原因而進入的游資就會回流母國，致使美國黃金儲備流失嚴重」。無論是追求國內經濟目標還是防止黃金對外流失，美國貨幣政策的制定都不再獨立於外部經濟。

---

1 指主要國際貨幣因缺乏監督約束機制而濫用貨幣權力侵害其他國家利益的情況。以2008年全球金融危機爆發前後全球流動性的變化與影響為突出表現。

2 "…Two problems are inescapable. The first is that the elimination of our overall balance of payments deficits would…put an end to the constant deterioration of our monetary reserves and deprive thereby the rest of the world of the major source…from which the international liquidity requirements of an expanding world economy have been met in recent years, in the face of a totally inadequate supply of monetary gold. The second is that the huge legacy of short-term foreign indebtedness already inherited by us from the past is likely to place a heavy handicap on sound policies for economic growth and stability in this country." （Triffin, 1960, pp.9-10）

可見，這雙重困境全部都源自美國不能承受「黃金儲備持續流失」的後果。因為布列敦森林體系實行的是美元盯住黃金、其他貨幣盯住美元的雙掛鉤匯率安排，當美國黃金儲備持續減少時（見圖5—1），就會動搖其他各國中央銀行對於美聯儲維持1盎司黃金35美元官價的信心。既然美元作為國際儲備貨幣必須實現向非居民的流出機制，那麼形式上就會呈現經常帳戶惡化（或短期資本流出）與保持美元價值穩定之間的矛盾，也就是通常人們所理解的「特里芬難題」。

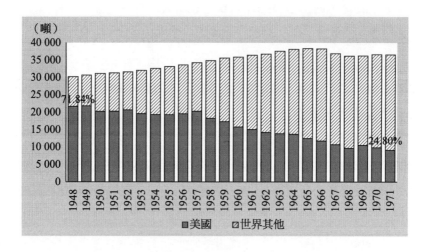

圖5—1　全球官方黃金儲備規模（1948—1971年）

資料來源：世界黃金協會（WGC）。

然而事實上，美國內外政策選擇兩難只是特里芬難題的外在表現形式，其產生根源恰恰就在於美元以固定價格兌換黃金的設定，這導致國際經濟發展對清償工具的需求與其供給之間嚴重脫節。世界貿易在二戰後進入快速發展階段，特別是20世紀60年代以後在增長率方面已經逐漸趕超了全球產出。根據聯合國貿易和發展會議統計，1948年全球商品出口總額大約500億美元，1971年達到3 536億美元，增長了數倍。[1]但同期全球官方持有的黃金儲備規模從30

1　資料來源：UNCTADSTAT，按當年價格和匯率計算。

183噸提高到36 575噸，僅僅增長了21.2%。[1]這表明貨幣性黃金緩慢增長遠遠跟不上國際經濟的高速成長。

以美元為仲介將各種主權信用貨幣間接盯住黃金的金匯兌本位制，只不過暫時掩蓋了世界範圍內貨幣流通工具與支付手段的不足；但只要假以時日，黃金短缺問題就會在美元這個仲介體上集中暴露出來。因為在布列敦森林體系下，美元價值也好，對美元的信心也好，全部來自美元按照官價對黃金的可兌換性，所以當美國黃金儲備持續下降（至1971年已不足全球官方黃金儲備規模的四分之一，見圖5—1），難以保持黃金官價時，距離美元危機和布列敦森林體系崩潰也就不遠了。[2]

換言之，令布列敦森林體系走向終結的根本原因在於主權信用貨幣無法維持與黃金的可兌換性，也可以看作是恢復金本位努力的再次失敗。只不過在金匯兌本位制的匯率安排下，特里芬所強調的這種可兌換性矛盾集中表現為美國國內外政策選擇上的雙重困境。但如果只看到經常帳戶惡化（或短期資本流出）與國際貨幣價值穩定（或信心）之間存在衝突，把這種衝突表現理解為特里芬難題的全部內容，難免會有舍本求末的嫌疑。特別是在布列敦森林體系已經解體之後仍然片面強調特里芬難題的外在表現形式，顯然是不夠妥當的。

5.2 人民幣國際化需要扭轉貿易順差嗎？

布列敦森林體系的終結兌現了特里芬的預言，但美元的國際貨幣體系霸主地位卻在牙買加時代得以延續，同樣保留下來的還有讓全世界印象深刻的美國經常帳戶惡化問題。由於貿易收支基本決定了經常帳戶差額的性質及其變動趨勢（見圖5—2），所以人們容易把20世紀70年代以來的美國貿易逆差與擺脫黃

1　資料來源：世界黃金協會，根據IMF資料計算。
2　或許正是出於這個考慮，1960年特里芬乾脆就在著作標題中透露了自己的預言：「未來美元將因不能保持與黃金的可兌換性而發生危機」。1971年尼克森政府正是因為可兌換性問題宣佈停止美元按照官價兌換黃金，布列敦森林體系走向解體。

金束縛後的「新美元本位制」聯繫起來，並傾向於做出因果關係的解讀，即認為正是幾十年來美國持續擴大的巨額貿易逆差為世界經濟輸送了充足的國際清償手段，從而既滿足了非居民對美元的需要，又成就了美元至高無上的國際貨幣地位。若果真如此，那麼目前中國3 216億美元的貿易順差[1]顯然就成為阻礙人民幣國際化的一個重要因素。

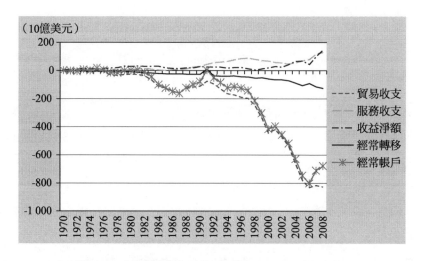

圖5—2　美國經常帳戶差額及構成（1970—2008年）
資料來源：IMF.

　　但貿易逆差究竟是貨幣國際化過程中的一般性規律還是僅屬於美國的特殊經驗，甚或可能是一種後來者應當引以為戒的糟糕經驗？對此，一方面可以考察德國、日本等其他國際貨幣發行國的相關資料，從而了解是否存在支援上述「貨幣國際化需要貿易逆差」論斷的其他證據。另一方面不妨回歸對國際貨幣供給與需求的邏輯推理，對所謂的美國經驗做一個定性分析。值得一提的是，美國「通過經常帳戶逆差為世界其他國家提供國際清償力」是從國際貨幣供給角度展開的分析，這一結論流傳甚廣，以至特里芬在其著作中關於國際貨幣需求角度的闡述幾乎被完全忽略了。或許這也是特里芬理論觀點被廣泛誤讀的原

1　2012年年度資料，來自國家外匯管理局。

因之一。

5.2.1　主要國際貨幣發行國都曾經長期貿易順差

在當前國際貨幣體系下，歐元和日圓在國際貨幣俱樂部中僅次於美元分列第二、三位。通過對以上貨幣發行國貿易收支資料的簡單比較，即可快速驗證美國貿易逆差經驗能否稱得上國際貨幣的所謂「一般性規律」。

德國和日本經過戰後復甦與調整，到20世紀70年代已經表現出強大的經濟競爭力，其貨幣也相繼走上了國際化道路。德國馬克的區域化和國際化進程不僅得益於德國雄厚的經濟實力和穩定的貨幣政策，也伴隨著歐洲經濟與貨幣聯盟從萌芽到實現的整個過程。通過近30年的國際化實踐，德國馬克已經成為歐洲各國中央銀行最主要的干預貨幣，在歐洲市場上甚至成為與美元平行的計價、結算和支付手段，全球貿易貨幣中德國馬克的份額大約為15%。1999年歐元誕生，德國馬克隨後退出歷史舞臺。但德國馬克作為歐元的關鍵支撐貨幣，通過歐元這種區域共同貨幣最終實現了國際化。目前歐元的國際使用程度大致相當於美元的一半，是全球第二大國際貨幣。

日圓的國際化道路比較坎坷。日圓國際化進程自20世紀80年代開始加快，至1990年日本進出口總額中按日圓結算的比重已經分別達到14.5%和37.5%，而且在國際債券交易方面日圓計價比重也大幅度提高。但90年代以來日本經濟的不景氣嚴重損害了日圓的國際接受程度。目前日圓國際化水準不足美元的十分之一，但仍然超越英鎊成為第三大主要國際貨幣。

儘管歐元（德國馬克）和日圓選擇了完全不同的國際化道路，所取得的成就也相去甚遠，但德國和日本在30多年的貨幣國際化過程中都表現出明顯的貿易順差特徵，只有極個別年份是小幅貿易逆差（見圖5—3）。顯然，德國和日

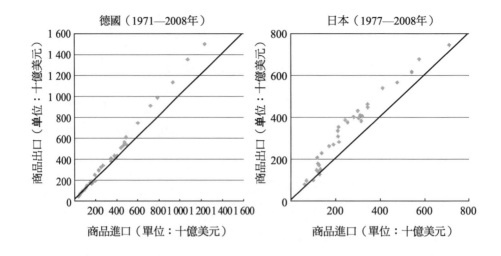

圖5—3　德國和日本的長期貿易順差

資料來源：IMF.

本經驗都不支援「貨幣國際化需要貿易逆差」的論斷。[1]

當然，將德國、日本資料與美國直接做簡單比較可能並不恰當。因為20世紀70年代對於德國馬克和日圓來說，貨幣國際化只不過剛剛起跑，但這一時期美元在國際貨幣競爭中已經沖過了終點線並把金牌牢牢攥在手中。所以應當補充對美元國際化起跑階段美國貿易資料的分析，而後再來討論國際貨幣發行國是否在貿易收支問題上具有一般性特徵。

於是我們把研究期間提前到19世紀下半葉的國際金本位時期。這時的世界核心國家是英國，英鎊在當時具有「紙黃金」的美稱，可以與黃金共同行使世界貨幣職能。美國經濟受益於第二次工業革命對生產力的極大解放而快速成長，其經濟總量大約在1894年超越英國，到1914年則超過了英國、法國、德國

1　如果從歐元區整體考慮對外貿易情況，雖然波動性較大，但也以貿易順差或收支基本平衡為主要特徵。

	1999	2000	2001	2002	2003	2004	2005	2006	2007	2008	2009	2010	2011	2012
貿易收支差額	50	4	70	124	102	93	40	7	43	-20	26	11	5	109
經常帳戶差額	-36	-103	-26	48	23	60	8	-17	9	-142	-21	-2	9	118

　　說明：單位為十億歐元。

　　資料來源：歐洲中央銀行。

等主要資本主義國家的總和。但直到此時，美元在國際經濟金融舞臺上幾乎毫無影響力。[1]

第一次世界大戰爆發為美元崛起創造了重大機遇。隨著1915年美國貿易規模升至世界第一位，美國也積極構築金融大國的基礎，終於借戰爭之機一舉成為世界兵工廠和資金避風港及融通中心。在主要國家相繼放棄金本位時，美聯儲卻竭力維護美元與黃金的兌換，又通過貿易順差吸引黃金大量流入，從而大大提升了美元信用，使之在與英鎊的國際貨幣競爭中勝出一籌。[2]因此可以認為，一戰爆發才正式開啟了美元的國際化征程。

從1870年到1969年的100年間，美元的國際地位實現了從無到有、由低到高的重大轉變，最終徹底取代英鎊，成為布列敦森林體系和牙買加體系的關鍵貨幣。美元國際化進程以1914年為界可劃分為前後兩段，前半段為「鍛煉熱身」，後半段為「競賽實戰」。特別是在1915—1945年期間，美元國際化正式起跑。而且這一期間的美元之於英鎊，正如同20世紀70年代前後的德國馬克和日圓之於美元一樣，都具有新興國際貨幣向傳統核心貨幣發起挑戰的特點。

由圖5—4可知，在一個多世紀的漫長時間跨度裡，美國的貿易收支差額主要表現為順差。除個別年份（如1921年、大蕭條後的1930—1932年）外，美國貿易收支在1874年由逆差轉為順差後一直保持了近百年。

由此不難發現，貿易順差是貨幣國際化初期的共同特點。這在美元挑戰英鎊霸權以及德國馬克和日圓挑戰美元霸權的情形下都得到了經驗驗證。

5.2.2 貿易順差構成非居民貨幣需求是貨幣國際化的理論前提

多國經驗資料所表明的「貨幣國際化過程必然經歷貿易順差階段」，以及特里芬難題所描述的「美國只有通過經常帳戶逆差才能提供充足的美元用於國

1　Barry Eichengreen. "Sterling's Past, Dollar's Future: Historical Perspectives on Reserve Currency Competition", Tawney Lecture, delivered to the Economic History Society, Leicester, Apr. 10，2005.

2　參見張振江：《從英鎊到美元：國際經濟霸權的轉移（1933—1945年）》，北京，人民出版社，2006。

際間債權債務清償」，兩個看似矛盾的命題可能讓不少人困惑不已。如果暫且不論美國經常帳戶惡化的原因及其產生的影響，僅從一般意義上分析非居民為何會形成對國際貨幣的需求以及如何向非居民供給國際貨幣，同時遵循貨幣理論中「貨幣需求引出貨幣供給」的分析邏輯，便不難得出以下判斷：貿易順差是主要國際貨幣崛起的必要前提，而且貿易順差與向非居民供給國際貨幣二者之間並不矛盾。

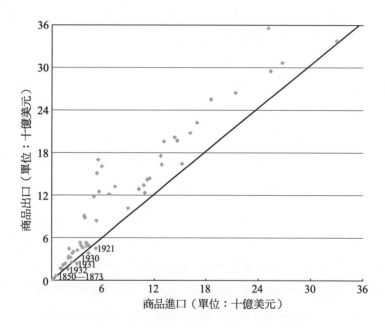

圖5—4 美國早期貿易資料（1850—1969年）

資料來源：1850—1945年資料來自Historical Statistics of the United States, United States Department of Commerce, 1789—1945；1945—1969年資料來自Economic Report of the President, 1970。

與國際金本位時期黃金自然成為國際貨幣不同，現在任何一種國際貨幣都要通過國別主權貨幣的國際化來實現。特里芬在討論「外匯儲備國際化」（Internationalization of Foreign Exchange Reserve）問題時指出，「黃金早已無法為世界經濟提供充足的清償手段……只有通過貨幣儲備中外匯部分的『國際

化』來解決……將哪個國家的主權貨幣用作國際儲備是儲備持有者自由選擇的結果，他們做選擇時通常把注意力集中在『最安全的』可獲得貨幣資產上，也就是那些主要債權國發行的貨幣。」[1]

這段文字至少提及了關於國際貨幣需求的兩個基本問題，也是今天研究貨幣國際化時人們容易忽視的兩點內容。第一，國際貨幣需求來自儲備持有者對「安全性」資產的甄選，這種安全感會由於國際貨幣發行國的主要債權國身份而得以增強。通常，貿易順差可為一國貨幣帶來信譽保證，使之順利進入國際貨幣候選行列。

第二，持有國際貨幣的目的是用於清償國際間債權債務關係，以解決黃金短缺所造成的不便。也就是說，從官方角度來看，對國際貨幣的需求源主要為私人部門順利完成對外支付做好預先準備。如果國際貿易和金融活動是以主要債權國貨幣計價，又可以通過全球支付清算體系提供結算便利，那麼自然會形成非居民的私人和官方部門對這類貨幣的廣泛需求。

非居民為保持對債權國的支付能力而持有國際貨幣，又因國際貨幣發行國的貿易順差而對儲備資產安全性充滿信心。一方面，非居民可以使用國際貨幣為自己從貿易順差國的進口付款，換個角度看就是為保持對主要債權國的支付能力而持有該國貨幣資產。另一方面，貿易順差決定了貨幣對外價值穩定，使得無論非居民私人或官方部門都可以放心持有，無須擔憂外匯資產的安全性。

當然，貿易順差及其所產生的「安全感」只是構成非居民貨幣需求必要條件的一部分。如果以該貨幣計價的貿易規模或貿易範圍極為有限，而且該幣種在全球範圍內的支付結算也不便捷，那麼非居民其實很難會有在國際範圍內廣泛使用這樣一種貨幣的意願，其國際接受程度和使用程度自然也就不高。

關於非居民積累國際貨幣儲備，特里芬認為「其實是從儲備持有者向國際

1　"Gold has long ceased to provide adequate amounts of international liquidity for an expanding world economy⋯ The logical solution of this dilemma would lie in the 'internationalization' of the foreign exchange component of monetary reserves⋯ The free choice of reserve holders will normally tend to concentrate on the 'safest' currencies available for this purpose, i.e. on the currencies of the major creditor countries."（Triffin, 1960, p.87）

貨幣發行國的資本輸送，進一步增強了國際貨幣硬通貨的屬性。如果關鍵貨幣國家（指美國）提高黃金儲備，國際清償力短缺問題便無從解決……只有通過大量地向海外再貸款或者無償捐贈——不僅要抵消本國經常帳戶順差，還要抵消其他國家積累國際貨幣儲備而產生的資本流入——才可以避免『美元荒』的情況發生」。[1] 這裡是從國際貨幣供給的角度討論問題，顯然特里芬已經把經常帳戶順差當作國際貨幣發行國的默認前提，所以給出了通過資本流出向其他國家供給美元儲備的解決方案。

就國際貨幣發行國而言，國際收支平衡表中一切表現為對外支付的交易——比如進口商品和服務、對外單方面轉移、對外直接投資、對外貸款或證券投資等——如果是以本幣計價結算，其實都是向非居民提供國際貨幣。所以國際貨幣可以通過多個管道流向非居民，即使持續貿易順差，也可以通過對外投資、對外貸款等其他方式向非居民供給國際貨幣。全球市場上無論非居民私人外匯資產還是官方外匯儲備的積累，都可以看作是國際貨幣供給的結果。

在貨幣國際化起步階段，實現貿易順差、確立債權國地位並不十分困難，但是要挑戰傳統國際貨幣霸權、有效提高本國貨幣的非居民接受程度與使用程度卻絕非易事。由於國際化進程剛剛開始，以本幣計價結算的國際貿易、投資比重通常很低，方便快捷的全球支付清算系統大多尚未建立，所以這一時期迫切需要解決的問題不是如何向非居民供給國際貨幣，而是怎樣鞏固並提高非居民對國際貨幣的潛在需求意願與實際需求水準。

通過以上討論可知，至少在人民幣國際化初始階段，美國的貿易和經常帳戶持續逆差並不是一個值得借鑒或學習的重要經驗，甚至有可能提供了一個需要深思的反面教材。現階段的貿易順差對於人民幣國際化是必要的，有利於

---

1 "In accumulating such currencies as reserves, however, reserve holders are really extending 'unrequited' loans to these countries, and increasing further the natural hardness of their currencies.Such lending, moreover, does not relieve the international liquidity shortage if the key currency countries increase their own gold holdings… They can relieve the situation, and avoid a 'scarce key currency' condition from developing, only if they succeed in re-lending abroad—or giving away in the form of grants—amounts sufficient to finance not only their current account surpluses but also the inflow of unrequited borrowings corresponding to the accumulation of their currency as reserves by other countries."（Triffin, 1960, pp.87-88）

刺激非居民對人民幣的需求，所以對政策決策者來說，實在沒有理由刻意追求向貿易逆差儘快轉變。出於為人民幣國際化戰略的長遠打算，則應當進一步優化進出口結構，提高產業的國際競爭力與議價定價能力，增大跨境人民幣貿易結算份額。同時要大力推進為人民幣跨境貿易結算服務的全球支付清算系統建設，完善為非居民提供人民幣流動性和外匯風險管理工具的國際金融市場，提高非居民對人民幣的意願接受程度和便捷使用程度。

5.3 貿易格局變遷對國際貨幣體系的影響：特里芬難題

到目前為止，雖然我們明確了人民幣國際化初期有必要通過一定規模的貿易順差吸引非居民形成對人民幣資產的需求——這是多種國際貨幣發展過程中的共同規律——但仍然不足以說明持續貿易逆差是否為國際貨幣未來發展的必然結果，還是僅僅應當理解為美國在特定歷史階段的特殊經驗。無論歐元、日圓還是其他貨幣，在國際使用範圍和程度上都難以與美元相提並論，歐元區（德國）和日本當前的貿易收支特點不代表其未來發展是否會向美國經驗靠攏。英鎊在國際貨幣體系歷史上經歷過大起大落，從崛起到衰落的完整過程特別值得拿來與美元經驗做對比研究，奈何年代久遠，統計資料缺乏，實際參考價值也相對有限。[1]

美國貿易收支何時從順差轉為逆差？逆差規模從何時開始持續擴大？美國貿易逆差或經常帳戶逆差問題的出現及發展與世界貿易格局變遷之間是否有聯繫？核心國際貨幣發行國的巨額貿易逆差（或經常帳戶逆差）對現行國際貨幣

1　英國國際收支結構比較獨特，18—19世紀由於收益項目數額巨大，導致貿易收支差額與經常帳戶差額幾乎完全倒掛。但觀察經常帳戶差額，明顯以工業革命為界前後分成兩個階段，18世紀經常帳戶持續小幅逆差；進入19世紀後則明顯轉為經常帳戶順差並持續擴大，這種勢頭一直保持到一戰爆發以前（*Zhu, Yiping, 2008, Trade, Capital Flows and External Balance: A Comparative Study on China in Two Hundred Years of Globalisation*, p.8）。

體系提出了怎樣的挑戰？通過主權信用貨幣國際化來提供國際清償力的方案是否註定要失敗？這些問題的答案對於人民幣國際化相關研究無疑是具有啟發意義的。

特里芬早在半個多世紀前就對這些問題進行了分析與討論，向全世界提交了一份被稱作「特里芬難題」的經典答案。可是當我們不假思索地使用「經常帳戶惡化與國際貨幣價值穩定之間存在不可調和的內在衝突」作為「特里芬難題」的註釋標籤時，難免就會對特里芬的研究成果產生兩種錯誤理解。

第一種誤解的標誌是把美國經常帳戶惡化的經驗看作是貨幣國際化的一般規律，認為貿易順差會阻礙人民幣國際化進程。這類觀點混淆了宏觀經濟過程的先後次序，誤以為經常帳戶惡化在前，貨幣實現國際化在後。本章認為美國貿易收支和經常帳戶惡化其實是國際貨幣格局滯後於國際經濟和貿易格局調整的集中體現，即美元國際化在前，而國際貿易格局變遷導致美國經常帳戶惡化在後。

第二種誤解的標誌是強調一切主權信用貨幣的國際化都註定失敗，因為布列敦森林體系的終結證明了特里芬難題是無解的。持這種觀點的人顯然忽略了事物總在發展變化的普遍真理。從特里芬時代到現在的半個多世紀時間裡，國際經濟金融形勢發生了若干重大變化──黃金非貨幣化、國際資本流動超越貿易發揮更大影響力、國際經濟格局和貨幣格局相應調整──特里芬難題在牙買加體系下是否仍然無解，需要做進一步探討。

5.3.1 美國經常帳戶惡化是國際貨幣格局滯後於貿易格局 調整的集中反映

特里芬曾專門討論了20世紀50年代末美國對西歐經常帳戶明顯惡化的問題，這也是他之後一系列重大發現的研究起點。他認為該問題一度被掩蓋，是因為美國對世界其他國家的經常帳戶順差一直在增長，而且這一順差是依靠美國對外資本輸出和經濟援助實現的。換言之，美國通過資本輸出和經濟援助向非居民提供美元，非居民使用美元儲備為從美國的進口付款，使美國保持對其他國家的貿易順差。

但是當西歐經濟競爭地位相對上升時，一些國家發現把從美國得到的援助款用於從西歐進口要比從美國進口更加經濟划算。隨著西歐搶占了原本屬於美國的部分貿易份額，美國對外出口增長乏力，美元通過貿易管道回流受阻。結果，一方面是美國對西歐和世界其他國家的經常帳戶差額開始惡化；另一方面美國黃金儲備逐漸流失，特里芬難題也日漸突出。

西歐經濟和貿易發展打破了美國與其他國家之間在國際貿易和國際貨幣供求方面的舊有均衡。美國對外貿易順差，意味著其他國家要從美國進口從而形成對美元的需求，同時美國通過資本輸出和經濟援助向其他國家供給美元，美元儲備持有者再使用美元完成從美國的進口或償還對美國的債務。西歐經濟競爭力提高，對美國減少進口、增加出口，同時在一定程度上替代美國向世界其他國家出口商品和服務。這表明國際經濟和貿易格局已經調整，美國的份額下降，西歐的份額上升。

由於美元是當時唯一的國際儲備貨幣，西歐對其他國家的貿易活動也需要使用美元完成債權債務清償，所以國際貨幣格局並未改變。當國際貨幣格局滯後於國際貿易格局調整時，為滿足其他國家對國際清償力的需要，美國仍要保持對外淨支付；但是其他國家積累美元儲備資產相當於向美國輸送資本，同時從美國的進口減少，結果只能是美國的貿易收支從順差轉變為逆差並且經常帳戶逐漸惡化。

當國際貿易格局變遷致使特里芬難題出現時，關鍵國際貨幣發行國會「面對艱難的重新調整問題」，比如是否削減對外援助計畫或逆轉以前推行的自由貿易政策等。[1]特里芬認為，關鍵貨幣國家的政策調整如果成功，經常帳戶問題可以解決，但「將終止這個國家以前做過的貢獻，再不能將國際清償能力維持在一個合適的水準上」。言外之意是，如果國際貨幣格局跟上國際貿易格局的調整節奏，美國經常帳戶惡化並非必然結果。[2]這樣看來，巨額經常帳戶逆差事實上是美國經濟政策權衡的結果，是在國際貿易格局已經發生重大調整後繼續保持美元在國際貨幣體系的壟斷地位必須支付的代價。

布列敦森林體系實行國際金匯兌本位制。當美國的淨黃金儲備地位因經常帳戶持續惡化而逐漸退化時，美元儲備對其非居民持有人來說就失去了絕對安全的擔保，世界範圍內的國際收支均衡和國際儲備貨幣供需平衡都將面臨重新調整。特里芬對此警告說：「存在一個嚴重的危險……出現整個世界都急速地從自由貿易政策倒退回去的結果，甚至會觸發短期資金的大規模運動，從一種儲備貨幣轉向另一種，以及從所有國際儲備貨幣轉向黃金」。[3]所以，取消黃金對美元的約束，告別布列敦森林體系，仍然是美國政府為保持美元國際貨幣地位而做出的政策努力。

布列敦森林體系解體後，國際貨幣格局開始緩慢調整。隨著德國馬克、日圓等貨幣國際化進程的加快，其國際使用程度逐步提高。在國際經濟和金融領域的貨幣替代影響下，「一超多元」的牙買加體系漸漸形成。

由圖5—5可知，從20世紀70年代到90年代後期，美、歐、日等主要經濟體貿易份額的變動不大，說明二戰結束後發生的世界貿易格局變遷在這段時間進入相對穩定期。在貿易格局較為穩定而國際貨幣格局緩慢調整的背景下，美國經常帳戶逆差問題雖然有所顯現但還基本可控（見圖5—2）。美國貿易地位與

1　Triffin （1960），pp.89-90.
2　然而，主動出讓關鍵國際貨幣地位及其附屬的經濟政治權利，顯然與政府和國家的利益不符，人類歷史上也從未有過類似的先例。英國人在二戰後的國際會議上仍然盡最大努力為英鎊爭取國際貨幣新體系中的一席之地就是極好的反證。
3　Triffin （1960），pp.89-90.

二戰後相比儘管已經顯著下降，但是相對優勢仍然存在。因為這一時期歐洲的經濟和金融一體化進程尚未完成，力量比較分散，日本則既有國內市場深度不夠的先天缺陷，又受到《廣場協議》和泡沫經濟等各種現實困擾，都不足以形成對美國的有效挑戰。所以，如同經常帳戶問題在布列敦森林體系初期沒有明顯表現一樣，在牙買加體系投入運行近30年的時間裡，國際貨幣格局與國際貿易格局基本吻合，作為關鍵國際貨幣發行國，美國的經常帳戶逆差問題也暫時得以引而不發。

然而，國際貿易格局的相對穩定期幾乎就在新舊世紀交替時宣告結束。美國進出口貿易份額相繼明顯降低，相對優勢似乎也已喪失，貿易地位迅速下滑（見圖5—5）。挑戰美國貿易優勢的力量主要來自兩方面。其一，歐洲經濟與貨幣同盟的建立在貿易領域發揮聚合效應，大有取代美國獲得相對貿易優勢地位的勢頭。其二，新興市場經濟體迅速崛起，以中國為代表的眾多發展中國家走上了外向型經濟發展道路，明顯擠占美、歐、日等發達國家的進出口市場份額。

但是在國際經濟和貿易格局發生重大調整之時，國際貨幣格局卻繼續保持「一超多元」的基本結構，再次顯著滯後於貿易格局變遷。歐元區貿易地位可能已經超越美國，但是歐元的國際使用水準僅僅相當於美元的一半。由於國際貿易、國際金融交易仍然以美元為最大計價結算貨幣，所以美元自然也成為最大的國際儲備貨幣。於是，貿易份額不斷上升的新興經濟力量積累了巨額美元儲備資產，遠遠超過對外進口支付或債務償還需要，全都表現為美國的資本淨流入。主要貿易國地位既已喪失，卻還繼續占據著主要國際貨幣地位，其結果必然是也只能是美國經常帳戶逆差迅速擴大，直至失控。從國際收支角度看，這時的美國徹底從主要債權國轉變為世界最大債務國。

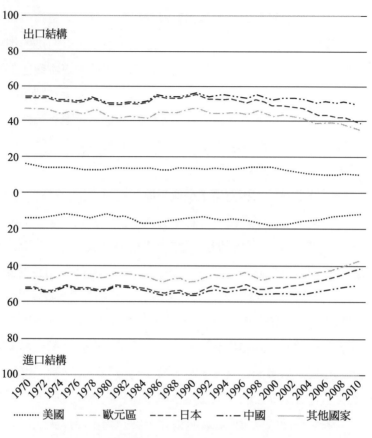

圖5—5 世界進出口貿易格局（1970—2010年）

資料來源：根據世界銀行全球貿易資料計算得到。

5.3.2 「新特里芬難題」增大牙買加體系下國際經濟政策摩擦

如前所述，在新世紀初國際貿易格局發生重大調整後，美國為維護美元的關鍵國際貨幣地位，不得不接受經常帳戶逆差持續擴大的代價。根據特里芬的研究邏輯，當美國失去主要債權國地位後，美元資產的安全性可能下降，非居民持有美元儲備也顯得缺乏根據。特里芬難題似乎再次出現。

但是在布列敦森林體系解體後，美元已經擺脫黃金約束，特里芬難題的

產生根源似乎不復存在。由於國際資本流動的規模及其影響力遠遠超越國際貿易，貿易收支差額（或經常帳戶差額）並不能完全左右美元的對外價值。由於惰性或是其他原因，美元的國際使用程度只是相對下降，至今還沒有任何一種貨幣具備完全取代美元地位的實力或是潛力。

半個世紀前，由於受到黃金的約束，美國經常帳戶逆差不可持續，所以特里芬難題在布列敦森林體系下必然是無解的。可是在牙買加體系下，不僅沒有了黃金約束，國際資本流動以及美國國內經濟政策的溢出效應似乎都已改變了巨額經常帳戶逆差不可持續的屬性。這意味著「特里芬難題」在牙買加體系下具有新的內涵與外延。

首先，貿易逆差徹底顛覆了美國的債權國身份，使非居民對美元的需求以及美元儲備的基本功能產生變異。當非居民不再是因為要保持對美國的支付能力而積累美元資產，也不能從美國巨額貿易逆差獲得「安全感」時，新興主要債權國家就會深受「美元陷阱」的困擾。

其次，國際資本流動暫時掩蓋了貿易逆差的可持續性問題，但卻強化了美國國內政策溢出造成的現行國際貨幣體系的「不公正性」。美國清償貿易逆差而對外支付的美元成為非居民積累的美元儲備資產，這些儲備不再主要用於支付對美債務而是回流到美國的金融市場。

在全球經濟對美元過度依賴的情形下，不僅容易形成美元資產泡沫，甚至還會釀成全球性金融危機。2007年美國次貸危機迅速演變成為全球性金融海嘯，就是上述作用機制的現實版。而且在美國挽救自身經濟時，還必然要由全球美元儲備持有者共同分擔其中的成本。更糟糕的是，在可替代儲備貨幣出現以前，這種利用關鍵國際貨幣地位侵害其他國家經濟利益的「不公正性」有可能長期存在。

如果關鍵國際貨幣發行國的巨額經常帳戶逆差並非不可持續，而只是增大了國際經濟政策摩擦，那麼只要這種摩擦還在各國可接受範圍內，現行國際貨幣體系就可以繼續存在。但如果有辦法能緩解摩擦，也就表明「新特里芬難題」可以有解。所以，在牙買加體系下，以「特里芬難題無解」來否定任何主

權信用貨幣的國際化顯然證據不足。

5.3.3 多元國際貨幣競爭格局或可破解「新特里芬難題」

美國經常帳戶逆差問題再次引起關注，或者換個角度看，特里芬難題再次引起激烈爭論，其實都源自國際貨幣格局已經與國際經濟和貿易格局不相匹配的同一事實。牙買加體系下的所謂「新特里芬難題」，其實就是已經呈現多元競爭態勢的國際經濟仍然對單一國際貨幣過度依賴。

歷史經驗表明，國際貨幣格局調整未必總是與國際貿易格局變遷保持同步，但二者之間仍然存在著較強的相關性，並且貨幣強國總是要以貿易強國為其實現前提。這提醒我們，當「新特里芬難題」不再表現為關鍵貨幣發行國的經常帳戶逆差不可持續時，矛盾似乎不那麼尖銳，解決問題的急迫性就會下降，國際貨幣格局調整也有可能會滯後得更加嚴重。對此要有充分的思想準備，但「新特里芬難題可能有解」顯然更讓人充滿期待。

20世紀70年代以來歐元（德國馬克）和日圓的國際化實踐表明，國際經濟多極化格局為多元國際貨幣留下了充足的發展空間。對於非居民私人和官方部門來說，各種國際貨幣的持有並不具有排他性，國際貨幣體系中也不存在「贏者通吃」的問題。而且從技術層面看，新興國際貨幣成為貿易、投資的計價貨幣，通過現有的或新建的全球支付清算系統來實現跨國結算，進而實現非居民官方外匯儲備頭寸的積累等，幾乎都不能構成國際範圍內貨幣替代的實質性障礙。隨著技術條件的改善，傳統觀念上由於網路外部效應、使用惰性等造成的對主要國際貨幣的路徑依賴問題可能逐漸退化。這在某種程度上也許會加快國際貨幣格局的調整速度。

但歸根結底，只有根據國際經濟新格局相應調整國際貨幣格局，使得國際貿易、投資活動逐漸擺脫對美元的過度依賴，促使國際儲備資產回歸其保持對主要債權國支付能力的本來功能，「新特里芬難題」才能有望破解。簡單地講，通過少數有限數量的國際貨幣彼此競爭、相互制衡，既可以賦予儲備持有者選擇「安全」國際貨幣的權力，又可以通過「良幣驅逐劣幣」機制約束主要

國際貨幣發行國的政策行為，從而改革現行國際貨幣體系的弊端。從這層意義看，人民幣國際化不僅有助於我們擺脫「美元陷阱」和經濟利益受損害的不利處境，也是糾正當前國際貨幣體系偏差的重要契機。

第六章

貿易格局變革與人民幣
跨境貿易結算份額

　　進入21世紀以來，國際貿易格局發生了重大變化。發展中國家、新興經濟體和中國周邊國家的貿易規模快速增長，它們的對華貿易規模不斷擴大，對華經濟關係更加緊密，這就為人民幣國際化帶來了新的機遇。擴大這些區域的貿易人民幣結算，無疑是人民幣國際化的理想突破口。促進中國周邊以及一些重要的發展中國家在對華貿易中使用人民幣結算，不僅能夠大大降低匯率風險成本，提高結算效率，還能夠減輕生產波動性，穩定貿易規模並增加雙方的收入。本章在深入分析中國貿易結構變化的基礎上，運用貿易計價貨幣理論的基本原理，對貿易人民幣計價和結算的有利因素和不利因素進行了全方位的研究。重點針對中國貿易份額、區域和結構變化，對人民幣計價結算份額進行合理測算，以明確貿易人民幣結算份額的潛在發展空間，為科學制定人民幣國際化目標與路徑提供參考依據。

6.1 中國成為世界第二貿易大國

6.1.1 貿易額穩居世界前列且收支趨於均衡

我國進出口總額位居世界第二位。據海關統計，2012年我國貨物進出口總額已經達到38 667.6億美元，相比於加入WTO時2001年的5 096.5億美元，11年間進出口額增長了6.6倍（見圖6—1）。從貿易額上看，2012年中國貨物出口額占全球貨物出口額的11.2%，較上年上升0.8個百分點，連續四年居全球之首；進口額占9.8%，比上年提高0.4個百分點，連續四年居全球第二。

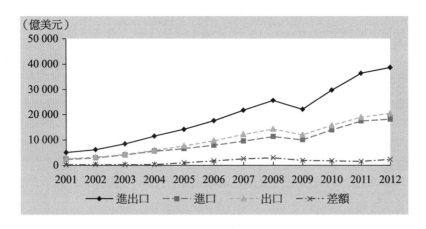

圖6—1　2001—2012年中國進出口貿易額與進出口貿易差額變化圖

資料來源：中國商務部。

近年來，我國積極擴大內需，促進經濟增長向依靠消費、投資、出口協調拉動轉變，推進貿易投資自由化和便利化，不斷加大進口促進政策力度，搭建更多平臺拓寬進口管道，促進貿易平衡發展，切實發揮進口對宏觀經濟平衡和結構調整的積極作用。隨著促進進口各項政策措施的穩步落實及國內需求的穩定增長，貿易平衡狀況明顯改善，順差占國內生產總值的比重呈下降趨勢。據商務部統計，2012年，我國外貿順差2 311.1億美元，比2007年的2 621.9億美元減少11.9%，占GDP的比重為2.8%，處於國際公認的合理區間。

6.1.2 進出口商品結構持續優化

從出口方面看，高附加值產品占比不斷增加。中國出口商品結構在20世紀80年代實現了由初級產品為主向工業製成品為主的轉變，到90年代實現了由輕紡產品為主向機電產品為主的轉變。近5年來，以電子和資訊技術為代表的高新技術產品出口比重不斷擴大。2012年，工業製成品出口比重為95.1%，比2007年提高了0.2個百分點。機電產品、高新技術產品占出口比重分別達到57.6%和29.3%（見圖6—2），尤其是高新技術產品出口比重比2007年提高了0.7個百分點。礦物燃料、有色金屬、非金屬礦、鋼鐵及化工等5大類共39種「兩高一資」產品占出口比重為5.2%，比2007年下降2.1個百分點。中國筆記型電腦、顯示器、手機、電視機、集裝箱等50多種產品出口量居世界第一位。

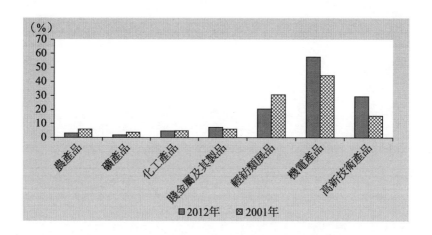

圖6—2 2001年和2012年中國主要出口商品份額變化

資料來源：中國商務部。

從進口方面看，先進技術、設備、關鍵零部件進口持續增長，大宗資源能源產品進口規模不斷擴大。政府出臺了降低關稅、提高貿易便利化、進口貼息等一系列政策措施，有效地擴大了先進技術、能源資源、關鍵設備、零部件的進口，適度擴大了消費品進口。進口關稅總水準由「十五」末的9.9%降至9.8%。取消了800多個稅目商品的自動進口許可管理，貿易便利化程度進一

步提高。進口規模由2007年的9 558.2億美元擴大到2012年的18 178.3億美元，增長90.2%。進口年均增速13.7%，比出口年均增速高2.8個百分點，進口額占全球進口比例由2007年的6.7%提高到2012年的9.8%。礦產、能源、農產品等大宗產品進口快速增加，占總進口比重由21.0%上升到31.3%，原油、銅精礦、鐵礦石、大豆、棉花等產品進口分別增長了2.8倍、1.9倍、2.8倍、3.1倍和3.4倍（見圖6—3）。

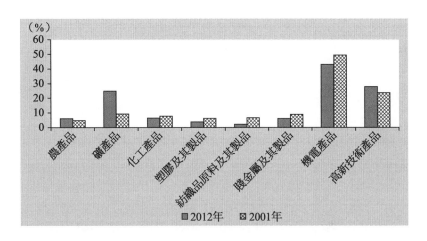

圖6—3　2001年和2012年中國主要進口商品份額變化

資料來源：中國商務部。

6.1.3　市場多元化取得新進展

　　從市場結構看，市場多元化戰略取得積極成效，國際市場佈局進一步優化。東盟、金磚國家等新興市場國家和發展中國家占我國外貿比重不斷上升，傳統發達國家貿易額占比呈下降趨勢。多雙邊和區域經貿合作進一步加強，成功簽訂和實施了一批自貿區協定。

　　2012年，我國對歐盟、美國、日本、香港四個傳統市場進出口比重從2005年的52.7%降至44.0%（見圖6—4）。對新興市場進出口快速增長，占比提高，同2005年相比，對東盟由9.2%提高到10.4%，對金磚國家由4.9%提高到7.8%，對

拉丁美洲由3.6%提高到6.8%，對非洲由2.8%提高到5.1%。

6.2　中國是貿易大國而非貿易強國

中國對外貿易快速發展是改革開放30多年以來取得的巨大成就。截至2012年，中國已成為世界第一大出口國和第二大進口國。中國之所以取得如此顯著的成績，主要有三方面因素：一是國際產業大規模轉移的國際因素，二是改革開放政策釋放的制度紅利，三是低要素成本形成的巨大比較優勢。

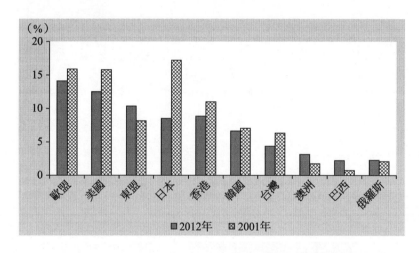

圖6—4　2001年和2012年中國主要交易夥伴份額對比圖

資料來源：中國商務部。

由於這三方面因素，過去30多年我國成為世界上最受歡迎的投資地之一，外商紛紛在中國設廠生產，加工貿易得到迅速發展，從而帶動出口快速增長。目前，我國已經發展成為世界工廠，電腦、手機、電視機、冰箱等主要產品產量均是世界第一。[1] 然而，從貿易綜合競爭力角度考察，我國只是一個貿易大國，而非貿易強國。因為中國配置全球資源、控制國際市場的能力較弱，中國

1　工信部電子產業發展公報。

企業在產品差異化程度、國際定價權、利潤率、品牌、技術等核心競爭力方面與國際領先跨國公司相比存在較大的劣勢。

6.2.1 全球貿易綜合競爭力與中國貿易大國地位不匹配

國內產業的高度發展是一國貿易強盛的基礎。然而，中國貿易相關產業綜合實力偏弱，商業成熟度較低，與既是工業強國同時也是貿易強國的美國、德國、日本等相比仍存在不小的差距。突出表現為商業市場化程度較弱，進出口企業發展的整體生態環境較差。世界經濟論壇每年都會對世界各國經濟的綜合競爭力進行評估，根據經濟、貿易、商業環境、市場成熟度等指標綜合打分，進而進行排序。2012年中國的全球競爭力綜合排名29位，與上年相比後退了3位。而德國、美國、英國、日本排名都在前十以內（見表6—1）。

表6—1　全球競爭力排名

國家	2010（139國）		2011（142國）		2012（144國）	
	得分	排名	得分	排名	得分	排名
德國	5.4	5	5.4	6	5.5	6
美國	5.4	4	5.4	5	5.5	7
英國	5.3	12	5.4	10	5.5	8
日本	5.4	6	5.4	9	5.4	10
中國	4.8	27	4.9	26	4.8	29

說明：表中「得分」部分滿分為7分。按照2012年排名進行排序。
資料來源：The World Economic Forum。

商業成熟度是衡量國際貿易供求、組織、基礎設施、配套服務、價格控制能力等影響貿易競爭力的一個綜合指標。2012年，日本、德國、英國、美國的商業成熟度排名前十以內，日本排名第一。中國則非常落後，排名45位（見表6—2）。儘管中國的供貨商相對較多，但是供貨品質不高，市場化程度較低、生產流程不成熟，這是導致中國貿易競爭力偏低的重要因素。

表6—2 商業成熟度排名

國家	2010（139國）	2011（142國）	2012（144國）
商業綜合成熟度			
日本	1	1	1
德國	3	4	3
英國	9	8	8
美國	8	10	10
中國	41	37	45
當地供貨商數量			
日本	1	1	1
德國	3	3	2
英國	23	13	9
美國	11	12	14
中國	19	19	28
當地供貨商品質			
日本	4	3	3
德國	3	4	4
美國	14	13	14
英國	30	21	18
中國	54	59	66
商業競爭優勢			
日本	1	1	2
德國	3	4	4
英國	9	5	6
美國	19	20	18
中國	48	45	56
國際市場分配控制能力			
日本	1	1	1
德國	2	4	3
美國	8	9	10
英國	19	20	14
中國	42	37	41

續前表

國家	2010（139國）	2011（142國）	2012（144國）
生產流程成熟度			
日本	1	1	1
德國	2	3	3
美國	11	15	11
英國	17	17	17
中國	55	52	57
商業市場化程度			
英國	4	2	1
美國	1	3	3
德國	7	10	7
日本	9	9	10
中國	49	43	52

資料來源：The World Economic Forum.

由於中國還有部分重要的要素資源沒有完全市場化，存在一定程度的利率、土地、能源價格管制，資源配置尚未達到帕累托優化，商品市場效率較低。2012年，中國在144個國家的商品市場效率排名中列59位，遠低於上述四個發達國家。因此，儘管中國的貿易份額高居世界第二，中國在國際市場的主導地位卻排在二十位以後，二者之間有較大的差距（見表6—3）。

6.2.2　企業在國際貿易談判中的議價能力較弱

中國從事進出口貿易的企業數量眾多，在全球500強中也有70多家中國企業。然而，由於以下原因，絕大多數企業處於國際產業鏈的低端，它們缺乏必要的貿易談判定價能力。

（1）缺乏具有國際競爭力的跨國型本土企業。與30年前相比，中國雖然在通信、電腦、家電等部分行業擁有了像華為、聯想、海爾這樣具備國際化能力的本土公司，但這些公司在資本實力、創新能力、品牌影響力方面不足以抗

表6—3 商品市場效率排名

國家	2010（139國）	2011（142國）	2012（144國）
商品市場綜合效率			
英國	22	19	17
日本	17	18	20
德國	21	26	21
美國	26	24	23
中國	43	45	59
市場主導程度			
德國	1	3	2
日本	2	2	3
英國	10	6	6
美國	9	11	9
中國	23	20	23

資料來源：The World Economic Forum.

衡微軟、三星、松下等老牌跨國公司。在機械、汽車、航空、積體電路等眾多現代製造業領域，中國公司與國外一流公司的差距也十分明顯。在進出口貿易份額貢獻較大的低端製造領域，中國雖然不乏跨國型企業，但實際上屬於外資控股企業（即「兩頭在外」企業），是外資跨國企業全球產業鏈中的加工裝配中轉站。當前中國製造產業中外資控股的比例甚至已經超過了70%，例如在電梯行業5家企業、洗滌用品15家主要企業、彩色顯像管工業、家用電器工業以及醫藥行業13家主要企業中，外資控股的比例已經分別達到：100%、93.3%、86.7%、92.3%以及75%。[1]外資控股規模的逐漸攀升在一定程度上制約了中國本土企業在製造業領域競爭優勢的發展，使得國內企業依附於外資控制的核心技術和市場供銷管道，扼制了企業自身對創新意識和競爭能力的培育。

（2）缺乏核心技術和品牌效應，企業創新意識和創新能力較弱。中國的出口產業大多屬於勞動密集型以及出口加工型貿易，依賴於廉價的勞動力和政策支援，產品附加值相對較低，處於全球生產鏈條的底端。出口企業主要利用

1　參見陳雨露等：《2012人民幣國際化報告》，北京，中國人民大學出版社，2012。

國內綜合要素成本較低的優勢，採用低價策略占領國際市場。隨著國內綜合成本上升，這種競爭優勢在不斷縮小，依靠低價競爭占領市場的策略難以為繼。目前中國政府開始注重培養企業以品牌、技術、服務為核心的出口新優勢，然而完成此過程還需要較長的時間。加工貿易使得中國企業缺乏技術創新的動力，較少進行研發投入，反過來又制約了企業吸收新技術的能力，形成低技術—低收入—低研發投入—低技術的惡性循環。中國的創新綜合能力特別是企業吸收新技術的能力，與日本、美國相比望塵莫及（見表6—4）。

表6—4　創新能力及技術吸收排名

國家	2010（139國）	2011（142國）	2012（144國）
創新綜合能力			
日本	2	1	1
德國	1	3	3
美國	6	7	7
英國	15	13	12
中國	21	23	23
企業吸收新技術程度			
日本	3	3	4
美國	11	18	14
德國	14	14	16
英國	21	22	23
中國	61	61	71

資料來源：The World Economic Forum.

（3）中國企業主要處於產業鏈加工組裝環節，關鍵技術和零件受制於人，利潤率較低。以電子產品為例，核心的元器件依賴國外產品，國內企業僅僅賺取加工費用，缺乏定價權，利潤微薄。我國的勞動生產率大大落後於美國、英國、日本，不過好於深陷歐債危機的德國（見表6—5）。

6.2.3　較低的產品差異導致較高的出口替代彈性

出口產品在外國市場所占份額，將會顯著影響外國進口企業的結算貨幣

選擇。中國出口產品份額越大，對當地市場價格的影響就越大。當地進口企業為了避免投入成本波動，就會有強烈的動機選擇人民幣計價。東盟是中國主要的出口地區，在鞋帽、雜項製品、紡織製品、石料、毛皮製品、木製品及機械產品中，中國在東盟國家的進口貿易中所占份額均超過了20%，表明東盟國家對中國的許多出口產品有很高的依存度，而且這種依存度大大高於日本（見表6—6）。

表6—5　勞動力市場效率排名

國家	2010（139國）	2011（142國）	2012（144國）
美國	4	4	6
英國	8	7	5
日本	13	12	20
中國	38	36	41
德國	70	64	53

資料來源：The World Economic Forum.

表6—6　東盟對中國分產品進口依存度（%）

HS類別	2010年		2011年	
	對中國	對日本	對中國	對日本
第十二類	53.16	0.90	52.28	1.01
第二十類	38.53	10.69	40.63	10.10
第十一類	31.98	5.57	31.73	4.86
第十三類	29.31	17.63	27.70	17.37
第八類	20.23	1.65	25.67	1.88
第九類	16.74	1.06	21.49	1.63
第十六類	18.74	15.20	20.09	14.81

資料來源：根據聯合國商品貿易統計資料庫相關資料計算得出。

　　儘管中國在東盟的進口市場中份額可觀，但是除了機械產品以外，其他產業技術含量都相對較低，產品可替代程度較高。由表6—7可以看出，我國的玉米、大米、積體電路的出口替代彈性大於1，主要出口商品平均需求價格彈性的絕對值大於我國主要進口商品平均需求價格彈性的絕對值，意味著中國製造

品的產品差異程度低，出口商品的貿易額對價格變化更為敏感，出口企業面臨的競爭更激烈。在這樣的市場環境下，企業的議價能力比較差。

表6—7　中國主要出口商品和進口商品需求價格彈性

主要出口商品	彈性	主要進口商品	彈性
生豬	−0.23	大豆	0.48
大米	−1.29	食用植物油	0.01
玉米	−3.16	鐵礦砂及精礦	0.43
成品油	0.06	成品油	0.06
塑膠製品	0.08	原油	0.33
生絲	−0.59	初級形狀的塑膠	−0.49
鋼材	−0.34	紙漿	−0.005
積體電路	−1.5	鋼材	−0.7
集裝箱	−0.3	未鍛造的銅及銅材	−0.02
摩托車	−0.45	未鍛造的鋁及鋁材	−1.46
自動處理設備	0.13	金屬加工機床	−0.57
發動機與發電機	−0.71	汽車及汽車底盤	3.31
		飛機	−0.58

資料來源：楊菊洪：《我國貿易條件變化的進出口需求價格彈性分析》，載《中國市場》，2012（23）。

6.2.4　內外部環境改變可能導致貿易增長停滯或逆轉

發達國家的再工業化政策和國際間的產業轉移會對我國貿易增長造成重大影響，可能導致貿易增長下降、停滯甚至發生逆轉。發達國家「回歸」製造業，發展中國家之間競爭加劇，我國製造業發展將面臨雙重壓力。

金融危機過後，為了重振本土工業，美歐日等發達國家將「再工業化」作為重塑競爭優勢的重要戰略，推行大力發展新興產業、鼓勵科技創新、支持中小企業發展等政策和措施。隨著中國各類成本的急速上升，中國製造業紅利優

勢逐年減小。在紡織服裝業領域，日漸高漲的勞動力成本正在逐步削弱中國製造的優勢，而孟加拉等東南亞國家則以更低廉的勞動力成本，吸引了紡織服裝業向那裡轉移。目前越南平均工資約為每月折合人民幣1 000元，而中國東部沿海地區大概為2 500～3 000元，中國部分地區勞動力成本已經明顯高於周邊國家。

若不抓緊時機進行製造業升級轉型，加強技術創新，產業回歸和產業轉移將使我國貿易面臨重大挑戰。一是製造業競爭優勢可能喪失。改革開放以來，我國製造業的發展是建立在廉價的勞動力、便宜的資源基礎上的，產品處於價值鏈底端，利潤微薄。但目前資源約束趨緊，要素成本上升，傳統競爭優勢逐步減弱。美國波士頓諮詢公司2011年推出了《美國製造復活》的報告，稱「中國的工資水準以年均15%～20%的幅度在上漲，持續下去的話，2015年前後美國南部等地的生產成本將低於中國」。如果現實果真如此，製造業企業有可能選擇回歸美國，中國長期依賴出口帶動製造業和經濟增長的模式也就必須適應和改變。二是中國與發達國家在創新競爭力等方面差距可能進一步增大。美歐等發達國家通過「再工業化」，在新一輪技術進步與工業革命中，用新興技術對傳統製造業升級改造整合發展，通過技術創新提高傳統工業的效率，降低單位勞動成本，使技術含量高的勞動密集型工業回歸，在增加就業機會的同時，進一步增大了我國和發達國家核心競爭力差距。三是發達國家繼續保持在全球分工體系中的支配地位。近年來，我國雖然通過引進、合作、創新發展，成為全球製造業中心，但在整個國際產業分工體系中，我國一直處於製造業價值鏈底端。發達國家通過關鍵技術、產業標準、產品標準等控制了產業的價值鏈、製造業供應鏈，所以目前中國仍然是依附型製造業，依附發達國家的關鍵技術和市場。「再工業化」如果建立在新一輪技術革命基礎之上，為第三次工業革命及製造業生產方式的變革創造了條件，發達國家將繼續保持國際產業分工體系中的支配者地位。

20世紀末，在改革開放的推動下，中國以土地、勞動力和規模經濟為主要驅動力，取代日本成為全球製造業中心。然而，從全球製造業中心發展的軌

跡來看,若想長期居於世界製造業中心地位,必須輔以強大的工業體系和發達的產業體系,具備明顯的要素優勢和技術創新優勢。作為世界製造業中心的國家,自身的市場需求環境和競爭環境都具有一定的優勢。如果不能抓緊時機進行產業轉型升級,提升技術創新優勢,打造具有核心競爭力的企業,當內外部環境劇變時,我國貿易增長有可能停滯甚至發生逆轉。

總之,產業是貿易的基礎,企業是貿易的關鍵,產品是貿易的核心。現階段,中國只是製造大國而非工業強國、進出口企業競爭力較弱、出口產品差異程度低的現實,決定了中國當前還不能成為一個貿易強國。只有中國的製造業從依靠低價競爭的數量增長,轉變為依靠自主創新的品質增長,貿易強國才能成為現實。

6.2.5 對外貿易面臨的挑戰不斷增加

從1978年我國改革開放至2008年金融危機爆發整整30年間,我國對外貿易經歷了飛速發展。取得這樣的成就離不開兩個關鍵因素:一是同期世界經濟的較快發展及全球化浪潮;二是我國具備以低成本要素為核心的比較優勢。金融危機以來,這兩個因素均發生不同程度的改變,使得中國對外貿易面臨的挑戰也隨之增加。

1. 外部環境趨緊。

世界經濟進入低增長週期。2008年國際金融危機的爆發,意味著20世紀80年代以來由資訊科技革命和全球化浪潮驅動的高增長時代的終結。發達國家因金融體系遭受嚴重破壞,均陷入不同程度的債務危機當中。當前,主要的經濟體需求依然疲軟,世界經濟復甦的道路曲折,全球經濟進入到深度轉型的調整期。一方面,發達國家傳統高消費、高負債模式難以為繼;另一方面,革命性的技術和新興產業仍在孕育當中,下一個經濟增長點的出現仍需時日。因此,預計未來一段時期內,經濟低迷仍是全球經濟的常態。

發達國家的再工業化

　　2012年年初美國總統歐巴馬發表國情咨文，強調為了讓美國經濟「基業長青」，美國需要重振製造業，並表示將調整稅收政策，鼓勵企業家把製造業工作崗位重新帶回美國。在此之前，日本政府針對首次貿易逆差，出臺措施著力扭轉製造業流失局面。連深陷歐債危機中的德國、英國、法國等國家也積極投入調整產業結構，重振製造業。

　　「再工業化」是西方學者基於工業在各產業中的地位不斷降低、工業品在國際市場上的競爭力相對下降、大量工業性投資轉移到海外而國內工業投資不足的狀況提出的「回歸」戰略，即重回實體經濟，使工業投資在國內集中，避免出現產業結構空洞化。金融危機後，為了重振本土工業，發達國家將「再工業化」作為重塑競爭優勢的重要戰略，推出大力發展新興產業、鼓勵科技創新、支持中小企業發展等政策和措施。

　　發達國家再工業化旨在完成以下目標：一是繼續保持在工業價值鏈上的高端位置和全球控制者的地位。這是「再工業化」的本質。二是推進產業結構合理化。過度虛擬化、金融化對於經濟穩定發展十分不利，所以希望通過「再工業化」重新配置融合實體經濟和金融服務業，從而推動經濟復甦。三是用新興技術對傳統的勞動密集型製造業整合發展，通過技術創新提高傳統工業的效率，降低單位勞動成本，使技術含量高的勞動密集型工業回歸，增加就業機會。

　　發達國家此類計畫與行動傳遞了重要資訊，在發達國家「去工業化」——產業轉移的時期，中國抓住了機遇，通過改革開放承接了製造業的轉移，製造業得到大規模發展，帶動了經濟高速增長。令人擔憂的是，這一進程可能會停滯甚至逆轉，未來一些年，美歐等發達國家通過

「再工業化」在新一輪技術進步與工業革命中再度重視製造業，從而可能會使中國喪失全球製造業中心的地位。總之，發達國家的「再工業化」戰略必然會對全球產業尤其是製造業的格局產生重要影響。

　　貿易環境趨於惡化。首先，發達國家採取「以鄰為壑」的貨幣政策。美、歐、日等國為刺激本國經濟，紛紛推出量化寬鬆的貨幣政策，主動貶值本國貨幣，推升發展中國家貨幣匯率，通過外匯傾銷來促進本國的出口。自2008年金融危機以來，人民幣累計對美元、歐元升值達17%和28%，人民幣升值沉重打擊了出口企業。其次，貿易摩擦顯著增加。金融危機後，針對中國的貿易摩擦數量和金額在快速增加，並且涉及的商品領域開始由傳統勞動密集型產品向高新技術產品蔓延。據中國商務部統計，2012年一共有21個國家發起針對中國的77起貿易救濟措施，涉案金額有277億美元，同比分別增長11.6%和369%。特別是歐盟對中國光伏產品發起的「雙反」調查，金額高達204億美元，占2012年涉案金額的73.6%。

專欄6─2

針對中國的貿易保護從產品到機制

　　除國內成本上升、國外內需不振等客觀因素外，伴隨著經濟地位上升，中國與其他經濟體之間的貿易摩擦增多已成制約中國製造業發展的重要因素。不僅傳統的交易夥伴對中國商品實行貿易保護，一些新興經濟體也加入其中。十幾年來中國一直是遭遇貿易摩擦最多的國家，而且貿易摩擦形式不斷翻新，涉及產業不斷擴大，發起的國別也不斷增加。據商務部報告，中國已是全球受貿易保護措施傷害最重的國家。

　　貿易保護，是指在對外貿易中實行限制進口以保護本國商品在國內

市場免受外國商品競爭,並向本國商品提供各種優惠以增強其國際競爭力的主張和政策。在限制進口方面,主要是採取關稅壁壘和非關稅壁壘兩種措施。前者主要是通過徵收高額進口關稅阻止外國商品的大量進口;後者則包括採取進口許可證制、進口配額制等一系列非關稅措施來限制外國商品自由進口。

中國現在是世界出口第一大國,進口第二大國,中國進出口貿易總規模是世界第二,幾年後,中國有可能會超過美國成為世界進出口貿易第一大國。中國加入WTO之後,很多國家在中國快速發展的貿易道路上,用反傾銷、反補貼、保障措施調查、特保措施調查、反壟斷、反規避、美國「337調查」以及技術性貿易壁壘等手段,對中國企業設置各種各樣名目繁多的障礙。

除了常見的「雙反」調查,美國近年頻頻動用的「337調查」手段非常值得我們關注,此調查以保護專利為名打壓中國出口產品。

美國「337條款」禁止的是一切不公平競爭行為或向美國出口產品中的任何不公平貿易行為。這種不公平行為具體是指:產品以不正當競爭的方式或不公平的行為進入美國,或產品的所有權人、進口商、代理人以不公平的方式在美國市場上銷售該產品,並對美國相關產業造成實質損害或損害威脅,或阻礙美國相關產業的建立,或壓制、操縱美國的商業和貿易,或侵犯合法有效的美國商標和專利權,或侵犯了積體電路晶片布圖設計專有權,或侵犯了美國法律保護的其他設計權,並且,美國存在相關產業或相關產業正在建立中。根據美國法律規定,「337條款」調整的是一般不正當貿易和有關智慧財產權的不正當貿易。一般不正當貿易的法律構成要件有兩個方面:(1)美國存在相關產業,或相關產業正在建立中;(2)損害達到了一定程度,即損害或實質損害美國的相關產業,或阻止美國相關產業的建立,或壓制、操縱美國的商業和貿易。智慧財產權方面的不正當貿易的法律構成要件也包括兩個方面:(1)進口產品侵犯了美國的專利權、著作權、商標權等專有權;

（2）美國存在相關產業或相關產業正在建立中。

顯然，「337調查」是對美國本土創新技術、智慧財產權、產業結構進行保護的條款。而這種對本國技術、產業保護的思路也非常值得我國關注和借鑑。面對日益複雜的貿易保護主義形勢，中國企業一方面當苦練內功，對產品生產、銷售各個環節加以規範，熟悉國際上通用的貿易規則；另一方面也應當運用國際貿易法和相關法律保護我國的智慧財產權和正在孕育中的產業。中國政府可以加大與貿易爭端國家的磋商力度，進一步加強對國際法的理解與運用，採取一定反制措施，善用WTO爭端解決機制維護自身合法權益。

各國更加重視發展製造業。金融危機之後，為了解決高失業率以及維護國家競爭力，發達國家推出產業回歸和再工業化政策。與此同時，新興發展中國家也紛紛做出戰略部署，加快調整經濟結構，促進產業升級。今後相當長一段時期，中國製造業將面臨前有發達國家「再工業化」的阻截，後有東盟、印度、拉美等國家和地區加速追趕的雙重壓力。

2. 內在優勢削弱。

首先，傳統以低成本要素為核心的比較優勢逐步削弱。以深圳市為例，其月最低工資標準從2002年的595元上漲至2012年的1 500元，10年上升1.5倍。而根據國際勞工組織的調查，截至2011年底，中國東部沿海地區最低工資普遍高於東南亞國家，例如江蘇省是154美元，上海市是230美元，同期，印尼的東爪哇省是78美元，首都雅加達是142美元，越南44美元，柬埔寨61美元。

其次，總量與結構變化增加招工難度。從總量看，根據相關預測，2015年左右中國勞動力總量將達到峰值，之後緩慢下降。從結構看，目前中國城鎮農民工中，1980年以後出生的比重已占到50%左右，與老一輩相比，新生代農民工對工作要求更高，從事傳統勞動密集型工作的意願在下降。招工難已經成為普遍性問題。

綜上所述，隨著我國經濟的發展，國際貿易摩擦增加，國內成本上升等

一系列問題是不可避免的,這是美國、德國、日本每一個貿易強國都曾遇到過的問題。在傳統比較優勢下降的同時,要繼續保持中國對外貿易的競爭力,就必須在轉變外貿發展方式、促進產業結構升級上下工夫,努力培育以技術、品牌、品質、服務為核心的出口競爭新優勢。

6.3 國際貿易格局變化對人民幣計價結算的利弊分析

6.3.1 國際貿易格局變化為人民幣計價結算積聚巨大的正能量

1. 經濟規模增大提升了貿易企業使用人民幣計價的意願。

經過30多年的強勁增長,中國成為僅次於美國的世界第二大經濟體。經濟規模增大,經濟地位提高,增加了國外出口商使用人民幣計價的安全感。作為地域廣闊、人口眾多的經濟大國,中國地區經濟發展水準、消費能力差異大,從簡單勞動到複雜勞動,從勞動密集型產業到高度資本密集型產業,從原始手工作坊到全自動化企業,中國的生產行業齊全,產品門類豐富,市場縱深度大,意味著無論哪一種進口產品在中國境內都會面臨比較激烈的競爭,中國的進口需求有較高的替代彈性,市場對進口商品的價格波動比較敏感。基於此,為了保住在中國的市場份額,國外出口商有較強的動機接受人民幣計價。

2. 貿易地位上升推動人民幣發揮更大作用。

近年來,對外貿易高速成長,令中國在國際貿易中的地位不斷上升,成為影響世界貿易格局的重要力量。據統計,2012年中國貨物出口額占全球貨物出口的11.2%,居世界第一位;貨物進口額占全球貨物進口的9.8%,居世界第二位,僅次於美國;在服務貿易方面,中國是全球服務貿易第三大國。貿易地位的上升,使得中國企業在國際貿易中獲得一些話語權。當中國出口商受到政府的鼓勵,大範圍使用人民幣計價時,人民幣計價還會產生溢出效應,使越來越多的從中國進口商品和勞務的小國有意願在出口貿易中選擇用人民幣計價。因為隨著貿易規模增大,我國出口商品在經濟小國的市場份額提高,對當地市場

價格有顯著的影響。如果我國出口商使用本幣計價，由此帶來的匯率波動就會直接影響經濟小國出口商的生產投入成本，成本波動不利於其市場競爭力。為了減少生產成本的波動性，經濟小國的出口商有動機在出口貿易中選擇人民幣計價結算。

3. 貿易結構改善助推人民幣貿易結算份額擴大。

我國貿易方式結構持續改善，一般貿易比重提高，加工貿易增長放緩。相對加工貿易而言，具有國內產業鏈長、增加值較高特點的一般貿易比重持續提高，在一定程度上反映出我國貿易方式的優化。不受跨國公司母公司左右的一般貿易份額增加，意味著出口企業有更多的自主權選擇貿易計價貨幣，有可能增加人民幣計價的份額。從國別和地區結構看，中國近年對新興市場的貿易增長明顯快於對歐美日等發達國家，對發達國家出口的依賴程度繼續減輕。在與新興市場國家的貿易中，為了規避協力廠商貨幣波動的人為風險，減少貨幣的交易費用，完全可以創造條件撇開協力廠商貨幣，選擇出口方或進口方貨幣計價，以實現利潤最大化。此外，中國高附加值出口產品占比不斷提高，能夠有效降低出口產品的可替代性，增加產品的異質性，從而降低其國際市場競爭程度。隨著中國出口產品替代彈性的下降，中國出口商被動跟隨主要競爭對手計價貨幣的「聚集效應」就會下降，有利於中國出口商採用人民幣計價。

4. 宏觀經濟穩定為人民幣計價結算提供保障。

宏觀經濟穩定性和匯率穩定性是出口替代彈性較弱、有更多話語權的出口商選擇計價貨幣的一個重要決定因素。如果一國的宏觀經濟不好，尤其是通貨膨脹較高，出口商就會主動放棄本幣計價，轉而使用進口方或者協力廠商貨幣計價。宏觀經濟穩定、貨幣數量增長適度，幣值穩定的主權貨幣，容易成為國際貿易計價貨幣。在這方面，中國具有獨特的制度優勢，中國政府在經濟管理中發揮比較重要的作用，通過引導投資、消費、土地資源配置，對經濟發展、市場運行有較大的影響。這種優勢使得發生重大國際金融、經濟危機時，中國政府能夠提供強有力的干預措施並與市場槓桿雙管齊下，達到避免危機感染、穩定經濟的目的。正是中國的這種制度優勢，使得中國在2008年以來發達國家

宏觀經濟不景氣的惡劣外部環境下，在經濟開放度較高的情況下成功地阻止了危機的傳染，實現了經濟的較快增長。此外，中國對通貨膨脹率進行嚴格的目標管理，通貨膨脹率比較穩定，人民幣一直保有升值預期，這就為人民幣成為有競爭力的貿易計價貨幣提供了有力的支撐。

5. 幣值穩定吸引貿易企業選擇人民幣計價。

避險動機是影響貿易計價貨幣選擇的關鍵因素。通過合理選擇計價貨幣，獲得匯率波動的額外收益，彌補因生產規模擴大而增加的邊際生產成本，成為越來越多的出口商選擇計價貨幣的動因之一。自2008年全球金融危機以來，歐美各國紛紛採取量化寬鬆政策，致使主要國際貨幣波動幅度較大，出口商在選擇貿易計價貨幣時表現出更強烈的避險動機，在替代彈性不高的出口行業，許多中國出口商採用有升值趨勢的人民幣計價。

6.3.2 中國貿易大而不強對人民幣計價結算形成一定的掣肘

1. 低端貿易結構不利於人民幣計價結算。

創新能力強、出口產品差異化程度高的出口企業在貿易談判中擁有較高的議價能力。近年來，受益於產業結構升級，中國貿易結構雖然得到一定程度的改善，但仍然在全球產業鏈上處於中低端的位置。中國的進出口貿易一半為外資企業貿易和加工貿易，外資企業主導的貿易通常會使用外幣計價結算，以便其國外母公司進行經營成果核算、資金規劃及匯率風險管理。加工貿易的供求均受制於國外企業，中國出口企業在貿易談判中幾乎沒有話語權。

在中國的一般貿易出口中，可替代性高的勞動密集型產品的份額高達40%；技術密集型產品雖超過一半，但其中以機械產品和電子產品出口為主。此類產品的差異性較其他技術密集型產品小，可替代性也比較高。如前所述，中國整體的出口替代彈性在－3.5左右，表明中國存在較高的出口替代彈性，出口商品價格平均每上升1個百分點，出口需求數量將下降3.5個百分點。在替代彈性比較高的出口商品計價中，一旦某種貨幣取得先機，被廣泛使用於國際貿易計價，就會逐漸形成一種很強的慣性，出口商一般不會輕易替換計價貨幣。因為

替換計價貨幣很可能造成交易成本上升或者國外需求數量下降，使得出口商在國際競爭中處於劣勢。

在中國的一般貿易進口中，大宗初級產品由國際上幾個資源巨頭壟斷，這也限制了中國進口企業的談判能力。此時人民幣匯率成為具有決定性的影響因素。如果人民幣具有升值預期，占據談判優勢的國外交易夥伴選擇人民幣計價結算；相反，如果人民幣出現貶值預期或者主要國際貨幣出現升值預期，這些國外出口企業又會選擇美元或者其他國際貨幣計價結算。

2. 國際競爭力弱延緩了人民幣國際化進程。

儘管中國經濟的國際競爭力排名在穩步上升，但是在整體競爭力、勞動力市場效率、企業創新能力、商品市場效率以及商業成熟度等方面與主要國際貨幣發行國差距懸殊。國內生產商的創新力和成熟度比較弱，發達國家跨國企業在中國市場上有很強的競爭力，國內廠商無法與之抗衡。在這種情況下，國外廠商幾乎沒有競爭對手，無需為了與中國廠商競爭而採用人民幣計價。

從總體上說，中國企業的製造加工能力已得到世界公認，但技術創新能力與發達國家相比仍有較大差距。大多數企業缺乏核心競爭力，核心技術受制於人，很多企業無法與國際上的品質標準、環保標準、管理水準、運營能力接軌。以數量所顯示的中國產業國際競爭力確實提高明顯，但以品質衡量，中國整體競爭力仍然偏弱。大量出口產品是作為跨國公司的產品生產和銷售的，中國企業只賺取製造環節微薄的利潤，獲益最大的是跨國公司，真正有國際競爭力的是跨國公司。這在很大程度上是發達國家跨國公司競爭優勢的擴散或轉移，這種規模擴張在有限提升一國產業優勢的同時，更加強化與跨國公司的差距，不僅難形成真正的競爭優勢，而且還會形成我國企業對跨國公司的依賴。

中國貿易規模雖然很大，但單個企業規模偏小、行業集中度低，這樣的貿易結構使得中國的貿易談判力量較弱。中國75%以上的出口企業是小型企業，大型企業僅占總量的3%左右。出口企業規模偏小導致中國的國際貿易談判能力受限，在選擇計價結算貨幣時，中小貿易企業無法獲得話語權。

沒有技術創新和品牌塑造，企業沒有競爭的靈魂，就無法獲得真正的話語

權。沒有優質企業，整體競爭力與發達國家差距明顯，僅是以量取勝，也難以讓交易對手真正獲得使用和持有人民幣的安全感，人民幣國際化進程將因此而減緩。

3. 避險優勢不會長期存在。

國際社會對我國宏觀經濟的長期穩定性存在質疑，我國目前金融市場市場化程度較弱，存在外匯管制和利率非市場化定價等問題。國際社會對於放開管制後中國金融市場乃至宏觀經濟能否持續穩定存在質疑。另外，中國正處於人口老齡化、城鎮化等關鍵的轉型時期，不進入改革深水區，不觸及核心利益調整，這些轉型很難順利完成。因此，如何轉型與如何保持宏觀經濟穩定增長，成為中國經濟發展的隱憂。有一點是肯定的，中國將選擇更加注重發展品質而非數量的發展之路，貿易增速放緩、經濟增長放緩是大勢所趨。宏觀經濟的變化將帶來貨幣數量、總需求、物價、貿易順差的相應變化，影響到幣值穩定性，使得人民幣升值預期消失甚至逆轉，匯率的這種變化不利於發揮人民幣的避險動機優勢，打擊出口商選擇人民幣計價結算的動機。

隨著全球經濟企穩回升，主要國際貨幣必然會強勁反彈，將會終結人民幣的升值趨勢。一旦人民幣的避險功能被弱化，出口商出於經濟利益考慮，很可能放棄使用人民幣計價結算，轉而使用升值的主要貨幣計價結算。

4. 交易成本較高牽制人民幣國際化加速。

交易成本越低，被選擇為出口計價貨幣的可能性就越大。而外匯交易成本在很大程度上取決於市場規模，市場交易規模與交易成本正相關。例如，美元等國際主要貨幣，在外匯市場交易中份額較高，交易成本較低，在貿易計價貨幣選擇中具有優勢。實際上，國際貿易引致的外匯交易規模大大低於資本流動產生的金融交易規模，二者往往相差數百倍。中國實行資本帳戶交易管制，人民幣外匯交易大多限於經常專案。這就造成人民幣外匯交易規模相對較小，無法與那些沒有資本管制的主要貨幣相比。缺乏規模效益，人民幣的交易成本較高，自然沒有競爭優勢。此外，人民幣可直接兌換的幣種較少，對許多外幣的交易需要通過美元進行套算，相當於要多支付一筆手續費，客觀上增加了人民

幣外匯交易的成本，使得出口企業不願選擇人民幣計價。

6.4 跨境貿易人民幣計價結算的潛在需求擴大

6.4.1 「東亞10＋3」區域貿易格局奠定了人民幣結算的基石

　　2000年5月，東盟十國（包括菲律賓、柬埔寨、寮國、馬來西亞、泰國、新加坡、印尼、越南、汶萊、緬甸）、日本、中國和韓國財長會議在泰國清邁召開，各方就進一步加強亞洲地區貿易和金融合作問題達成一致，並共同簽署《清邁協議》，自此「東亞10＋3」體制正式確定。如圖6—5所示，隨著經濟全球化和亞太地區區域內經濟貿易合作的逐漸深入，區域內產業分工不斷細化，成員間貿易結構互補性加強，市場容量不斷擴大，中國與「東亞10＋3」體制成員間貿易額逐年增加，「東亞10＋3」體制成員間貿易成為目前世界上擴展最為迅速的地區貿易之一。如圖6—6所示，2008年以來，中國與東盟國家不斷加強溝通交流，化解分歧，擴大貿易互補性，2012年中國與東盟貿易額同比增長10.3%，高於整體增幅4.1個百分點。2012年東盟超過日本成為中國的第三大交易夥伴，占中國外貿比重為10.3%。

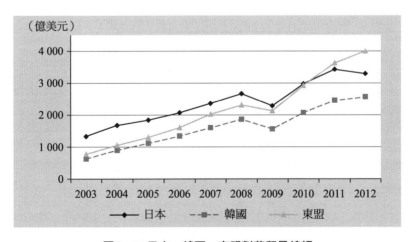

圖6—5　日本、韓國、東盟對華貿易總額

資料來源：中國商務部。

2008年金融危機後，在美國相繼推出量化寬鬆貨幣政策，歐元區債務危機陰霾籠罩，日本經濟萎靡不振、市場利率逼近零點的背景下，「東亞10＋3」成員國對歐美市場順差所帶來的巨額外匯儲備存在貶值風險，歐元、美元匯率波動加劇了區域內進出口企業的匯率風險和交易成本，「東亞10＋3」區域貿易市場主體廣泛存在擺脫協力廠商貨幣的合理訴求。考慮到中國和「東盟十國」以及日、韓之間緊密的貿易依賴關係以及未來巨大的發展潛力，充分發揮人民幣在「東亞10＋3」區域貿易中的計價結算功能存在潛在需求。

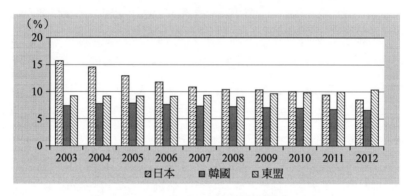

圖6—6　日本、韓國、東盟對華貿易所占比重

資料來源：中國商務部。

6.4.2　拉美、非洲等發展中國家拓展了人民幣結算的空間

　　自上世紀70年代，新興經濟體、發展中國家積極開放國內市場、廣泛參與國際競爭，迅速融入全球經濟一體化之中，世界貿易格局發生巨大變化，發展中國家及新興經濟體在國際貿易增量中的比重不斷上升，尤其是2008年金融危機之後，發展中國家、新興經濟體間的經貿往來成為拉動國際貿易增長的主要引擎。與此同時，中國及其他新興經濟體、發展中國家也充分利用各國資源稟賦差異優勢，培育並發展比較優勢產業，積極搭建貿易促進平臺，妥善處理貿易摩擦，舒緩貿易結構不平衡壓力，經貿往來日益密切。如圖6—7和圖6—8所示，2012年中國對非洲、拉丁美洲貿易進出口總額分別達1 985億美元、2 612

億美元,中國對俄羅斯、澳洲、巴西、印度、南非等新興經濟體國家進出口貿易總額分別達到882億美元、1 223億美元、857億美元、665億美元和600億美元,分別占中國貿易總額的2.3%、3.2%、2.2%、4.2%和1.6%。另外,我們發現新興經濟體、發展中國家均為非主要貨幣發行國,中國與其進出口貿易額不斷增加、相互之間貿易地位的不斷提高為中國與其雙邊貿易中逐漸降低協力廠商貨幣使用範圍、廣泛採用人民幣計價結算、規避雙邊進出口企業匯率風險、降低交易成本提供了巨大的潛在需求。

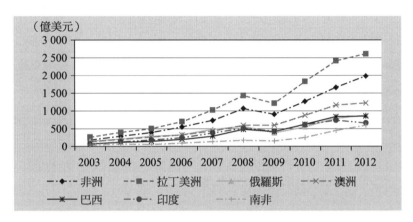

圖6—7 非洲、拉丁美洲及部分新興經濟體對華貿易總額

資料來源：中國商務部。

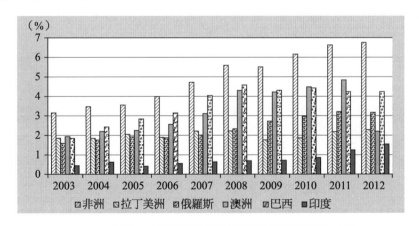

圖6—8 非洲、拉丁美洲及部分新興經濟體對華貿易占比

資料來源：中國商務部。

以中拉經貿關係為例。2008年中國加入美洲開發銀行後，中拉貿易大幅度增加，較10年前增長了16倍。據中國海關總署統計，2012年中拉貿易逆勢增長，總額達2 612.43億美元，同比增長8.18%。目前，中國已成為拉美第二大交易夥伴國和主要投資來源地之一。同時，中國已與智利、祕魯和哥斯大黎加簽署了雙邊自貿協定。2012年6月，時任國務院總理溫家寶在聖地牙哥聯合國拉丁美洲和加勒比經濟委員會發表演講，倡議成立中拉合作論壇，提出中拉雙方要發展平衡、可持續的貿易關係，力爭未來五年雙方貿易額突破4 000億美元。美元是拉美地區最有影響力的傳統貨幣，拉美各國央行的外匯儲備均以美元為主。金融危機爆發後，拉美國家一直在積極實施貿易和投資多元化的戰略，減少國民經濟和外匯儲備面臨的風險。隨著中拉貿易的迅猛發展，拉美國家對於人民幣跨境貿易結算業務興趣十分濃厚。2012年，中國進出口銀行與美洲開發銀行談判建立一項人民幣基金，數額相當於10億美元，支援拉美基礎設施建設。此外，在雙方簽署協議中，中國進出口銀行承諾提供2億美元資助中國與拉美地區的貿易，其中一部分使用人民幣。隨著中拉貿易的不斷推進，未來人民幣在中拉貿易結算中預計將發揮越來越大的作用。

　　自上海合作組織（簡稱上合組織）2001年成立以來，中國與上合組織其他成員國的雙邊及多邊貿易不斷發展和深入。上合組織國家對華進出口貿易總額從2001年的65.38億美元上升至2012年的1 201.86億美元，平均年增幅約35%，遠遠超過世界貿易的平均增長水準。其中，2012年中俄貿易總額達875億美元，中國連續三年成為俄羅斯第一大交易夥伴國。目前中國已與俄羅斯、吉爾吉斯、哈薩克等多個國家的中央銀行簽署了有關邊境貿易本幣結算的協定。2010年底，人民幣和盧布外匯交易開始啟動。2011年，中俄簽署《中國人民銀行與俄羅斯聯邦中央銀行關於結算和支付的協定》，將中俄本幣結算從邊境貿易擴大到一般貿易，並擴大了地域範圍。此外，2011年，中國人民銀行先後與烏茲別克、蒙古國和哈薩克的中央銀行簽署了雙邊本幣互換協定。上合組織未來將推動建立多層次、多管道的金融合作體系，加大對區域經濟合作專案的融資支援，繼續擴大本幣互換和結算合作，促進區域金融合作機制化。可以預

見，人民幣在這一區域的貿易結算以及金融體系中將發揮越來越重要的作用。

金磚國家經濟聯繫不斷加深，四次首腦會晤奠定了廣泛合作發展基礎。2009年6月16日，金磚國家領導人在俄羅斯葉卡捷琳堡進行首次會晤，正式啟動了金磚國家之間的合作機制。2010年4月15日，金磚國家領導人的第二次會晤在巴西首都舉行，發表《聯合聲明》。2011年4月14日，金磚國家領導人齊聚中國海南，舉辦新成員國南非參加的首次會晤，「展望未來，共用繁榮」，通過了《三亞宣言》，為金磚國家進一步拓展和深化合作奠定了良好基礎。2012年3月28—29日，金磚國家領導人第四次會晤在印度首都新德里舉行，就全球治理和可持續發展等議題展開重點討論，會議提出新計畫設想，設立合作開發銀行，金磚國家合作逐漸從宏觀政治合作向具體經貿務實合作方向發展。

6.4.3 對外投資帶動貿易的模式直接提高了人民幣的接受程度

為了充分利用國內外兩個市場、兩種資源，中國企業「走出去」的步伐不斷加大。通過境外投資與進出口貿易的聯動效應，「十一五」期間我國非金融類境外企業實現進出口總額6 909億美元。2003—2011年間對外承包工程帶動出口約1 688億美元，其中絕大部分為國產大型成套機電產品。通過承攬境外承包工程項目，還實現了中國工程技術標準「走出去」。

1. 對外投資規模迅速擴大。

中國對外直接投資規模由2002年的27億美元增至2012年的772.2億美元，10年增長了27.6倍。2008年國際金融危機以來全球投資大幅下滑，但中國對外直接投資仍逆勢上揚並穩步增長，2011年流量和存量分別居全球第6位和第13位，與2002年相比名次分別提高了20位和12位。截至2011年底，對外直接投資存量4 247.8億美元，共設立境外企業1.8萬家，資產總額累計近2萬億美元。

2. 對外投資方式多種多樣。

2003—2011年，我國企業跨國併購類對外直接投資合計1 308.6億美元，占同期對外直接投資總額的51.6%。獲取境外行銷網路、技術品牌和能源資源成為主要目的，吉利收購瑞典富豪轎車公司、聯想收購IBM個人電腦業務等一批

重大併購案件順利實施，企業參與境外大型運行及投資項目方面也有所突破。境外經貿合作區建設取得階段性進展，截至2011年共在13個國家建設16個合作區，其中尚比亞中國經貿合作區、泰國泰中羅勇工業園、俄羅斯烏蘇里斯克經貿合作區等9個已通過政府驗收確認，累計實際投資超過30億美元，吸引入區企業近300家。

3. 對外投資市場多元化。

對外直接投資地區和行業分佈廣泛。截至2011年，我國境內投資者對外直接投資遍佈全球178個國家和地區，香港、維京群島、開曼群島、澳洲、新加坡等國家和地區成為中國對外投資主要目的地，對外投資主要涉及商務服務業、批發和零售業、採礦業、交通運輸、製造業等領域。對外承包工程市場在鞏固亞非傳統市場的同時，拉美、中亞等非傳統市場不斷開拓，進軍發達國家市場也取得積極進展。

4. 對外投資品質不斷提升。

企業全球化經營程度不斷提高。2011年有69家中國內地企業入選《財富》世界500強，華為、聯想、海爾等企業初具跨國公司規模。對外承包工程項目大型化。合同額5 000萬美元以上的項目數由2002年的53個增至2011年的498個，其中上億美元大項目已增至266個。大型企業實力不斷增強。2011年有50家中國企業入選美國ENR國際承包工程商225強。

總之，通過大規模直接投資，中國已成為全球第六大投資國，在歐洲、美洲、非洲、亞洲併購了眾多的當地企業，將國內的生產、銷售向國際市場轉移。隨著中國境外子公司的增加，中國企業對國際市場的主導權逐步上升，一方面有利於帶動貿易，另方面也提高了中國企業的定價權。特別是當中國的跨國公司用人民幣直接投資時，選擇人民幣進行貿易結算就是理所當然的事情。

6.5 基於全球貿易份額的人民幣結算份額測算

成為貿易計價結算貨幣是貨幣國際化的基礎，也是人民幣國際化的第一步。隨著世界貿易格局的變化，中國對外貿易的國別與產品結構等也呈現出新的特點，人民幣國際化面臨新的機遇與挑戰。基於貿易格局的重大變化，本部分對人民幣跨境貿易結算全球份額進行理論推測，以擴大人民幣跨境貿易結算為現實路徑，尋找人民幣國際化的理想突破口。

6.5.1 基本假設

基於對國際貿易格局變化和中國貿易結構的分析，對人民幣跨境貿易結算份額的理論測算可以進行以下合理假設：

1.人民幣貿易結算主要發生在中國與他國的雙邊貿易中。

目前，人民幣仍無法實現資本帳戶自由兌換，匯率市場化程度有待提高，人民幣還不具備國際主要貨幣的地位。人民幣計價結算很難為雙邊貿易外的國際貿易帶來便利，在當下很難被協力廠商用作計價結算貨幣，因此，人民幣貿易結算主要發生在中國與他國的雙邊貿易中的假設具有現實合理性。

2.六大經濟體是接納人民幣貿易結算的主體。

國際貨幣體系存在很大的慣性，在發達國家，特別是美元、歐元、英鎊發行國及其傳統勢力範圍內，人民幣計價結算很難取得實質性進展。2008年以來，新興市場國家以及中國周邊國家對中國貿易的依賴度顯著提高。這些國家可以歸納為六大經濟體，東盟十國（包括菲律賓、柬埔寨、寮國、馬來西亞、泰國、新加坡、印尼、越南、汶萊、緬甸）、上合組織國家[1]（包括哈薩克、吉爾吉斯、塔吉克斯坦、俄羅斯）、金磚國家（包括巴西、印度）、日本與

---

1 上合組織國家由五國構成，分別為俄羅斯、哈薩克、塔吉克斯坦、吉爾吉斯以及烏茲別克，但是烏茲別克的貿易經濟資料不可得。

韓國、拉美五國[1]（包括哥倫比亞、墨西哥、智利、阿根廷、委內瑞拉）、非盟十一國[2]（包括阿爾及利亞、安哥拉、埃及、衣索比亞、迦納、肯亞、利比亞、奈及利亞、南非、蘇丹、突尼斯）。

從表6—8可以看出，近12年以來，六大經濟體的貿易物件構成呈現出歐美日等發達國家占比逐漸下降、對華貿易占比逐年提高的顯著趨勢。如圖6—9所示，六大經濟體對華貿易占比穩步提升，其年均增長速度分別為9.5%、9.2%、14.1%、5.3%、18.1%和15.3%。截至2012年底，東盟十國、上合組織國家、金磚國家、日韓、拉美五國以及非盟十一國六大經濟體對華貿易在其貿易總額中所占比重分別達到13.3%、12.0%、11.5%、19.9%、11.0%和13.3%。隨著六大經濟體對華依賴度的提高，人民幣在其對華貿易結算中運用範圍也將進一步擴大。

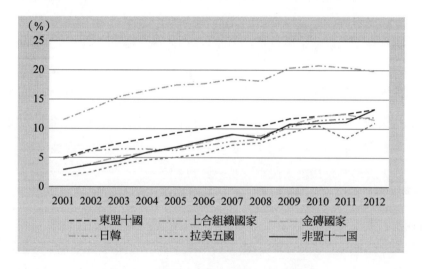

圖6—9　六大經濟體對華貿易占比趨勢圖

資料來源：IMF-Direction of Trade Statistics（DOTS）.

1　拉美共34個國家和地區，其中巴西、墨西哥、委內瑞拉、阿根廷、哥倫比亞、智利六國在拉美國家GDP中占比接近90%，而巴西納入金磚國家統計，因此以哥倫比亞、墨西哥、智利、阿根廷、委內瑞拉五國作為拉美國家的代表。
2　非洲聯盟由54國構成，其中南非、奈及利亞、埃及、阿爾及利亞、利比亞、安哥拉、蘇丹、突尼斯、肯亞、迦納為近10年GDP總和最大的十國，考慮到衣索比亞在非盟中的重要地位以及近年來經濟的快速增長態勢，故以這些國家代表非盟。

3. 人民幣結算需求呈現逐年增長的趨勢。

儘管受到國際金融危機的衝擊，國際經濟形勢嚴峻，充滿了不確定性，中國和六大經濟體的貿易與GDP增速都有所放緩，但是其經濟前景與經濟活力毋庸置疑。如圖6—10所示，中國進出口貿易呈現穩定增長趨勢，雖然在2009年銳減，但在其後的2010年迅速回升，貿易復甦能力驚人。截至2012年底，中國進出口貿易規模達38 667.2億美元，2001—2012年貿易規模年均增長率達21.13%。伴隨中國經濟的穩健增長和貿易結構的不斷優化，中國貿易水準在量與質方面都將獲得進一步提高。

表6—8 六大經濟體的國別貿易額結構（％）

	2001	2005	2008	2009	2010	2011	2012
東盟十國							
歐盟	13.8	11.6	10.9	11.1	10.3	10.1	9.7
美國	16.2	12.5	9.8	9.7	9.2	8.3	8.0
日本	14.9	12.1	11.1	10.3	10.8	10.6	10.5
中國	5.0	9.2	10.5	11.7	12.2	12.6	13.3
上合組織國家							
歐盟	51.2	51.7	49.7	44.0	46.1	41.9	39.3
美國	7.1	3.6	3.6	3.5	3.5	3.3	2.8
日本	2.5	2.7	3.7	2.9	3.5	2.5	2.4
中國	4.8	6.3	8.2	10.4	11.4	11.7	12.0
金磚國家							
歐盟	25.6	21.3	18.4	19.3	17.6	17.3	16.1
美國	19.1	14.2	10.7	10.3	9.5	9.8	9.7
日本	4.1	3.1	2.7	2.8	2.9	2.9	2.8
中國	2.9	6.6	8.8	10.6	12.2	12.5	11.5

續前表

	2001	2005	2008	2009	2010	2011	2012
日韓							
歐盟	14.3	13.1	11.6	11.5	10.4	10.1	9.6
美國	23.0	16.5	12.6	12.2	11.9	11.0	11.7
日本	4.1	4.4	3.7	3.9	3.9	3.9	3.7
中國	11.5	17.4	18.2	20.4	20.8	20.5	19.9
拉美五國							
歐盟	10.1	10.7	11.7	11.3	10.4	10.2	10.4
美國	62.6	53.9	47.5	46.8	46.8	45.9	46.4
日本	3.0	3.5	3.1	2.9	3.2	2.5	2.8
中國	2.0	5.1	7.6	9.3	10.6	8.3	11.0
非盟十一國							
歐盟	45.2	40.1	37.6	36.9	35.0	32.8	33.4
美國	13.2	15.6	14.3	11.7	12.5	12.2	9.0
日本	2.9	3.5	3.2	2.4	2.6	2.5	2.6
中國	3.0	6.8	8.4	10.8	11.0	11.1	13.3

注：俄羅斯納入上合組織統計，在金磚國家中略去；南非納入非盟十一國統計，在金磚國家中略去；巴西納入金磚國家統計，在拉美國家中略去；日韓貿易對象占比統計中日本份額即為韓國對日貿易份額。

資料來源：IMF-Direction of Trade Statistics（DOTS）.

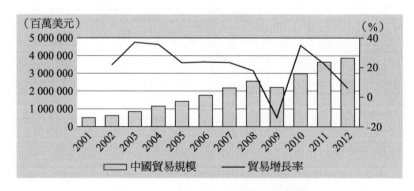

圖6—10 中國進出口貿易增長趨勢圖

資料來源：中國商務部。

後金融危機時代，國際貿易格局呈現新興市場國家崛起、貿易中心轉移等特徵。近年來，六大經濟體貿易規模穩步提升。如圖6—11所示，東盟十國、上合組織國家、金磚國家、日韓、拉美五國與非盟十一國的年均貿易增長率分別為12.76%、21.75%、18.92%、10.14%、10.72%和16.43%，貿易增長潛力無限。預計六大經濟體，特別是東盟、拉美國家、金磚國家與上合組織國家，貿易規模將不斷擴大，在新的國際分工中找到貿易增長點。而非盟國家也將隨著大規模的開發合作，實現經濟貿易的不斷增長。

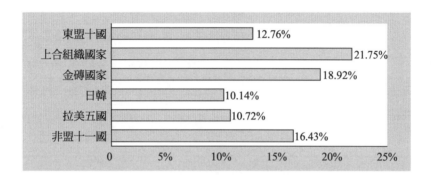

圖6—11 2002—2012年六大經濟體貿易規模年均增長率

資料來源：IMF-Direction of Trade Statistics （DOTS）.

隨著中國金融體制改革的不斷深入、人民幣貿易結算軟硬條件的進一步改善，基於中國與六大經濟體日益密切的經貿合作以及貿易規模的不斷提高，人民幣結算需求將會呈現逐年增長的趨勢。此外，人民幣貿易結算規模的不斷擴大將會對人民幣的金融交易需求與外匯儲備需求形成拉動，而人民幣的金融交易需求與外匯儲備需求也會反過來進一步帶動其貿易結算需求的提升。

6.5.2 人民幣跨境貿易結算份額測算

基於以上假設，採用情景分析對人民幣跨境貿易結算份額進行簡單測算。情景分析是一種多因素分析方法，結合設定的各種可能情景的發生概率，研究多因素同時作用時可能產生的影響。情景分析法在推測的基礎上，對可能的未

來情景加以描述，同時將一些有關聯的單獨預測集形成一個總體的綜合預測。

　　考慮到美國、歐盟、加拿大等發達經濟體普遍為世界主要貨幣的勢力範圍，中國與這些發達經濟體貿易中人民幣計價結算份額擴展空間有限，本節測算主要基於中國與六大經濟體的雙邊貿易，暫不考慮中國與其他發達經濟體的貿易結算。考慮到其他發展中國家的份額較小，也不考慮其人民幣結算情況。

　　根據人民幣在雙邊貿易結算中的使用情況，共分為最樂觀、樂觀、一般、保守與最保守五種情景。如表6—9所示，2003年美國出口、進口貿易中本幣結算比例分別為95%和85%。人民幣國際化進程處於初步發展階段，與美元沒有可比性。本項測算參照十年前歐元、英鎊與日圓進出口貿易結算份額，分別將其設定為六大經濟體對華出口、進口貿易中人民幣結算比重的最樂觀、一般與保守情景（見表6—10）。由於英鎊與歐元存在較大的使用份額差距，取二者進出口本幣結算份額的均值作為最樂觀與一般情景之間的樂觀情景，即出口本幣結算比例為53.85%，進口本幣結算比例為41.85%。考慮到2011年在中國進出口中人民幣計價結算份額不足10%，因此將日本進出口貿易本幣結算比例減半設定為最保守情景。根據以上情景設定，基於六大經濟體對華貿易，對不同情境下人民幣在中國貿易與全球貿易中的結算比重進行測算。測算公式如下：

表6—9　部分國家（地區）國際貿易計價（結算）貨幣構成（%）

	年份	出口貿易結算貨幣構成				進口貿易結算貨幣構成			
		美元	歐元	日圓	本幣	美元	歐元	日圓	本幣
美國	2003	95	—	—	95	85	—	—	85
英國	2002	26	21		51	37	27	—	33
日本	2003	48	9.6	38.4	38.4	68.7	4.5	24.6	24.6
歐元區	2004	31.5	56.7	—	56.7	40.2	50.7	—	50.7

　　注：1.德國為貨物貿易結算貨幣構成，其他國家（地區）為貨物和服務貿易結算貨幣構成。2.歐元區「均值」為法國、義大利、德國、西班牙、比利時、希臘、荷蘭、盧森堡、葡萄牙9個歐元區國家結算貨幣構成的平均數，其中法國為2003年資料，荷蘭為2002年資料，其他7個國家為2004年資料。

　　資料來源：Linda S. Goldberg （2005）；*Vehicle Currency Use in International Trade*；ECB （2006）：Working Paper Series No.665.

人民幣結算占比=$\dfrac{x_{ij}}{y_{ij}}$

其中，x_{1j}=六大經濟體對華出口中人民幣結算額，y_{1j}=六大經濟體對華出口總額；x_{2j}=六大經濟體對華進口中人民幣結算額，y_{2j}=六大經濟體對華進口總額；x_{3j}=中國出口總額中人民幣結算額，y_{3j}=中國出口貿易總額；x_{4j}=中國進口總額中人民幣結算額，y_{4j}=中國進口貿易總額；x_{5j}=中國對外貿易總額中人民幣結算額，y_{5j}=中國對外貿易總額；x_{6j}=全球貿易總額中人民幣結算額，y_{6j}=全球貿易總額；j=1～5分別表示最樂觀、樂觀、一般、保守、最保守五種情景。

測算結果如表6—10所示。

表6—10 2012年人民幣跨境貿易結算份額測算表（%）

	最樂觀情景	樂觀情景	一般情景	保守情景	最保守情景
六大經濟體對華出口中人民幣結算占比	50.70	41.85	33.00	24.60	16.50
六大經濟體對華進口中人民幣結算占比	56.70	53.85	51.00	38.40	25.50
中國出口總額中人民幣結算占比	21.61	20.52	19.44	14.63	9.72
中國進口總額中人民幣結算占比	17.51	14.45	11.40	8.50	5.70
中國對外貿易總額中人民幣結算占比	19.68	17.67	15.66	11.75	7.83
全球貿易總額中人民幣結算占比	2.11	1.89	1.68	1.26	0.84

通過資料整理計算，得到2012年人民幣國際貿易結算份額不同情境下的預測值。

6.5.3　人民幣貿易結算實際份額低於理想水準

2009年人民幣跨境貿易計價結算業務啟動以來，結算規模快速增長，結算結構不斷改善，人民幣跨境貿易使用獲得長足發展。截至2012年底，中國出口貿易額中人民幣結算比例為10.09%，進口貿易額中人民幣結算比例為13.73%，貿易總額中人民幣結算比例為11.8%[1]，基本超過十年前日圓的貿易結算水準。人民幣跨境貿易結算規模全球占比已達1.53%，超過了保守情景下的理論測算值1.26%，這意味著依託於中國貿易大國地位，跨境貿易人民幣結算狀況超過了十年前日圓的水準。

實際上，該份額計算僅僅基於六大經濟體對華貿易，完全未考慮發達經濟體對華貿易。近年來，一些發達國家對華貿易依賴度不斷提高，如2010年以來中國已成為澳洲最大貿易出口市場，在雙邊貿易中中國企業的定價權有所提高，部分貿易是用人民幣結算的。因此，1.26%的測算值是低於實際發生值的。人民幣跨境貿易實際結算份額仍然低於1.68%的一般水準，一方面意味著跨境貿易人民幣結算具有很大的提高空間，另一方面也表明存在一些阻礙跨境貿易人民幣結算的因素。這些因素對於出口企業貿易計價貨幣的選擇行為產生了重大影響，使得企業寧可放棄利潤最大化也不願意使用人民幣。本報告的第7章將對跨境貿易人民幣結算份額偏低的原因進行深入的剖析。

6.6　提升跨境貿易人民幣計價結算份額的必要性

6.6.1　貿易計價結算功能是人民幣國際化的堅實基礎

推進人民幣在跨境貿易計價結算中的使用是人民幣國際化戰略的第一步，也是基礎性的一步。推動跨境貿易人民幣計價結算是金融危機後國際貨幣體系

1　人民幣跨境貿易進出口具體規模根據中國人民銀行《中國貨幣政策執行報告》2012年第4季度中「全年跨境貿易人民幣結算實收1.30萬億元，實付1.57萬億元」推算。中國貿易中人民幣結算占比資料採用IMF資料計算，與中國政府統計資料有一定的口徑差異。

改革的大勢所趨，它既是人民幣抓住機遇邁向國際舞臺的開端，也是中國適應全球經濟金融發展，承擔負責任的大國的現實選擇。

2008年世界金融危機爆發，進一步凸顯了美元為主導的國際貨幣體系的嚴重缺陷，國際貨幣體系改革得到全球各國家與地區的廣泛認同。與世界經濟發展和國際貿易格局變化相適應，國際貨幣應當體現新興市場國家的力量，實現多元化，並通過優化治理結構來確保國際貨幣體系安全、穩健發展。發揮人民幣在國際貿易中的計價結算功能，使其為全球各國提供充足的支付、儲備手段，對國際貿易的穩健、對等發展具有重要意義。

提升跨境貿易人民幣結算份額是促進中國貿易，更好利用國內外兩個市場發展經濟的一項重要舉措，符合當前我國的核心利益。2010年，我國不但超越日本成為世界第二大經濟體，還成為世界第一製造大國和第一出口大國。實體經濟為主、高度依賴國際貿易的增長模式，加大了國際貿易人民幣結算的市場需求，為人民幣國際化打下了堅實的物質基礎。世界主要貨幣國際化的歷史經驗表明，在貨幣國際化的初期，貿易計價結算是主要的驅動力量。擴大國際貿易人民幣結算份額，對於改善我國貿易收支、減輕外匯儲備壓力、平抑國內物價都具有一定的積極作用。

此外，跨境貿易人民幣計價結算無疑會帶來貿易融資的人民幣計價交易，增加國際金融交易與國際儲備對人民幣的需求，從而推進中國資本項目開放與金融改革，提升中資金融機構的國際競爭力，提升我國國際資源的配置能力。

6.6.2 提高人民幣結算份額具有現實性和可操作性

跨境貿易人民幣計價結算，為中外企業開闢了一條貿易的雙贏之路。

首先，擴大對華貿易中人民幣結算規模，可以大大降低雙方企業的匯率風險，減少匯兌成本。在當前的國際貨幣體系下，對華貿易普遍採用美元、歐元等主要貨幣計價結算，不但直接增加了貿易雙方的匯兌成本，而且也大大考驗企業的匯率風險管控能力。特別是2008年國際金融危機以來，美元、歐元等主要貨幣匯率劇烈波動，貿易企業匯率風險大幅提高。許祥雲、吳燁（2011）利

用日本的貿易資料，通過實證分析表明，中國企業要降低匯率風險，通過各種方法提高貿易中的人民幣國際化程度是一個必要的方法，對於中國這樣依賴貿易來拉動經濟增長的國家來說，貨幣國際化的好處更多地在於降低出口企業的匯率風險和減少危機擴散上。

其次，推進跨境貿易人民幣計價結算，適應金融危機後國際經濟大環境，為貿易雙方節省交易成本，挖掘利潤空間，提升企業國際競爭力。金融危機後，世界經濟低迷，出口不旺，企業國際競爭日益激烈。我國的出口以勞動密集型產業為主，企業定價與議價能力有限，其利潤被大幅擠占。人民幣跨境貿易結算，將為進出口企業降低經營成本，提升企業的利潤空間，成為中國貿易抵禦世界危機衝擊的一道有利屏障。

最後，跨境貿易人民幣結算將簡化手續，降低融資負擔。企業在跨境貿易中使用人民幣結算，可享受出口退稅政策。同時，在報關、出口退免稅時無需提供外匯核銷單，減少各種匯兌與手續費成本。此外，外貿企業使用人民幣結算，不會適用外債額度管理，境內銀行的短期外債指標規定同樣不影響開立超九十天的遠期信用證申請，減少貿易融資的額外財務負擔。

此外，從短期來看，國際主要貨幣匯率的劇烈波動、人民幣匯率的穩定上升趨勢為跨境貿易人民幣計價結算發展創造了一定的有利條件，人民幣跨境貿易計價結算成為當前人民幣國際化戰略中最具有可操作性的一條路徑。

第七章

跨境貿易人民幣結算份額
偏低的主要原因

　　導致跨境貿易人民幣計價結算份額較低的主要原因，既有現行國際貨幣的慣性造成的巨大阻力，也有企業在貨幣選擇、交易成本核算方面的權衡，還有金融機構在跨境人民幣業務開拓方面遭遇的海外分支機構較少、相關金融產品創新滯後、人才準備不足等多種困難。此外，人民幣跨境支付清算體系不完善，也部分抑制了那些特別考慮資金安全、效率和交易成本的經濟體使用人民幣的動機。從宏觀金融政策的角度考慮，利率和匯率改革的進度是制約跨境貿易人民幣結算業務發展的重要原因。人民幣資本項目可兌換程度低，影響我國金融機構的國際競爭力。人民幣金融市場不夠開放，發展水準低，不支援人民幣作為交易和儲備貨幣，從而影響其作為結算貨幣。從經濟結構和發展戰略上講，當前中國貿易部門的結構和經濟增長方式不夠完善是制約企業在交易幣種中選擇人民幣的深層次原因。

7.1 阻礙企業跨境貿易人民幣結算的因素

7.1.1 出口產品可替代性強

為了控制匯率風險，出口商傾向於使用本國貨幣計價結算，以便將本幣匯率波動引起的收入減少風險轉嫁給國外進口商。進口成本變化是進口商調整進口需求的主要依據，而且進口需求變化是出口企業產量的決定因素。由於生產的邊際成本隨著產量遞增，產量縮減引起的成本節約效應弱於產量擴張引起的成本增加效應，因此，產量波動會引起企業的平均邊際成本上升。在本幣計價情況下，如果行業記憶體在激烈競爭，匯率波動就會引起劇烈的產出波動，並提高邊際生產成本增加的概率，促使出口企業有強烈的動機放棄本幣，轉而採用進口國貨幣計價結算。

行業競爭程度由該行業的替代彈性來度量。替代彈性越高，表明行業競爭程度越高，價格變動引起的商品需求量變化也就越大。由於一國出口商品分佈在不同的行業，因此一國的出口彈性等於各出口行業替代彈性的加權平均，其中各行業的權重取決於該行業的出口份額。如果出口行業的商品可替代性較高，或者商品替代性強的行業的出口份額較大，一國的出口彈性就越大。毫無疑問，出口彈性越大的國家，出口企業面臨的競爭越激烈，出口企業採用本國貨幣計價的可能性就越小。2012年底，中國的出口彈性為－3.373，意味著出口價格每上漲一個百分點，出口額就會下降3.373個百分點。由於中國出口產品的可替代性較高，為了維護出口份額和自身利益，出口企業願意採用人民幣計價結算的動機比較弱。

然而，國際比較（見表7—1）表明，美國、英國、德國、法國、日本等發達國家出口產品的平均可替代性均高於中國，這些國家的出口企業仍然樂意使用本幣計價結算。可見，貨幣在國際貿易計價中的優勢並非來自於其產品的不可替代性，出口產品可替代性高並非導致人民幣結算份額偏低的根本原因，這就意味著，通過單純降低出口產品可替代性來提高人民幣出口貿易結算份額，不一定能夠達到預期的目的。

表7-1　各國出口彈性

澳洲	−3.013	日本	−3.602
奧地利	−3.906	韓國	−3.401
加拿大	−4.984	馬來西亞	−2.318
智利	−2.172	挪威	−4.378
賽普勒斯	−3.107	葡萄牙	−4.872
芬蘭	−3.393	斯洛伐克	−2.738
法國	−3.821	西班牙	−4.387
德國	−3.803	瑞典	−3.998
匈牙利	−3.175	土耳其	−2.577
印度	−2.771	英國	−3.561
義大利	−3.753	美國	−3.747
中國			−3.373

資料來源：Imbs and Mejean, "Trade Elasticities" ,Paris School of Economics,unpublished mimeo,2010.

7.1.2 缺乏國際貿易定價權

如果貿易定價權掌握在出口企業手中，出口企業自然會選擇最合適的計價貨幣來降低邊際生產成本，以確保其利潤最大化。在買方主導的市場中，國際貿易的定價權很少掌握在出口商手中。為了規避匯率風險，進口商通常傾向於使用進口國貨幣計價結算。當出口商品的可替代性較高時，使用進口國貨幣計價結算也是出口商的最優選擇。在這種情況下，貿易計價結算貨幣毫無爭議的是進口國貨幣。當出口商品的可替代性較低時，出口企業在貿易談判中有較大的主動權，傾向於使用出口國本幣計價結算，此時進出口雙方出現利益衝突，貿易計價貨幣的選擇將由雙方的談判力量決定。

中國雖然是世界貿易大國，但貿易企業數目眾多、單個企業規模偏小、行業集中度低，這樣的貿易結構使得中國的貿易談判力量贏弱。中國75%以上的出口企業是小型企業，大型企業僅占總量的3%左右。出口企業規模偏小導

致中國的國際貿易談判能力受限。不僅如此，中國進出口貿易一半為外資企業貿易和加工貿易，2012年出口中一般貿易占比為48.22%，進口中一般貿易占比為56.21%。外資企業主導的貿易通常使用外幣計價結算，以便其國外母公司進行經營成果核算、資金規劃及匯率風險管理。加工貿易的供求均受制於國外企業，一旦國外企業選擇使用外幣計價，中國出口企業在貿易談判中幾乎沒有話語權。一方面，在中國的一般貿易出口中，可替代性高的勞動密集型產品的份額高達40%；技術密集型產品雖然超過一半，但其中以機械產品和電子產品出口為主。[1] 這類產品的差異性較其他技術密集型產品偏小，可替代性也比較高。由於整體上中國一般貿易出口商品的可替代性較高，為了維持已有的市場份額，出口企業在計價貨幣選擇的談判中幾乎總是順從外方的意志。另一方面，在中國的一般貿易進口中，大宗初級產品由國際上少數幾個資源巨頭壟斷經營，這極大地限制了中國進口企業的談判能力。在人民幣具有升值預期時，占據談判優勢的國外交易夥伴選擇人民幣計價結算；而在人民幣出現貶值預期或者美元出現升值預期時，這些國外出口企業又會選擇美元或者其他國際貨幣計價結算。由於最近兩年市場上人民幣升值預期比較強，導致中國進口貿易人民幣計價結算比例較高，而出口貿易人民幣計價結算比例較低，進出口貿易中人民幣結算比例不夠均衡。出口貿易人民幣結算份額遠低於預期水準，這是導致人民幣實際結算份額低於第6章預測水準的主要原因。

7.1.3 經濟增長過度依賴投資和出口

中國居民有高儲蓄習慣，消費需求不足，致使中國經濟增長過度依賴投資和出口。投資對中國經濟增長具有舉足輕重的作用，在經濟景氣時期企業容易出現過度投資的傾向。過度投資導致產能滿負荷運轉，一方面造成過度競爭，另一方面必須依靠出口來消化超過內需的產品，這兩個因素疊加在一起，嚴重制約了中國企業在貿易談判中的定價權。一些行業（如鋼鐵、有色金屬）產能

1　參見劉旗：《基於我國進出口產品結構的人民幣跨境結算失衡分析》，載《當代經濟管理》，2011（11）。

的擴張需要大宗商品進口的支援。過度投資和產能的高負荷運轉抬高了中國對大宗商品的需求，削弱了這些行業的企業在國際大宗商品市場上的談判能力。此外，與發達國家相比，中國的資訊技術和網路普遍落後，企業家對市場變化的靈敏度和決策能力較弱，在需求下降、經濟變冷的時候，很多生產企業並沒有及時減產和停產。以稀土行業為例，2009年國際稀土需求下降的時候，國內稀土企業並沒有削減產能，而是尋求國家收儲以拉動需求。這種缺乏彈性的投資行為從供求兩個方面降低了中國企業在國際市場上應有的談判力量。談判力的下降直接降低了中國企業在國際貿易中自主選擇計價貨幣的可能性。不僅如此，產能長期滿負荷運行導致企業邊際成本隨產量擴張而大幅度上升；國際定價權的旁落又加大了原材料成本的上升幅度，進一步推高了邊際成本。二者惡性循環，迫使中國出口企業選擇進口國貨幣計價，以降低匯率波動導致的產能調整成本。

7.1.4　人民幣外匯交易成本偏高

外匯交易成本是國際貿易、國際投資貨幣選擇的重要決定因素。外匯交易成本較低的貨幣，在國際貿易和國際資本流動中被採用的概率較大。實際上，一旦某種貨幣被廣泛使用，就會形成一種慣性，將會被更多地採用。因為使用該種貨幣的人越多，使用的範圍越廣，該貨幣的市場流動性會變得越來越高。在獲得規模效應後，該貨幣的交易成本還會進一步降低，形成交易費用低和流動性高的良性循環。例如，現行的主要國際貨幣美元就具有交易費用低、流動性高的特徵，絕大多數國際交易主體都樂意採用美元結算。

由於跨境貿易人民幣結算規模較小、人民幣可兌換程度低且金融市場不夠發達，人民幣外匯交易成本比其他主要貨幣高。偏高的交易成本成為阻礙跨境貿易人民幣結算的一個重要原因，在一定程度上制約了人民幣的國際化進程。表7—2提供了一些主要貨幣對美元的平均交易成本和對人民幣的平均交易成本

的比值。[1] 如果該比值小於1，美元的交易成本就低於人民幣；如果該比值大於1，美元的交易成本就高於人民幣。對比分析顯示，在過去的五年中，外匯市場上人民幣的交易成本遠高於美元的交易成本。人民幣偏高的交易成本，直接降低了其作為跨境貿易結算貨幣的吸引力。儘管人民幣結算節省了單筆交易的換匯成本，但如果貿易企業的其他業務中仍有外幣結算，那麼從單筆人民幣結算交易中節省的成本可能不足以抵消其他業務中增加的匯兌成本。例如，某貿易企業第一筆出口交易用人民幣結算，獲得人民幣收入；第二筆進口交易用歐元結算，企業需要支付人民幣換歐元的交易成本。如果第一筆交易不以人民幣結算而是以美元結算，那麼在第二筆歐元交易中，需要支付的是美元換歐元的交易成本。由於美元的交易成本低於人民幣，企業選擇在第一筆交易中用美元結算顯然可以在第二筆進口交易中節省交易費用。因此，除非企業的大多數對外貿易都用人民幣結算，否則人民幣偏高的交易費用可能抵消甚至超出部分交易人民幣結算的好處，使得精打細算的國內貿易企業拒絕使用人民幣計價結算。交易夥伴國別多元化是中國貿易的一大發展趨勢，這有利於提高貿易企業的談判能力。然而，除非提高的談判能力足以促使更多的交易夥伴國採用人民幣結算，否則交易夥伴多元化帶來的結算貨幣多元化會進一步減弱貿易企業使用人民幣結算的動機。

表7—2　各國（地區）貨幣對美元和人民幣的交易成本比率（2008—2012年平均）

澳洲	0.065	挪威	0.094
加拿大	0.064	菲律賓	0.080
丹麥	0.037	新加坡	0.062
香港	0.022	瑞典	0.078
日本	0.045	瑞士	0.070
歐元區	0.016	英國	0.035
紐西蘭	0.084		

資料來源：根據Datastream資料計算。

1　沿用Goldberg and Tille（2008）的方法，外匯交易成本的代理變數為外匯買賣差價除以中間價。

造成人民幣外匯交易成本偏高的一個重要原因是人民幣直接交易的貨幣品種較少，截至2012年僅有美元、日圓、盧布等9種直接交易的貨幣。如果企業貿易結算使用的貨幣不是這9種貨幣，在進行人民幣外匯交易時則需要首先將人民幣兌換成美元，然後再將美元兌換成相應的外幣，即用人民幣購買這些外幣需要支付兩次交易成本。因此，在外匯市場上推廣人民幣和非美元貨幣的直接匯兌，可以降低交易成本。例如，2012年6月1日，人民幣對日圓開始進行直接交易，大大降低了人民幣對日圓的交易成本（圖7—1）。

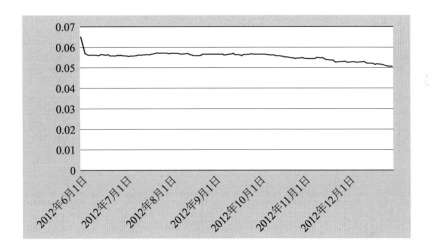

圖7—1　100日圓的人民幣交易成本

資料來源：Datastream.

避險動機會導致出口商減少使用美元嗎？

　　影響國際貿易計價結算貨幣選擇的一個重要因素是出口商的避險動機。[1]避險動機是指出口商利用出口計價貨幣的匯率與其生產成本的同向運動關係來減少出口收益波動的動機。例如，當中國出口企業邊際生產成本上升時，如果人民幣匯率上升，即美元對人民幣升值，企業採用美元結算，就可以利用美元升值帶來的額外人民幣收益來補償成本上漲造成的利潤損失。相反，如果人民幣匯率下降，即美元對人民幣貶值，企業採用美元結算，就會蒙受匯兌損失，導致出口收入減少。換言之，當出口企業的邊際生產成本與人民幣匯率正相關時，避險動機將推動中國出口企業自主選擇美元計價結算。相反，當出口企業的邊際生產成本與人民幣匯率負相關時，避險動機將推動出口企業自主選擇人民幣計價結算。目前，中國的勞動力成本上升較快，出口企業的邊際生產成本逐漸增加，與此同時，人民幣對美元一路攀升，美元出現了較大幅度的貶值，從理論上講，為了回避邊際生產成本波動的風險，中國出口企業應該減少美元計價結算。

　　長期以來，中國的出口企業主要使用美元計價結算，特別是在歐洲發生主權債務危機後，美元避風港地位得到加強，不少出口企業出於避險動機而選擇美元結算。然而，本書計算了中國企業對巴西、南非、印尼、印度、俄羅斯、日本、韓國和智利等國出口的邊際成本[2]和人民幣

1　Linda S. Goldberg and Cédric Tille．"Vehicle Currency Use in International Trade"，*Journal of International Economics*,76（2008）:177-192.

2　出口邊際成本的估算方法參見Goldberg and Tille （2008）。為避免非平穩性帶來的偽相關問題，此處的相關係數基於增長率計算。

匯率的相關係數[1]（見表7—3）。根據第5章的計算，這些國家的人民幣貿易結算份額遠低於預期。計算結果表明，所有這些國家的相關係數都為負數，即出口企業的邊際成本與人民幣匯率之間是反向運動關係，根據避險動機原理，採用美元計價結算的中國出口企業並沒有達到穩定利潤的目的，相反卻加劇了利潤的波動。在這種情況下，出口企業有動機減少使用美元結算，轉而採用人民幣結算。

表7—3　中國對各國出口邊際成本與人民幣對美元匯率的相關係數
（2005年第3季度—2012年第3季度）

巴西	南非	印尼	印度	俄羅斯	日本	韓國	智利
−0.120	−0.062	−0.021	−0.077	−0.250	−0.042	−0.060	−0.00036

資料來源：根據中經網OECD月度庫資料計算。

7.2 金融機構的跨境人民幣業務存在諸多實際困難

從實體經濟視角看，跨境貿易人民幣結算表現為貿易和資本流動中，企業選擇使用人民幣計價結算，然而，企業使用人民幣的行為，最終都會集中到提供人民幣結算業務的商業銀行和其他金融機構，體現為金融機構的跨境人民幣業務。因此，金融機構跨境人民幣業務規模擴大，意味著人民幣支付結算的規模擴大；金融機構跨境人民幣業務的種類、產品增加，意味著人民幣的國際需求範圍擴大、企業人民幣需求的多元性增加。當然，金融機構在跨境貿易人民幣結算中並不是一個被動的記錄者、結算業務的供給者，而是一個能夠發揮巨大正能量的推動者。如果金融機構能夠提供優質、高效、便宜的人民幣跨境支付結算，提供更多的人民幣貿易融資產品，提供高品質的離岸人民幣保值增值以及資產管理服務，就會吸引更多的國內外企業在跨境貿易中使用人民幣，就會消除國內外企業使用人民幣跨境結算的後顧之憂。總之，離開金融機構積極

---

[1] 如果企業的邊際成本與人民幣匯率是同向運動的，相關係數就是正數，反之，如果企業的邊際成本與人民幣匯率是反向運動的，相關係數就為負數。

推動跨境人民幣業務，離開金融機構跨境人民幣業務的產品創新，跨境貿易結算中用人民幣替代美元的道路將格外漫長。

7.2.1 金融機構的跨境人民幣業務現狀

由於中國的貿易結算集中於商業銀行，商業銀行是跨境人民幣結算及相關業務的提供者。商業銀行是否重視新興的跨境人民幣業務？商業銀行能否加大跨境人民幣業務創新力度？商業銀行的跨境人民幣業務是否滿足企業跨境貿易的需要？對這些問題的回答，關係到跨境貿易人民幣結算規模能否如願壯大，也關係到金融機構是否對實體經濟發展發揮了推動作用。

事實上，我國各國有銀行、股份制商業銀行自2009年以來，基於對人民幣國際化前景的樂觀判斷，及時調整了經營戰略，將開展跨境人民幣業務提到戰略高度。各家商業銀行普遍認為，跨境人民幣業務未來將會是其業務增長點，必須抓緊時間積極推進，爭取在市場上占領先機。因為跨境人民幣業務不僅可以為銀行帶來存款，而且其中一些必不可少的結構性利率產品、結構性匯率產品，還會給銀行帶來巨大的利潤空間，使得各家銀行有很大的內生動力去積極推動這項業務的發展。

第一，中資銀行有較強的創新內生動力。

中國人民銀行、銀監會對商業銀行的跨境人民幣業務給予大力扶持，鼓勵商業銀行進行該項業務和相關產品創新。由於跨境貿易人民幣結算業務涉及的產品範圍十分廣泛，既有面向企業客戶的結算、貿易融資、貸款、存款等業務，又有面向金融機構客戶的帳戶管理、清算、投資等產品，因此，跨境人民幣結算及相關派生產品的創新空間十分寬廣。目前，對於人民幣離岸中心的建設競爭激烈，而基於人民幣離岸帳戶的存款和融資產品的創新，以及境外人民幣貸款和人民幣境外投資配套產品和服務方案的創新可能是未來發展較快的方向之一。此外，人民幣貿易融資產品的創新和推廣也仍有發展空間。產品創新可能帶來的利潤較為明顯，且有利於提升國內商業銀行在國際上的競爭力和地位。因此，商業銀行跨境人民幣業務產品創新可能成為業務增長的亮點，動力

也會相應較強。

　　儘管各家國有銀行、股份制銀行的區位優勢、品牌優勢、管道優勢以及產品優勢各有千秋，但是，總體上看，各家銀行都以金融創新為抓手，揚長避短，一方面依託自身在海外（特別是在跨境人民幣貿易業務最發達的香港）設立或開拓的分支機構；另一方面通過代理行的方式，主動與境外戰略投資者以及其他海外銀行建立合作關係，圍繞跨境人民幣結算業務積極推進跨境人民幣產品創新，進而帶動銀行的國際業務多元化發展。

專欄7—2

交通銀行跨境人民幣貿易金融服務創新

　　交通銀行的跨境人民幣貿易金融服務創新，著力於人民幣結算與融資、供應鏈貿易金融、全球現金管理、電子管道配套服務四個方面。

　　1. 人民幣結算與融資流程的便利化。

　　在跨境人民幣結算服務領域，使用人民幣計價與結算可以幫助境內進出口企業規避匯率風險，減少匯兌損失，節約財務費用。對於境內的出口企業，人民幣結算還可以幫助其省去出口核銷環節，收匯資金不需進入待核查帳戶，提高了資金入帳速度。

　　在經常專案下，交通銀行在中國人民銀行政策指引下，推出了跨境人民幣結算審核流程優化，對於符合條件的企業，在堅持「了解你的客戶」、「了解你的業務」、「盡職審查」三原則的基礎上，憑企業規範填寫的《跨境業務人民幣結算收（付）款說明》，就可以直接為其辦理跨境人民幣資金收付款結算，以及入帳手續。流程優化後，提高了企業辦理人民幣跨境資金的收付款效率，免去了企業提供紙質單據的流程，

切實便利了企業跨境人民幣結算業務。在流程優化設計中，對銀行而言，其核心是要建立一個合理、有效的客戶管理機制，做好客戶甄選和動態管理兩項工作。交通銀行充分利用外部公共資訊，如海關、外管局的企業報關電子資訊、企業分類資訊，和交通銀行內部現有的客戶資訊資料等，實現了對客戶的動態管理，為優化跨境人民幣結算流程奠定了基礎。

在跨境人民幣貿易融資服務領域，交通銀行根據市場對跨境貿易融資的需求，結合貿易融資具有自償性的特點，基於商品交易中的存貨、預付款、應收賬款等資產作為有效抵押，推出進出口押匯、進口代收融資、出口託收融資、進出口匯款融資、出口發票融資等各類跨境人民幣貿易融資，滿足市場對貿易融資金融產品的需求，尤其是中小企業的貿易融資需求，拓展了市場資金融通的管道。同時，通過創新應收/應付帳款融資提高了交通銀行貿易融資業務的市場競爭力。交通銀行憑藉在國際保理業務領域的領先地位和經驗，大力開展保理、福費廷和票據等融資業務，通過協力廠商買斷、風險參與、再擔保、引入協力廠商機構信用等方式來實現貿易融資金融產品的風險管理，在提高銀行自身風險防範和控制能力的同時，滿足了實體經濟多樣化的跨境人民幣貿易融資需求。

2. 供應鏈貿易金融的創新服務。

供應鏈貿易融資，是指銀行通過對資訊流、物流和資金流的有效整合，對處於一個產業供應鏈中的企業提供的金融服務。它以特定產業供應鏈中的某個核心企業為切入點，以核心企業上下游合作供應商為服務物件，基於企業的應收應付款項、預收預付款項和存貨而衍生的貿易融資服務。供應鏈貿易金融可以涵蓋從原材料供應商到最終消費者的整個過程。

隨著人民幣國際化程度的不斷深化，人民幣貿易服務在跨國供應鏈中的地位越來越重要。交通銀行通過自身系統與核心企業商務平臺對

接，利用電子結算平臺優勢，以物流、資金流為引導，整合供應鏈上的資訊流，通過境內外分行聯動，在以下三個維度進行人民幣供應鏈貿易融資金融創新：一是由單筆交易或單個產品，轉到側重為企業提供整套「一攬子」金融服務方案，給予本外幣、離在岸的整體金融服務支援；二是從單一環節的跨境貿易服務發展到跟隨企業整個境內外貿易鏈的境內、跨境、境外的全流程金融服務；三是從個體企業的金融需求，擴展到以跨國供應鏈為主體的跨境人民幣金融服務需求。

3. 全球現金管理的開拓嘗試。

全球現金管理是以資金流動性管理為核心，通過為集團客戶構建結算帳戶管理體系和提供便利的收付款服務，實現對集團客戶資金集中管理和高效運作的一種綜合性金融服務。由於人民幣資本流動存在一定的管制，且境外資金歸集沒有成熟模式，致使我國企業境內外資金運作相對隔離，資金歸集和利用效率不高。這不僅不利於企業跨境資金的調用，也增加了企業資金結算的成本。上海是跨國公司總部較為集中的地區，有強烈的全球化資金運作需求。為了滿足實體經濟便利化、資金管理集約化的需求，交通銀行在人民銀行政策指引下，從服務內容和管道兩個方面嘗試全球人民幣現金管理的金融創新。

（1）流動性管理。是指通過對集團成員單位資金的有效監控和統一調控，加速資金流入，控制資金流出，及時將集團資金頭寸及其他資產轉化成可支配使用的現金。確保集團各成員單位有足夠的資金來源支付短期應付款，為成員單位正常經營活動提供安全保障，並且利用短期投資機會獲得更大收益。這樣可以滿足集團客戶本外幣一體化的資金管理要求，變外部融資為內部融資，減少利息支出；改善資金流動性，增加資金收益，同時也可以通過減少內部往來，降低稅務成本和資金匯劃成本。

（2）投融資管理。幫助客戶保持合理的現金規模，進行合理靈活的投資，從而提高資金收益。在資金不足時為客戶進行融資，及時補充

現金頭寸，避免流動性風險。

（3）風險管理和增值服務。為客戶提供多樣化的風險規避和資金保值增值產品，幫助客戶在規避匯率、利率和流動性風險的同時，實現資金的保值增值。

（4）跨境現金管理。為現金池客戶提供境內外帳戶資訊查詢、轉帳匯劃、資金歸集等服務，方便客戶及時掌握各個國家和地區內的帳戶情況，支援客戶在全球範圍進行資金調配。

4.電子管道配套服務的升級創新。

一切創新都是以適應市場為前提的。近年來，隨著移動支付和社交網路等電子管道向金融服務延伸的趨勢日益明顯，銀行傳統支付服務和中間業務逐漸面臨脫媒。值得關注的是，與銀行同業之間同質化的綜合能力競爭相比，銀行與移動通信運營商和電子網路運營商等金融服務市場新進入者之間的競爭，則是商業模式之爭。要想在這場競爭中勝出，銀行業必須以快速創新和主動轉型加以積極應對。

面對這樣的市場格局，交通銀行不斷加強電子管道升級創新。目前交通銀行已形成了以無卡金融、移動金融、遠端金融和自助金融為代表的「e動交行」服務品牌。在貿易金融電子化服務方面,交通銀行推出網上結售匯、企業網銀跨境匯款、境內外幣匯劃、網上信用證業務、網上保理、網上貿易服務、離岸網銀、電子供應鏈金融、B2B網上電子支付、B2C網購平臺「交博匯」等電子管道產品，初步實現了貿易金融業務的電子管道集約化經營。

另外，隨著協力廠商支付機構跨境人民幣業務在廣州試點和跨境貿易電子商務服務在鄭州等五個城市試點，電子管道跨境貿易金融服務的融合發展已進入了新階段。交通銀行以電子支付為基礎、以中小企業線上融資為亮點，以電子銀行與電子商務服務深度融合為出發點，積極探索與協力廠商支付機構和電子商務運營平臺企業的新型合作經營模式，不斷提升電子管道跨境貿易金融服務水準。

第二，外資銀行積極助推跨境人民幣業務。

在金融機構推動跨境人民幣貿易、開展跨境人民幣業務進程中，外資銀行業發揮了積極的作用。全球500強企業中的金融機構在中國都有分支機搆，外資銀行在中國網點較少，開展人民幣業務不具優勢，但是外資銀行在國外卻有很多網點，對國外市場、制度、客戶更加了解，在國際貿易結算、離岸市場業務方面具有明顯的優勢。中國的經濟實力和貿易地位給跨境貿易人民幣結算提供了有力的支撐，也給外資銀行提供了一個難得的商機。外資銀行在推進跨境人民幣業務方面表現出高度熱情，極力開拓海外市場。由於對外國市場非常熟悉，並且擁有龐大的分支網路，外資銀行與中資銀行共同推進跨境人民幣業務有利於實現優勢互補。

第三，商業銀行推出了多種跨境人民幣產品。

目前，我國商業銀行主要提供三大類跨境人民幣產品。（1）跨境人民幣結算產品。主要包括貿易項下人民幣開立信用證、匯款、託收以及NRA帳戶結算等。（2）跨境人民幣融資產品。以傳統貿易融資產品為主，例如跨境人民幣協定融資、人民幣海外代付、進口項下的人民幣協議付款、人民幣遠期信用證等。國際保理、保函、備用信用證、福費廷等新型融資產品較少。（3）跨境人民幣投融資服務。辦理人民幣對外直接投資，外商人民幣直接投資的資金結算業務（主要是資金匯入與匯出，協助報批），並承擔資金流向與使用的監管職責；充當財務顧問，與境外承銷機構合作，幫助境內客戶在境外發債，設計募集資金回流境內方案，協助客戶報批，並承擔回流資金使用的監管職責。

第四，金融機構跨境人民幣業務的特點。

一是人民幣在跨境服務方面的功能主要還是支付工具，在作為儲藏手段和投資手段方面還處於早期階段。二是人民幣境外存款的形成，很重要的一個原因是境外投資者熱衷於具有升值潛力的人民幣，期望獲得人民幣的升值收益。三是作為人民幣主要服務商的中資銀行海外機構主要集中在香港，其他區域機構較少，但中資機構近年來在香港以外地區的擴展速度在加快。四是人民幣與其他貨幣的互換，在這些國家起到了穩定匯率、保障清算、增加儲備等積極

作用。五是人民幣債券等金融工具在境外發行，有利於完善境外人民幣回流機制，打開境外人民幣投資管道，形成境外人民幣交易市場。

7.2.2 銀行「走出去」步伐緩慢成為跨境人民幣業務主要障礙

提高跨境貿易人民幣結算份額，需要滿足兩個必要條件：一是境外進口企業容易獲取結算所需的人民幣；二是境外出口企業能夠對收入的人民幣進行有效利用，能夠保值增值。在資本帳戶仍然存在人民幣資金流動管制的情況下，在海外設立分支機構，進行國內外業務的聯動，是滿足上述必要條件的主要路徑。目前，80%的跨境貿易人民幣結算是通過香港進行的，那些在香港地區設有分行的銀行更容易得到企業的青睞，在發展跨境人民幣業務方面具有得天獨厚的優勢：（1）內部清算更快捷，各項工作聯動更為通暢；（2）業務不受代理行授信額度不夠的制約；（3）內部報價更低，在同業競爭中更具優勢；（4）不存在客戶流失的潛在威脅。

由於金融業是對經濟發展和經濟安全具有重大影響的高端服務業，包括中國在內的許多國家對外資銀行進入本國以及本國銀行到境外設立分支機構都要審查，有一定的門檻限制，致使中國金融機構走出去的步伐明顯慢於工商企業，以至於不少股份制銀行、城市商業銀行在香港這個主要的人民幣離岸中心都沒有分支機構，更不用說在東南亞、非洲和拉美地區設立分支機構了。正是因為境外分支機構不多，網點覆蓋範圍不廣，許多商業銀行無法實現境內外業務聯動，嚴重制約了跨境人民幣業務的發展。

目前中資銀行境外分支機構的規模有限（見表7—4），除中國銀行以外，其他中資銀行的境外資產規模都不足總資產的十分之一。工商銀行、農業銀行、中國銀行、建設銀行、交通銀行五家國有商業銀行的海外分支機構占中國銀行業海外機構總數的82%，其他商業銀行海外分支機構的發展明顯滯後於國有商業銀行，很多銀行只在香港有分支機構且海外資產規模非常小。事實上，60%以上的商業銀行海外分支機構集中在亞太地區，而且主要集中在港澳臺地區。即使是國際化程度最高的中國銀行，非港澳臺地區的海外資產規模也不足

總資產的8％，對中國銀行的利潤貢獻不足4％。令人擔憂的是，中資銀行海外分支機構的這種偏重亞太地區的佈局並不適應跨境貿易人民幣結算的要求。本書第6章的分析表明，拉美和非洲國家急速增加的對華貿易，為推廣跨境貿易人民幣結算提供了莫大的機遇。然而，2011年中資銀行在拉美和非洲的分支機構稀少，在非洲地區僅有3家，很多銀行在這兩個地區根本沒有分支機構（見表7—5）。由於我國銀行的國際化程度較低，許多銀行無境外分支機構，導致境外代理行對我國銀行的認知程度和接受程度不高，不願開設跨境人民幣同業帳戶，或者要求較高的保底資金，使得跨境人民幣業務的清算流程不夠順暢，清算費用較高，清算時效較差。總之，境外代理機構購買人民幣的門檻和中資銀行海外機構發展的不足增加了境外獲取人民幣的難度，這在一定程度上制約了跨境貿易人民幣結算份額的提高。

表7—4　主要中資商業銀行海外資產占比

工商銀行	5.1%
農業銀行	1.1%
中國銀行	22.4%
建設銀行	3.6%
交通銀行	7.2%
招商銀行	2%

資料來源：各銀行2011年年報。

表7—5　中資銀行海外機構數目

	總數	亞太	歐洲	美洲	非洲
工商銀行	25	17	5	3	0
農業銀行	10	7	2	1	0
中國銀行	34	14	13	5	2
建設銀行	8	5	1	1	1
交通銀行	11	8	2	1	0

續前表

	總數	亞太	歐洲	美洲	非洲
中信銀行	2	2	0	0	0
光大銀行	1	1	0	0	0
廣東發展銀行	2	2	0	0	0
深圳發展銀行	1	1	0	0	0
招商銀行	7	4	1	2	0
浦東發展銀行	1	1	0	0	0
民生銀行	1	1	0	0	0
各家銀行總計	103	63	24	13	3

資料來源：《中國金融統計年鑒2011》。

7.2.3 人民幣跨境貿易結算所需貿易融資受限

眾所周知，離開貿易融資的支援，貿易規模很難做大。跨境貿易人民幣結算需要人民幣保理、福費廷等配套的金融服務，通過向企業提供融資便利，銀行可以更容易地推動人民幣結算業務發展。但是，在《巴塞爾資本協議Ⅲ》出臺後，中國人民銀行提高了商業銀行的資本充足率要求，眾多資本充足率偏低的中小銀行為了達到監管當局的要求，不得不嚴格控制貿易融資的授信額度。授信額度不足，導致一些跨境人民幣業務的代理行無法開展業務，這也是造成跨境貿易人民幣結算份額低於預期的一個客觀原因。

不僅如此，商業銀行的人民幣資金投放還受人民幣可貸資金總量的影響。銀行的信貸一方面需要支援國家宏觀調控政策，比如支持基礎設施建設、支援農業發展、擴大對小微企業信貸投放；另一方面需要滿足現有的長期客戶和優質客戶的資金需求。扣除用於這兩方面的可貸資金之後，銀行可用的人民幣可貸資金十分有限，很難滿足跨境人民幣貿易融資的額度要求。在利潤目標的引導下，如果有其他收益率更高的投資機會，銀行就不會有足夠的動機把資金使用到推動人民幣跨境貿易結算業務上來。例如，2011年前3季度通貨膨脹壓力

不斷加大，為了實現物價穩定目標，人民銀行實施偏緊的貨幣政策。央行先後6次上調存款準備金率共3個百分點，3次上調存貸款基準利率共0.75個百分點，影響了銀行的貸款能力。由於慣性的原因，高漲的信貸需求難以在短期內大幅下降，出現了資金嚴重供不應求的局面。商業銀行的人民幣可貸資金不能滿足既有項目的貸款需求，幾乎沒有餘力支持新增的人民幣跨境貿易融資。

對銀行而言，人民幣貸款的資金成本也要高於美元貸款。在2011年7月7日人民銀行第3次調整基準利率之後，人民幣與美元的存款利率差距已經十分可觀。活期利率差距為40個基點，2年期存款利率差距高達320個基點。這意味著銀行提供一筆人民幣貸款的融資成本遠高於提供一筆美元貸款的融資成本。事實上，在2011年人民銀行3次上調人民幣存款利率之前，人民幣與美元利率就已經存在較大差距，2010年底人民幣活期利率與美元活期利率相差26個基點，2年期存款利率差距為235個基點。2011年的3次加息進一步擴大了利差。美元的成本優勢可能促使金融機構更多地在貿易融資中發放美元貸款。

7.2.4 利率和匯率的雙重價差擾亂人民幣跨境貿易結算業務市場

中國的利率市場化還在進行之中，存貸款利率管制導致境內外市場利率不一致，產生了一定的套利機會。最近幾年，中國的經濟增長率較高，通貨膨脹的壓力較大，利率水準明顯高於主要發達國家，熱錢流入中國套利的動機比較強烈。同時，市場上瀰漫著較高的人民幣升值預期，人民幣遠期匯率低於即期匯率。這兩個因素共同促使境外出口企業願意接受人民幣，而國內進口企業也樂意通過人民幣結算業務套利。

進口企業的套利行為不僅給參加交易的境內外銀行帶來了不菲的中間業務收入，還給境外銀行提供了賺取美元貸款利息的機會。

雙重價差帶來的套利收益成為很多企業要求銀行提供人民幣跨境貿易結算服務的主要動因。市場競爭的壓力和潛在的獲利機會促使銀行配合企業的需求展開套利相關的金融服務。在這個過程中，不乏有境外投機者和境內企業配合利用虛假貿易在境內外轉移人民幣資金。由於市場的扭曲，旨在利用貿易結算

推動人民幣國際化的政策，在這種情況下竟然演變成為熱錢流動的途徑，損害了中國的金融安全和長遠利益。為了規範跨境貿易人民幣結算行為，防範金融風險，中國人民銀行加大了對商業銀行跨境人民幣業務的監管，商業銀行推動跨境人民幣結算的套利動機被限制，這雖然在一定程度上遏制了熱錢的流入，但是也不可避免地降低了跨境貿易人民幣結算的帳面金額。

專欄7—3

境內外關聯企業如何利用進口人民幣信用證業務套利

假設境內進口企業A和其境外關聯企業B簽訂了貿易合同，以人民幣信用證方式結算。A企業將保證金人民幣P元存入境內銀行，承諾1年後支付給B企業。B企業以此為擔保向境外銀行申請1年期美元貸款P/e，其中e為人民幣即期匯率。假設1年期人民幣匯率為f，人民幣保證金利率為ic，美元貸款利率為ia，則這兩家企業1年後以人民幣表示的成本收益分別為：A企業獲得人民幣保證金利息收入$P \cdot ic$；B企業支付償貸成本$f(1+ia)P/e$，並獲得出口款項P。因此，兩家關聯企業的人民幣總收益為$P[(1+ic)-(1+ia)f/e]$。只要$1+ic > (1+ia)f/e$，兩家關聯企業就可以從這筆結算業務中獲得淨利。由於2009年以來人民幣利率高於美元利率（即$ic > ia$），而且人民幣遠期匯率低於即期匯率（$f < e$），也就是兩家企業獲得套利收入的條件成立。根據測算，進口人民幣信用證業務的套利收益曾高達3個百分點。這就意味著國內外企業從進口人民幣結算中可分得平均1.5個百分點的套利收益。人民銀行的調控政策推出之後，這種套利的空間逐漸被消除了。2012年的人民幣信用證業務套利收益僅為0.3％到0.7％左右。

類似的，境內外人民幣對美元匯率的差價也創造了利用進口項下人民幣結算業務獲利的動機。由於香港人民幣匯率低於國內人民幣匯率，企業將美元在國內銀行兌換成人民幣後，以進口人民幣結算方式流到香港，然後以更有利的價格換成美元，就可以獲取無風險的套利收入。2012年初，境內與香港之間人民幣匯率的價差大幅縮小，打擊了企業的套利動機，使得跨境貿易人民幣結算需求放緩。

　　資料來源：馮毅：《商業銀行跨境人民幣結算及其創新策略》，載《改革》，2011（8）。

7.2.5　境外人民幣缺乏合理的保值增值管道

　　目前，境外人民幣的保值增值管道主要有以下幾種：

　　第一種是貿易支付。境外企業使用人民幣進行進口支付，這是境外人民幣最直接、最簡便的使用方式。但因為本章前面所提到的各種原因，境外企業在進口時不一定選擇人民幣計價結算，因此貿易管道的使用範圍嚴重受限。

　　第二種是直接投資。2011年中國政府開啟了外商對華直接投資人民幣結算管道，然而，以直接投資方式實現人民幣回流，其規模要受制於境外投資者對華的欲望、能力及資金需求，並不適合於那些只願在本地投資和發展的境外持有人民幣的企業。

　　第三種是貸款。2012年4月，深圳出臺了《關於加強和改善金融服務支援實體經濟發展的若干意見》，允許香港的離岸人民幣對深圳前海經濟開發區進行跨境貸款，旨在利用香港低成本的人民幣資金支援前海開發開放和重點產業發展。由於人民幣貸款利率大大高於存款利率，這一管道無疑為境外人民幣提供了更高的投資回報。但目前人民幣跨境貸款僅限於在深圳前海經濟開發區試點，規模十分有限。

　　第四種是證券投資。2010年中國人民銀行放開了債券市場的管制，境外央行、人民幣結算清算銀行和參加行可以在銀行間債券市場買賣人民幣債券。2011年境外人民幣債券（點心債券）的發行人資格從中國金融機構擴展到全球

任何一家公司，使得境外人民幣債券的供給增加，可以滿足更多的債券投資者的需要。同年11月，證監會、央行、外管局聯合發佈《基金管理公司、證券公司人民幣合格境外機構投資者境內證券投資試點辦法》，允許符合條件的基金公司、證券公司香港子公司作為試點機構開展人民幣合格境外機構投資者（RQFII）境內證券投資業務，意味著境外人民幣可以基金的形式，投資於中國成長性較好、收益較高的股票市場和債券市場。到2012年11月，RQFII的額度已經增加到2 700億元人民幣，此舉大大增加了債券投資和高風險偏好者持有人民幣的動機。鑒於RQFII額度的大幅提升發生在2012年末，其對人民幣貿易結算的刺激作用估計將在2012年後逐漸顯現。

總之，由於中國存在較多的資本管制，人民幣離岸市場主要集中在香港，而且規模較小，境外企業獲得的人民幣缺乏有吸引力的回流管道（見表7—6）。此外，提供給境外人民幣持有者的金融工具種類較少，不能滿足不同的風險偏好，難以激發境外企業增持人民幣的動機。金融方面的驅動力不足限制了跨境貿易人民幣結算的規模擴張。

表7—6　人民幣回流管道

貿易	出口人民幣結算
直接投資	外商對華人民幣直接投資
貸款	深港銀行跨境人民幣貸款業務試點
債券投資	發行點心債券
	投資境內銀行間債券
股權投資	RQFII

7.3　人民幣支付系統尚未國際化

7.3.1　人民幣支付體系的結構與功能

改革開放以來，為了適應社會主義市場經濟的發展，在中國人民銀行的領

導下，經過多年的不懈努力，中國支付體系建設取得了很大的進步，呈現出支付服務主體多元化、非現金支付工具廣泛應用、支付清算基礎設施不斷完善、支付體系監督管理機制初步形成等特徵。支付體系在促進經濟社會發展方面發揮了重要的基礎性作用。[1]

我國支付體系包括6個相對獨立的分系統：中國人民銀行管理的2 500多家同城票據交換清算所（LCH），處理全國2/3的異地支付清算業務；四大國有商業銀行內部的全國電子資金匯兌系統，處理行內和跨行支付交易；中國人民銀行運作的全國電子聯行系統（EIS），處理異地跨行支付的清算與結算；銀行卡授信系統；郵政匯兌系統；以及目前正在推廣實施的中國現代化支付系統（CNAPS）。

CNAPS是中國人民銀行根據國內人民幣支付清算的需要，利用現代電腦技術和通信網路自主開發建設的，能夠高效、安全地處理各銀行辦理的異地、同城各種支付業務、資金清算和貨幣市場交易的資金清算系統。它是各銀行和貨幣市場的公共支付清算平臺，是中國人民銀行發揮其金融服務職能的重要核心支援系統。CNAPS主要由大額即時支付系統、小額批量支付系統和其他輔助系統構成。

銀行業金融機構行內支付系統是各銀行內部的支付系統，即不涉及跨行業務時，本銀行內部在不同地區或者不同分支機構之間的支付系統。從金融機構行內支付系統的交易筆數和交易規模看，國有商業銀行擁有顯著的競爭優勢，然而，農村商業銀行、城市商業銀行的支付業務呈現出較快的增長趨勢，這就意味著我國銀行支付業務的競爭環境正在逐漸好轉，支付清算參與方也愈發多元化。值得一提的是，中國的證券交易清算系統採用的是商業銀行資金清算模式。證券交易的有關各方，包括結算參與人和中央證券登記結算公司，都在商業銀行開立結算帳戶，所有的資金劃撥都通過商業銀行來完成。與證券結算按投資者全額逐筆進行不同，資金結算是按結算參與人多邊淨額進行的。

同城票據交換系統是專門處理同一城市（或區域）範圍內銀行間紙質支

---

1 中國人民銀行：《關於中國支付體系發展（2011—2015年）的指導意見》。

付工具交換、清算的支付系統，絕大多數由各地中國人民銀行分支機構組織運行，是區域範圍內資金清算的主要管道。由於同城票據交換系統還需要大量人力參與票據交換，效率較低，安全性也較差。

全國支票影像交換系統定位於處理銀行機構跨行和行內的支票影像資訊交換，資金清算通過CNAPS的小額批量支付系統處理。支票影像交換業務的處理分為影像資訊交換和業務回執處理兩個階段，即支票提出銀行通過影像交換系統將支票影像資訊發送至提入行提示付款；提入行通過小額批量支付系統向提出行發送回執完成付款。該系統採用了電子驗印、票據縮微、票據圖像的採集、票據要素識別、票據塗改識別等先進技術，極大地提高支票清算的安全性和清算速度，從而實現企事業單位和居民個人簽發支票在全國範圍內的通用。

2011年，各類支付系統共處理人民幣支付業務191.77億筆，金額1 994.38萬億元，同比分別增長28.86%和19.82%。其中，中國人民銀行大額支付系統和銀行業金融機構行內支付系統在資金交易規模方面占據主導地位。約94%的資金交易由這兩個支付系統處理（見圖7—2和圖7—3）。

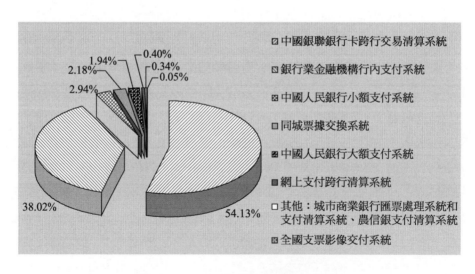

圖7—2 2011年各系統業務筆數分佈圖

資料來源：中國人民銀行支付結算司。

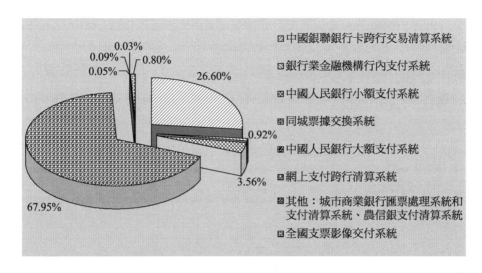

圖7—3　2011年各系統業務金額分佈圖

資料來源：中國人民銀行支付結算司。

　　作為人民幣支付清算體系的樞紐，CNAPS建有兩級處理中心，即國家處理中心（NPC）和全國省會（首府）及深圳城市處理中心（CCPC）。國家處理中心分別與各城市處理中心連接，其通信網路採用私人網路絡，以地面通信為主，衛星通信為備份。

　　商業銀行和政策性銀行是CNAPS的重要參與者。各商業銀行和政策性銀行利用行內系統通過省會（首府）城市的分支行與所在地的支付系統CCPC連接，也可由其總行與所在地的支付系統CCPC連接。同時，為解決中小金融機構結算和通匯難問題，允許農村信用合作社自建通匯系統，比照商業銀行與支付系統的連接方式處理；城市商業銀行匯票業務的處理，由其按照支付系統的要求自行開發城市商業銀行匯票處理中心，依託支付系統辦理其銀行匯票資金的移存和兌付等的資金清算。

　　中央銀行會計核算系統（ABS）是現代化支付系統運行的重要基礎。為有效支援支付系統的建設和運行，並有利於加強會計管理，提高會計核算品質和效率，中央銀行會計核算將逐步集中，首先將縣支行的會計核算集中到地市中

心支行，並由地市中心支行的會計集中核算系統與支付系統CCPC遠端連接。地市級（含）以上國庫部門的國庫核算系統（TBS）可以直接接入CCPC，通過支付系統辦理國庫業務資金的匯劃。

為有效支援公開市場操作、債券發行及兌付、債券交易的資金清算，公開市場作業系統、債券發行系統、中央債券簿記系統在物理上通過一個介面與支付系統NPC連接，處理其交易的人民幣資金清算。為保障外匯交易資金的及時清算，外匯交易中心與支付系統上海CCPC連接，處理外匯交易的人民幣資金清算，並下載全國銀行間資金拆借和歸還業務資料，供中央銀行對同業拆借業務的配對管理。

7.3.2 中國與歐美國家在支付體系上的差距

與歐美國家相比，中國的支付結算體系起步相對較晚，中國電子聯行系統在1991年才開始運行，同城清算系統也在上個世紀80年代才開始使用。2005年、2006年的大額即時支付系統和小額批量支付系統正式運行，取代了之前的電子聯行系統和同城清算系統。由於歷史悠久和經濟發展水準高，歐美國家的支付結算體系比中國的支付結算體系更加完善，具有子系統更發達、連接更緊密、運行效率更高、全球化服務的特點。當然，中國能夠在較短的時間內建立起一個相對完善的支付結算體系實屬不易。與歐美國家相比，中國的支付清算體系還存在以下幾方面的差距：

第一，現代化大額支付系統的一些重要的法律基礎亟須建立或改進。例如，軋差安排法律依據僅在行政法規和支付系統規章制度中有所體現，並未提升至法律層次，遇到國際糾紛時，缺乏解決糾紛的法律依據。此外，《企業破產法》和相關司法解釋有類似於「零點規則」的規定，但並未指明支付交易有效性的具體時點，也沒有任何豁免於「零點規則」的條款，因而難以確定結算的最終性。即使有關辦法中已經規定業務一經結算或軋差則不可撤銷，但即時全額結算系統的性質本身並不能避免法院對無效支付的裁決。在所有這些問題上，英國、美國、歐盟都有龐大的成文法或判例法，進行詳細的法律規定。

第二，資費較高，服務效率較低。美國的結算系統功能強大，除了完成支付與清算外，還可以為用戶提供一定的融資（透支）便利。此外，歐美的一些清算機構從業務收費中向成員單位返還收益，給客戶分配利潤，以求不斷拓展業務領域和品種。考慮到安全技術不成熟和潛在的系統風險，中國的支付體系沒有向使用者提供透支服務，但是可以用債券進行抵押融資。在資費方面，中國的大額支付系統高速通道的收費為5百，上不封頂。普通通道10萬元以下為10.5元/筆，10萬～50萬元為15.5元/筆，但是到賬時間為1～3天，時效性差。導致中國支付體系服務效率較低的主要原因在於支援系統平穩、高速運行的硬體技術不夠先進且性能有待提高，系統的支付清算流程和管理許可權設置也不盡合理。因此，如果中國的支付結算系統不降低收費標準，不提高資金到賬的時間效率，就難以取得競爭優勢。

第三，不能有效地提供金融監管服務。美國的支付結算系統是美聯儲監管金融機構、科學決策的重要工具。美聯儲可以利用支付體系中的帳戶餘額監控系統（Account Balance Monitoring System，簡稱ABMS），對指定機構的支付活動和日間帳戶餘額進行即時監控；利用日間透支報告及定價系統（Daylight Overdraft Reporting and Pricing System，簡稱DORPS）監督金融機構的透支活動，並對金融機構的日間透支定價和收取費用；利用風險執行資訊系統（Risk Management Information System，簡稱RMIS）提供科學的信用和風險管理決策，通過RMIS獲得金融機構的即時監控資訊，為國內外信用和風險的管理決策提供科學先進的分析工具。為了更好地制定和執行貨幣政策、維護金融穩定、提供必要的金融服務，中國人民銀行也在支付體系中推廣運行了一系列配套系統，例如金融機構的行名行號管理系統、支付執行資訊系統、查詢查複管理系統等。但是，中國支付體系中的金融風險監管系統與美國相比還有較大的距離，還無法實現風險管理規則的自動化。

第四，服務僅限於本國範圍內且不支持跨時區即時結算，這不能滿足人民幣實現國際化的需要。為了適應美元或者歐元作為最主要國際貨幣進行跨國交易的需要，歐美支付結算系統的服務範圍已超出了其本土。例如，CHIPS系統

為全球跨國的美元大額交易提供支付結算服務，歐洲的TARGET2系統為世界範圍內所有以歐元結算的交易提供支付和融資便利。因此，從這一點來說，歐美的支付結算系統具有濃厚的國際化內涵，有更廣闊的服務範圍，中國的支付結算系統則是純國內服務的，服務範圍比較狹窄。

第五，各子系統之間的聯繫較弱。歐美國家的現代金融發展早、起步快，擁有龐大的支付結算系統，並且各系統之間的聯繫非常緊密，已經實現了外匯清算系統、證券清算系統與支付結算系統的有效連接。例如，美國、英國、德國、荷蘭的證券結算系統都與各自的大額即時支付系統連接，實現了DVP（即券款對付），外匯、證券的交割與美元清算可以同步進行。子系統之間如此緊密的聯繫，大大增強了這些國家債券的結算效率，有效降低了債權結算風險。相比而言，我國各支付結算子系統之間的聯繫緊密度較弱。雖然我國中央債券綜合業務系統（Central Bond Gross System，簡稱CBGS）已實現了與大額支付系統的對接，但股票交易的支付結算系統（中央證券登記結算公司）還處於獨立運行狀態，沒有與其他支付結算子系統建立起連接。支付系統之間的分隔加劇了我國金融市場分割，降低了金融的整體效率。

7.3.3 人民幣支付體系國際化的必要性

便捷、安全、高效的支付體系是一國金融體系核心競爭力的集中代表，也是一國進行及時、廉價和高效金融監管的堅實基礎。從金融全球化角度看，支付體系的先進性體現了一國金融與貨幣的軟實力，是贏得國際社會信心的物質基礎和保證。支付清算體系的國際化是推進人民幣跨境使用不可或缺的重要環節。人民幣要想在國際舞臺上發揮更多的作用，一個健全的跨境支付清算體系是其必要條件。

第一，先栽梧桐樹，後引鳳凰鳥。

衡量一國貨幣國際化最直接的指標就是看其在全球支付體系和全球外匯市場中所占的市場份額。儘管2012年在中國的跨境貿易總額中，人民幣結算的份額達到11.4%，跨境貿易人民幣結算增速驚人，成績斐然，但是從全球支付角

度來看，人民幣的地位微乎其微，人民幣結算比例與人民幣貿易規模之間，嚴重失衡。

根據環球同業銀行金融電訊協會（SWIFT）[1]的資料，2011年美元、歐元和英鎊在全球支付體系中的使用份額大大超出了這三個國家在國際貿易中的份額，例如，英國占全球貿易份額不足4%，但英鎊占全部支付貨幣價值的8%，在全球支付貨幣中排名第3位；而美元在全球支付貨幣中的占比約為美國全球貿易份額的2.8倍。這表明這三種貨幣在國際經濟活動中不僅充當了主要的貿易結算工具，還擔任了價值貯藏和投資載體。截至2012年，人民幣占全部支付貨幣價值的0.57%，在全球支付貨幣中排名第14位，而早在2010年中國占世界貿易的份額就已經達到11.4%。這兩個數字之間的巨大差距表明，人民幣在國際支付清算體系中的地位嚴重偏低，與中國經濟實力在全球的地位嚴重失衡。

SWIFT曾將2011年6月作為一個典型樣本進行分析，分析結果表明，進出中國的跨境支付中只有2%使用人民幣結算，大約80%使用美元結算。截然不同的是，進出美國的跨境支付中90%使用美元和日圓結算，如果僅僅以美國是發達國家或美元是國際儲備貨幣來解釋這個顯著的差異，就有失偏頗，因為與中國一樣同屬新興市場國家的俄羅斯，其經濟總量和貿易規模遠低於中國，其跨境支付結算中俄羅斯盧布所占份額卻遠高於中國。進出俄羅斯的跨境支付中46%是使用盧布結算的，這就意味著俄羅斯盧布在其清算支付體系中的地位遠遠超過人民幣在我國清算支付體系中的地位。

一國貨幣的外匯市場占比也是衡量該國貨幣國際地位的重要指標。通常情況下，經濟的國際化程度越高，或者貨幣的信用越高，貨幣的國際使用範圍越廣，其全球外匯市場份額就越高。同樣根據SWIFT的資料，2011年在全球外匯市場排名前6位的貨幣依次是美元、歐元、日圓、英鎊、澳洲元和瑞士法郎。

1　SWIFT（Society for Worldwide Interbank Financial Telecommunications），成立於1973年5月，是一個國際銀行間非營利性的國際合作組織，總部設在比利時的布魯塞爾，同時在荷蘭阿姆斯特丹和美國紐約分別設立交換中心（Swifting Center）。SWIFT運營著世界級的金融電文網路，提供安全、可靠、快捷、標準化、自動化的通訊業務，銀行和其他金融機構通過它與同業交換電文（Message）完成金融交易，大大提高銀行結算速度。

有的國家（地區）雖然經濟總量不大，但是其貨幣的國際化程度卻很高，貨幣的國際地位大大超越其經濟實力的國際地位，表現為該國（地區）貨幣的外匯市場份額數倍於該國（地區）GDP的全球份額，例如，瑞士、新加坡、香港。此外，美元、英鎊、澳洲元也取得了超越本國經濟實力的國際地位（見表7—7）。人民幣的全球外匯市場份額為0.9%，同期中國GDP的全球份額為9.5%，二者之間相差近10倍，因此，人民幣在全球外匯市場中的份額與中國經濟的國際地位完全不相稱，嚴重偏低。人民幣在全球外匯市場的相對國際地位甚至不如泰銖，泰國在全球GDP中的份額只有0.5%，泰銖在全球外匯市場的份額卻達到了0.2%，這充分表明，擴大人民幣在全球支付和清算體系中的作用、提升人民幣的國際地位任重而道遠。

表7—7 各國（地區）貨幣在全球外匯市場中的占比

排名	幣種	2011年6月外匯占比	2010年GDP占比	外匯占比/GDP占比
1	美元	45.9%	23.3%	197%
2	歐元	16.9%	19.4%	87%
3	日圓	6.8%	8.7%	79%
4	英鎊	5.8%	3.6%	162%
5	澳洲元	3.7%	2.0%	189%
6	瑞士法郎	2.9%	0.8%	348%
7	加拿大元	2.4%	2.5%	94%
8	新加坡元	1.6%	0.4%	446%
9	港元	1.2%	0.4%	334%
10	韓元	1.0%	1.6%	62%
14	人民幣	0.9%	9.5%	9%
27	泰銖	0.2%	0.5%	46%

　　人民幣國際使用規模偏小，在很大程度上抑制了人民幣支付系統國際化的步伐。因為市場上跨境人民幣支付需求不旺，花費大代價建設跨境人民幣支付系統，在經濟上顯然是不划算的。然而，從國際經驗看，跨境支付的主流是離岸市場金融交易，交易主體是國際大銀行。國際銀行進行的大規模批發交易對

支付清算系統的安全性、便捷性、流動性、規範性具有極高的要求。為了滿足這樣的要求，主要國際貨幣發行國都投入鉅資，建立了專門的跨境支付系統。目前依靠代理行以及SWIFT系統，中國商業銀行也能滿足企業的跨境人民幣支付清算要求，完成規模不大的跨境貿易人民幣結算。然而，貿易人民幣結算規模擴大，必然帶動與之相關的投融資、資產管理和風險管理業務，促使純粹的人民幣金融交易增加。一旦資本管制放鬆，資本項下的各種金融交易就會迅速增長，現行的跨境人民幣支付清算方式顯然不能滿足企業，特別是國際金融機構進行批量交易的要求，換言之，由於缺失跨境人民幣支付系統，人民幣將不能在國際金融結算中占據應有的份額。中國有句俗語，先栽梧桐樹，後引鳳凰鳥。考慮到跨境人民幣結算的發展前景，必須從現在開始著手，建成安全、高效的支付平臺和更加便捷、國際化的人民幣支付清算體系。

我國商業銀行跨境人民幣支付結算模式

目前，由於中國沒有建立專門的跨境人民幣支付清算系統，而且還存在一定的資本帳戶外匯管制，跨境人民幣支付主要通過三個管道即三種模式來實現。一是通過香港、澳門地區人民幣業務清算行進行人民幣資金的跨境結算和清算；二是通過境內商業銀行代理境外商業銀行進行人民幣資金的跨境結算和清算；三是通過境外企業在境內商業銀行開立人民幣銀行結算帳戶（NRA帳戶）辦理人民幣資金跨境結算和清算。

1. 跨境人民幣業務「清算行」模式。

目前，香港地區的人民幣清算行是中國銀行（香港）有限公司，澳門地區人民幣清算行是中國銀行（澳門）有限公司。中國銀行（香

港）、（澳門）有限公司作為清算行還可以按照人民銀行的有關規定從境內銀行間外匯市場、銀行間同業拆借市場兌換人民幣和拆借資金。

2. 跨境人民幣業務「代理行」模式。

即境內商業銀行為境外金融機構開立人民幣同業往來帳戶。境內商業銀行可以對境外金融機構開立帳戶有設定鋪底資金的要求，並為境外金融機構提供鋪底資金兌換服務；可以按境外金融機構的要求在限額內購售人民幣。

3. 跨境人民幣「NRA帳戶」模式。

即境外企業在中國境內的商業銀行開立人民幣結算帳戶（NRA帳戶），與境內企業的跨境人民幣結算業務可通過該帳戶轉帳完成。

這三個跨境人民幣支付清算管道不僅承擔了跨境人民幣支付清算的基本功能，還在離岸市場上提供了人民幣流動性、回流機制及人民幣產品定價的功能。例如，當清算行和代理行出現臨時的跨境人民幣結算流動性缺口時，可以在一定額度內向境內銀行間拆借市場拆入和拆出人民幣資金，中國人民銀行也給予其一定的人民幣購售額度，增加其提供跨境貿易人民幣結算服務的流動性保證。此外，絕大部分香港的人民幣存款通過中國銀行香港分行存入中國人民銀行深圳分行的清算帳戶，目前年利率為0.72%。這個利率構成了香港人民幣存款利率的一個重要的定價基礎。

第二，人民幣跨境支付系統滯後於國際市場對於人民幣支付的總需求。

自2008年中國開始實行跨境貿易人民幣結算以來，國內外對人民幣國際化的前景比較樂觀，出於自身經濟利益的考量，多個國家願意將人民幣作為國際貨幣，使之成為國際支付中除美元之外的另一個選擇。韓國、阿根廷以及印尼、越南等東盟國家都與中國簽約，在一定範圍內實行人民幣結算。由於中國尚未建立專門的跨境人民幣支付清算系統，為了方便當地企業進行人民幣支付，2011年，馬來西亞國家銀行委任旗下獨資子公司MyClear（Malaysian

Electronic Clearing Corporation Sdn Bhd）與中國銀行共同開發人民幣結算系統，並授權中國銀行為馬來西亞境內人民幣結算銀行。該人民幣結算系統已於2012年3月21日正式生效，截至2012年4月，馬來西亞國內已有11家金融機構[1]加入MyClear的人民幣結算系統服務，這一重要基礎設施的建成無疑為中馬兩國貿易商提供了極大的人民幣結算便利。同時，這一舉措客觀上反映了國際社會對人民幣跨境支付系統的迫切需求。

不僅如此，在人民幣離岸市場建設過程中，2007年6月香港也建成了人民幣即時全額清算系統（RTGS），由中國銀行（香港）有限公司擔任清算行。清算行與中國人民銀行設有交收帳戶，是中國國家現代化支付系統（CNAPS）的成員。從技術層面看，這樣的結構安排使得香港人民幣RTGS系統成為CNAPS系統的延伸，但該系統的運行受香港法律監管。人民幣RTGS系統不但以即時支付結算方式處理銀行同業人民幣支付專案，亦處理人民幣批量結算及交收支付項目，功能類似港元RTGS系統。香港及境外銀行均可在清算行開設人民幣交收戶口，直接加入該系統。境外銀行亦可選擇香港的直接成員代理支付，間接加入該系統。

香港、馬來西亞在中國境外投資建設人民幣支付系統，一方面說明人民幣支付系統國際化滯後於人民幣國際化的步伐，亟須提到議事日程上來；另一方面也帶來了一定的憂患。如果各國按照自己的標準、規則建立人民幣支付系統，當中國建設跨境人民幣支付系統時，就會面對五花八門的標準，屆時要按照人民銀行的標準來統一這些標準，必然會遇到不小的阻力，必然要花費很大的精力和代價。因此，為了掌握跨境人民幣支付系統的主動權和話語權，必須盡快建成跨境人民幣支付體系，完善人民幣支付清算結算系統，使在岸人民幣支付系統與離岸人民幣支付系統之間實現有效的連結和整合，以實現人民幣的大範圍清算結算，為跨境貿易以人民幣結算提供方便，在實質上加速人民幣的

1　簽訂結算協議的這11家金融機構是：馬來亞銀行、聯昌銀行、大眾銀行、豐隆銀行、興業銀行、大馬銀行、安聯銀行、馬來西亞回教銀行、馬來西亞Muamalat銀行、豐隆投資銀行及僑豐投資銀行。

國際化進程。

7.3.4 建立跨境人民幣支付結算體系（CIPS）

依託CNAPS，中國境內的人民幣支付結算實現了安全、高效運轉。迄今為止，該系統主要服務於境內人民幣交易的支付結算，並未將跨境人民幣交易納入其中，因此，中國還沒有專門的跨境人民幣支付體系。從國際經驗上看，主要國際貨幣發行國都建立了本幣跨境支付結算的系統，而且各國的模式也不盡相同。從方便跨境貿易人民幣結算出發，我們可取各國模式之長處，因地制宜的建立符合中國實際情況的跨境支付系統。

目前，美國模式是建立商業性、具有獨立法人的跨境美元支付結算系統CHIPS，而跨境美元的最終結算卻是通過紐約聯邦儲備委員會開設的國內美元清算專門帳戶——FedWire系統進行的。中國可借鑒這個模式，因此應當加速建立並完善跨境人民幣支付系統——CIPS（Cross-Border Interbank Payments System），並通過目前的CNAPS系統進行最終結算。運用這樣的模式建立跨境人民幣支付平臺，人民幣貨幣市場的交易情況一目了然，便於監管當局採集資料、進行有效監管，由此還可以提高跨境人民幣支付清算資金的效率，降低清算成本。

跨境人民幣支付系統在組織架構上必須與CNAPS分離，不能作為CNAPS的子系統存在，其理由如下：第一，從美國經驗看，FedWire較為全面地處理國內美元支付清算，而CHIPS則專注於處理跨境美元支付清算。通過觀察和監管這兩個系統的情況，美聯儲很容易全面掌握國內市場和國際市場美元資金的流動特點和態勢，便於進行有針對性的制度安排和調整，通盤考慮國內外美元供求，進而制定更有效的貨幣政策和實施監管。第二，兩個相對獨立的支付體系可以同時完成一些基礎功能，有利於防範突發事件，如系統服務突然中斷和大規模的金融市場波動等，從而保障金融安全。第三，CNAPS是由政府主導的，採用行政管理的方法運營，效率相對較低且監管效果可能會滯後。而新建的、類似CHIPS的跨境人民幣支付系統是金融機構主導的，這種企業式支付

體系將更加市場化和細緻化，不僅有利於提高經營效率，還可以利用該支付系統的運營資金不斷升級系統的軟硬體配置，提供更安全、更穩定的支付清算服務。第四，如果將跨境人民幣支付系統作為CNAPS的子系統，在組織架構上就無法吸引目前大量參加人民幣支付清算業務的代理行進入系統，不利於擴大和鞏固人民幣國際化已經取得的成果。

通過CNAPS系統進行最終清算的CIPS有三個優勢：第一，境外成員銀行可直接使用其在人民銀行的清算帳戶辦理資金結算，減少了通過商業銀行間互開代理帳戶而占用的資金，有利於節約資金成本，提高資金使用效率，因而帶動了境外銀行的參與積極性。第二，跨境人民幣支付命令可直接由付款銀行發送至收款銀行，避免在代理行之間層層轉發，有助於提高跨境人民幣支付業務的處理效率。第三，在CNAPS系統範圍內完成最終支付結算，有利於中國人民銀行對跨境人民幣支付業務的監管，同時保障國家金融資訊的安全。

借鑒美國CHIPS系統的模式，中國的CIPS系統可以採取商業模式操作，大致可以按照以下原則構建：

第一，以法規形式，確定CIPS的股權結構、運作模式、監管責任、與其他支付系統的關係、風險管理等基本框架。CIPS由中國人民銀行監管。CIPS以中國國內的大銀行和若干國際大銀行為股東。CNAPS系統將為CIPS系統設立專門帳戶，成員行均在CNAPS系統中開戶，進行跨境人民幣交易的最終清算。全球其他金融機構的人民幣跨境支付可委託CIPS成員銀行作為代理行進行。在目前體制下國內參與跨境人民幣支付的代理行原則上都應成為CIPS的成員。

第二，CIPS應該能夠實現跨境支付的中文指令與英文指令的自動轉換，消除支付系統的語言障礙。但是電文格式應當與SWIFT配合，以便傳遞的資訊可以再次接入其他國際清算系統，實現跨平臺傳遞，也可支援跨境人民幣和其他幣種支付業務的資金結算。

第三，CIPS需要在中國時區的工作時間之外持續運行，爭取保證24小時中的大部分時間（至少18小時）運行，為在全球主要金融中心（如倫敦、紐約等）的人民幣支付與結算提供及時的服務。

第四，中國人民銀行對CIPS系統中的跨境人民幣資金流動進行監管，這在提供安全遮罩，維護國家和國內金融安全方面將起到重要的作用。在取得準確資訊的基礎上，中國政府可以及時採取措施，對威脅中國金融安全的恐怖組織、洗錢機構、個人、腐敗分子實行必要的制裁或制止某些支付活動。

7.3.5 構建人民幣支付系統的監督管理機制和法律基礎

1. 建設輔助的資訊、預警系統，為加強監管提供有效工具。

一個完善的支付系統需包含可靠、中立的資訊管理系統，借此消除由於資金不足等技術性問題帶來的風險，進而滿足我國金融監管部門對不同結算參與者、不同業務監管進行分類統計的需要，為評價人民幣結算參與者的管理能力提供基礎資料和客觀依據，進而為跨境人民幣支付體系保駕護航。

作為「金融市場公用平臺」（Financial Market Utilities）[1]，支付結算體系是金融制度的核心之一和運作的基礎。國家通過中央銀行完成金融監管的核心任務之一就是確保支付結算機構和體系的無差錯運行和安全。即時監測預警系統用於即時監測跨境人民幣支付系統參與者的支付活動和清算帳戶餘額，重點收集清算行一定時間內清算資金管理和運用資訊，以及清算行備付金率、支付系統業務排隊等情況，及時提供清算帳戶資金管理的相關預警資訊。通過分析監控得來的資訊，發現對跨境人民幣支付體系平穩運行產生不利影響的各種因素，及時對參與者進行風險提示，督促其規範支付清算行為。此外，該系統還可用於評價和考核支付系統參與者的風險管理能力。中國人民銀行通過設立科學的評價指標體系，對支付系統參與者的流動性管理、業務管理、系統管理、安全管理、清算紀律執行情況以及系統日常運行維護情況進行綜合評價，判斷其業務管理和風險防控能力，並作為採取懲戒措施的客觀依據。同時以此為依

---

1 本書將「Financial Market Utility」統一翻譯為「金融市場公用平臺」。目前「Financial Market Utility」一詞的中文有多種翻譯。如《美國金融監管改革概論》（劉士余主編，北京，中國金融出版社，2011）將其翻譯為「金融基礎設施」；《從金融危機審視華爾街改革與消費者保護法》（張路著，北京，法律出版社，2011）將其翻譯為「金融市場公共設施」。

據向國內以及人民幣離岸市場提示風險，增加市場的資訊對稱性，提高交易各方的透明度。

同時，其他一些國家已經建立的相對完善的支付體系監管制度提供了較好的先例，以供建立人民幣支付體系監管制度參考。美國2010年通過的《陶德—法蘭克華爾街改革與消費者保護法案》（Dodd-Frank Wall Street Reform and Consumer Protection Act，簡稱《陶德—法蘭克法案》）及其專設的第八章即《2010年支付、清算、結算監管法案》（Payment, Clearing and Settlement Supervision Act of 2010）正是美聯儲加強對美國支付結算體系監管的最新法律體現。《2010年支付、清算、結算監管法案》從多個方面和角度對支付體系的監管制度進行規範和調整，其中包括確定支付體系的重要性（立法目的）、明晰支付體系下的相關基本定義、對金融市場公用平臺和支付結算業務系統重要性的確立、監管標準譬如規則制定權的授權、支付體系的運營以及對支付體系的檢查權和執行權等。一些歐盟國家如英國也制定了類似的支付體系監管法律或指令，對人民幣支付體系的建立均有很好的借鑒價值和意義，也對人民幣支付體系相關立法在技術和實踐層面上提出了高要求和高標準。

2. 完善人民幣支付體系相關立法，為跨境人民幣支付保駕護航。

首先，人民幣支付清算體系法律制度的不健全表現為在法律上沒有明確對參加銀行間支付結算系統的金融機構的准入要求。因此，在如何確定參加該體系的銀行機構的准入標準、已加入金融機構的監管、已加入金融機構違規或不合格的懲戒、調整和清除以及參加的金融機構數量和品質的法律調控等問題上，缺乏必要的法律依據。與此相關，我國可以借鑒美國《2010年金融穩定法案》（Financial Stability Act of 2010）和《2010年支付、清算、結算監管法案》對指定業務、金融交易、金融市場公用平臺（Financial Market Utilities）及金融機構等基本概念的定義和規範以及美國CHIPS體系所建立的基本制度來確立跨境人民幣支付清算體系並參照其准入制度。

其次，人民幣支付清算體系缺乏具體的法律規範。縱觀美國和英國的支付清算體制，其最大的共性就是制定具有較高層次效力的法律。相比而言，我

國涉及支付清算體系的法律立法層次顯然太低，大多為相關部委、金融監管機構或中央銀行的規範性檔或政策性指引，分佈和散落在各種行政法規、規章和意見中，沒有上升到可執行的法規層面進而形成統一有序的體系。而立法層次太低會導致一系列不良後果，如法律規定缺乏權威性、制度的穩定性較差、立法的科學性和民主性難以保證，並且在法律效力和協調上地位盡失。這些不良後果已經嚴重制約著人民幣支付體系立法的完善以及金融體制改革的推進，並使人民幣支付體系在國際競爭中處於弱勢地位，不能形成和人民幣國際化目標相輔相成的法律體系。以普通法系的美國為例，美國既有聯邦管理機構的監管法律，同時亦通過判例結合司法實踐進一步規範支付體系的運行和實踐。我國作為沿襲大陸法系的國家，不僅形式上必須由立法機關制定專門的成文法律來規範和約束人民幣支付清算體系（如人民幣支付清算授權法定、當事人義務法定、人民幣支付清算程序法定、人民幣支付清算相關責任法定等），而且需要從法律技術層面進一步明晰支付清算體系下各個參與方的權利義務關係以及具體的操作步驟、方式以及相關的監管制度，從而有效建立人民幣支付結算實際操作制度的合法性、公信力、確定性和執行性，同時也能有效地同其他國際通行支付清算體系接軌並贏得國際清算參與方對人民幣支付體系的信任和依賴。

其中，貨幣支付清算體系在法律層面上非常重要的一點是結算最終性的確認和效力。結算最終性一般是指支付系統對參與者、特許參與者及參與者相關的委託人發出的支付指令一經結算即具有最終性，其效力不受其他債權債務和背後商業細節的影響，如不受破產法、消費者權益保護法或其他法律的影響和追溯。世界各國的法律都確認了結算最終性的效力，這一原則是支付體系穩定發揮作用的基石，也是市場參與者信心的來源，應當作為支付清算法律的基本原則在相關立法中加以確立。

同時，人民幣支付清算管理監督體系亟待建立，包括建立具有權威性的人民幣支付清算管理監督機構，明確職責；建立從上到下的人民幣支付清算執行資訊系統；建立嚴格的人民幣支付清算管理監督體系。綜合其他可比制度的經驗和模式，人民幣支付清算管理監督體系初步可由幾部分組成：第一，組建

以金融監管機構監督為主體的多方結合的監督框架。這個框架可以由以下幾個部分組成：（1）主管部委、中央金融監管機構和中央銀行，主要是加強對人民幣支付清算制度的審查、標準制定[1]；（2）人民幣支付清算管理相關監事機構，可以構建一個平行於本級監管部門、彙報或隸屬於上級監管部門，既有權威性，又確保人民幣支付清算管理各項規章制度有效發揮的監管機構；（3）人民幣支付清算管理機構的具體內部控制機制，從而確保不斷提升自我管理水準並完善內部控制責任機制。在這個以金融監管機構為主體，伴以監事機構監督協助，以自身管理機構的內部控制機制充實的三位一體監管框架中，政府側重於宏觀調控和管理。再有就是要建立重大人民幣支付清算項目的定期內審制，增加法律執行和制度貫徹的透明度和公信力。第二，建立人民幣支付清算監測資訊系統，實現資料內部共用。及時發現和解決在人民幣支付清算中的不當行為並評判分析。第三，完善人民幣支付清算監督約束機制。其一是提高對監督人員的能力要求。其二是明確人民幣支付清算監督機構職責，制定權力、義務和監督標準，並制定監督工作量化考核辦法。其三是實行人民幣支付清算監督責任追究制度，對監督人員失職行為實行責任追究，完善離任審計，對違反規定的行為進行相應懲戒。

再次，人民幣支付清算體系法律制度的建立必須考慮相關的糾紛解決機制和體系。跨境支付的一個顯著特點是糾紛解決機制的國際性和複雜性，同時又有執行力因素的困擾。因此，在立法層面上，必須對此問題給予足夠的考慮和協調。在這一點上，不同國家適用了不同的規則和要求，既有依照國內糾紛解決的模式予以協調，也有依靠國際慣例和國際公約或協定對可能產生的糾紛進行仲裁。同時，我國相關的立法模式和協調辦法也需要根據人民幣支付清算體系的發展和歷史沿革、參與人民幣支付結算體系金融機構所在國的法律以及其

---

1 譬如美國《2010年金融穩定法案》設立金融穩定監督委員會（Financial Stability Oversight Council, FSOC）的方式，建立針對人民幣支付結算的監督機構，辨別系統風險，並明確中國金融監管機構和中央銀行在系統風險監管中的核心地位。目前「Financial Stability Oversight Council」一詞的中文有多種翻譯。本報告將「Financial Stability Oversight Council」統一翻譯為「金融穩定監督委員會」。《從金融危機審視華爾街改革與消費者保護法》一書將其翻譯為「金融穩定監察委員會」。

他幣種國際支付結算的現行做法等予以確立。

　　總而言之，我國人民幣支付清算體系法律制度的建立應從多方面入手，不能寄希望於一部單獨的支付清算體系法典解決所有問題，而應考慮建立有關人民幣支付體系的法律規範的一個法群。這個法群應由至少三部分法律規範構成：一是引入、重新規範或創設全新的概念、規則、法律關係以確定支付結算系統及對參加銀行間支付結算系統的金融機構的准入要求，同時確立指定業務、金融交易和覆蓋業務的定義，進而確立作為金融市場公用平臺的支付清算體系的範圍。二是在傳統的金融交易法律或合同法典中增加或新設專門有關人民幣支付清算體系相關的法律，譬如借鑒美國UCC第4A編、《國際貸記劃撥示範法》（UNCITRAL Model Law on International Credit Transfers）以及其他金磚國家或發展中國家的立法和操作實踐，調整和平衡各當事方的權利義務並以此促進人民幣支付清算體系的建立和革新，確立人民幣支付清算體系的法律地位和公信力。另外，要建立監管人民幣支付清算體系的標準，譬如規則的制定權及其目標、原則和範圍，保證人民幣支付清算體系的運營、檢查和執行。三是借鑒國外的司法實踐和糾紛解決機制，創立可行性強的單行性規範，援引國際慣例或示範法，進而形成一整套的人民幣支付清算體系相關機制。

美元CHIPS系統背後的法律支撐

紐約結算所「銀行間支付結算系統」（Clearing House of Interbank Payment System，CHIPS）是世界上目前由私人持有設在美國的大額交易結算所，即為非上市公司或非聯邦設立的專門監管機構。CHIPS是紐約結算所為其參加銀行辦理跨行美元支付之移轉與清算業務的即時電腦化處理作業系統。CHIPS下的交易主要適用《美國統一商法典》（Uniform Commercial Code，UCC）第4A編。CHIPS於1970年開始由紐約結算所負責運營，主要進行跨國美元交易的清算，目前超過95%的國際美元跨境支付系通過該系統處理[1]，2012年CHIPS日平均結算額超過1.5億美元。作為針對美元的跨行支付系統，CHIPS採用即時、持續配對及多邊淨額抵銷機制，支付指令經CHIPS執行，並將資訊傳送至收款行後，該支付交易之清算即具最終性。

目前有來自超過20個國家，共計約50家美國本土金融機構和跨國銀行參加CHIPS成為其會員銀行。根據CHIPS參加規約第19條的規定，任何美國存款機構或外國銀行參加CHIPS系統需要具備下列基本條件：

（1）在美國設立辦公處所並受聯邦或州政府監管；

（2）得到美國聯邦存款保險公司促進法案保障的金融機構；

（3）符合參加規約約定的參加標準，並須與CHIPS聯結；

（4）符合參加規約要求的同地及異地備援電腦設施。

---

1 另一系統為美聯儲操作的聯邦資金轉帳支付（Fedwire Fund Service）系統。銀行通常傾向於使用CHIPS支付更高價值和時間敏感款項，而不使用聯邦資金轉帳支付系統。CHIPS不同於聯邦資金轉帳支付系統主要體現在三個方面：首先，CHIPS是私有的，而聯邦資金轉帳支付系統屬於監管機構的一部分。其次，CHIPS僅僅擁有47個參加銀行（包括一些合併後的銀行），而聯邦資金轉帳支付系統則有9 289家銀行機構（截至2009年3月19日），從而比聯邦資金轉帳支付系統更容易進行支付和結算。再次，CHIPS是「網路狀」的系統且是不即時系統，從而可將所有支付和結算整合到較少的單一交易。

同時，根據美國聯邦金融機構檢查委員會（FFIEC）要求，「任何在美國的銀行機構均可參與到支付系統中」。因此，CHIPS參與者可能是商業銀行、「艾知法案」（Edge Act）[1]公司或投資公司。直到1998年，CHIPS的參與者或金融機構需要在紐約市當地設立一個分支或代理機構。而非參與者的銀行或金融機構必須聘請CHIPS的參與者作為其通信員或代理人方能使用CHIPS來處理其國際收支需要。

CHIPS下的交易主要適用《美國統一商法典》第4A編。UCC第4A編目前為世界上第一部專門調整大額電子資金劃撥的法律之一。在該法尚未生效時，許多美國的州或聯邦法院已將其作為判例的法律指導。到1996年2月，UCC第4A編被美國所有的州及華盛頓特區採用，成為美國UCC中被採用範圍最廣的一編。UCC第4A編對聯合國國際貿易法委員會《國際貸記劃撥示範法》的起草產生了重大影響，《國際貸記劃撥示範法》採納了美國UCC第4A編的大部分概念和規則，並向全世界推薦。IMF也向俄羅斯和東歐國家的央行推薦了美國UCC第4A編所確立的規則。因此，UCC第4A編對我國建立跨行人民幣國際支付之移轉與清算業務的法律細則也具有重要的實踐價值和借鑒意義（包括立法、執行及參與人權利義務關係內容等）。

UCC第4A編作為專門調整大額電子資金劃撥的法律，主要包括下列5章：

（1）電子資金劃撥法律的調整物件和相關定義：如支付命令、資金劃撥、美聯儲的法規和指令以及消費者交易的排除等概念；

（2）支付命令的發出和接受：如安全程序、授權或確證的支付命令、無法執行之確證的支付命令、錯誤的支付命令、對受益人描述錯誤

---

1 「艾知法案」是於1919年通過的對《1913年聯邦儲備法案》的修正案。「艾知法案」以美國前參議員Walter Evans Edge命名。「艾知法案」公司由美聯儲批准設立，並可以通過聯邦許可的分支機搆從事海外銀行業務和金融業務，從而可以更好地與外國銀行進行競爭。本書將「Edge Act」統一翻譯為「艾知法案」。目前「Edge Act」一詞的中文有多種翻譯，如《美國金融監管改革概論》一書將其翻譯為「艾奇法案」；亦有將其翻譯為「埃奇法案」或「埃其法案」，http://www.fane.cn/?p=2037262。

情形的處理、對中間行或受益人銀行描述錯誤情形的處理、支付命令的接受、拒絕和取消，以及接收行針對未被接受的支付命令情形下的權利和義務等；

（3）接收行對付款人支付命令的執行：如接收行的執行和義務、錯誤執行時的責任，以及延遲執行或不合理執行時的責任和義務等；

（4）付款環節：如付款人對接收行的義務、受益人銀行的義務及其解除；

（5）其他條款：如取消付款的命令和選擇管轄法律的要求等。

CHIPS系統為適應UCC第4A編的要求並根據美聯儲的規定，在預撥資金、支付指令傳送、支付指令處理、支付完成和關賬等操作中設立了完整的內部規範和操作細則。譬如，CHIPS系統為節省參加銀行的流動性使用，採用多邊抵銷機制，對於發送行帳戶餘額不足，而尚未執行清算的支付指令，系統會自動尋找收款行給發送行的支付指令，將這些支付指令進行雙邊抵銷演算，當指令滿足清算條件時，立即執行淨額抵銷；若上述兩家參加銀行間的支付指令不能滿足清算條件，系統將在特定時點自動進行多邊抵銷演算測試，當發現符合最適演算的支付指令可以清算時，則將該等指令移出並進行多邊淨額抵銷（借記發送行帳戶並貸記收款行帳戶），從而避免了美聯儲Fedwire雙邊清算的缺陷並降低了費用。

第八章

主要結論與政策建議

　　《人民幣國際化報告》由中國人民大學每年定期發佈，忠實記錄人民幣國際化歷程，深度研究各個階段的重大理論問題和政策熱點。本報告特別編制人民幣國際化指數（RII），用於客觀反映人民幣在國際範圍內的實際使用程度，以方便國內外各界人士及時掌握人民幣國際地位的發展動態和變化原因。根據對RII的縱向或橫向的比較分析，企業和金融機構可以判斷市場發展方向並捕捉潛在盈利機會，研究者可以從中發掘富有學術價值、應當深入研討的選題方向，管理部門可以驗證政策安排和制度設計的效果從而確定下一步工作重點。在可以預見的未來，RII對外國企業、金融機構、政府或國際組織也將具有參考及應用價值。

8.1　主要研究結論

8.1.1　RII再創歷史新高

　　（1）儘管國際經濟復甦勢頭放緩，中國貿易增速下降，人民幣國際化水準卻繼續穩步攀升。2012年RII由2011年的0.58躍升至0.87，同比增長了50%。全球貿易中的人民幣計價結算份額上升到1.53%，對本年度RII的貢獻達到七成。跨境貿易人民幣計價和結算呈現出以下四個特點：一是推進平穩，覆蓋至

全國。二是規模繼續擴大，參與主體日漸放寬。三是收付失衡狀況改善。四是仍以貨物貿易結算為主，但服務貿易結算比例上升明顯，體現出我國經濟發展方式進一步改善。2012年跨境貿易人民幣結算規模達到2.94萬億元，比上年增長43.4%。跨境人民幣結算收付比為1：1.2，進出口人民幣結算量失衡情況進一步改善。為提升貿易人民幣結算的吸引力，金融機構新增人民幣信用證、保理等多種貿易融資產品，服務於跨境貿易的人民幣業務快速增長。此外，為了滿足更多的交易夥伴國對人民幣結算的需求，2012年中國先後與阿聯酋、土耳其、澳洲、烏克蘭等國家和地區簽署貨幣互換協定，累計人民幣互換協定規模已超過2萬億元。

（2）人民幣直接投資增速最快，增強金融計價功能。由於中國政府進一步放鬆對跨境人民幣資本流動的管制，跨境直接投資人民幣結算金額達到2 840.2億元，較上一年增長了1.5倍以上，成為2012年人民幣國際使用發展最快的領域。目前，外商直接投資中以人民幣結算部分的占比已經超過三分之一。在跨境人民幣直接投資的帶動下，跨境人民幣金融結算出現了井噴式增長，國際金融交易中的人民幣結算份額已經接近1%。為了提升人民幣金融計價的吸引力，國內銀行間市場推出了一系列改革。一是人民幣對美元匯率波動幅度從千分之五擴大至百分之一，增強了人民幣匯率彈性和市場在匯率形成中的作用。二是啟動人民幣對日圓直接交易，便利人民幣跨境使用。三是正式推出利率互換電子化交易確認和沖銷業務，降低市場參與者的操作風險，提高交易效率。四是債券市場參與者向境外保險機構和人民幣合格境外機構投資者等多類型機構延伸，提高對外開放程度。另外，跨境人民幣證券投資和信貸業務不斷創新，全球首支人民幣合格境外機構投資者（RQFII）A股ETF、人民幣可交收貨幣期貨合約在香港上市，離岸人民幣市場衍生品種類進一步豐富。

（3）從主要貨幣國際化指數看，美元基本保持穩定，其他貨幣均不同程度有所下降。2012年美國經濟表現好於預期，避險功能進一步凸顯。美元在國際債券和票據發行中對歐元份額形成替代，沖銷了美聯儲第四次量化寬鬆政策造成的不利影響，使得美元的國際地位繼續穩固。美元國際化指數為52.34，與

2011年基本持平。受主權債務危機拖累，2012年歐元的國際地位與影響力呈下降趨勢，特別是在國際債券和票據發行中，歐元的季度平均份額較2011年下降了1.8個百分點。歐元國際化指數為23.60，下降幅度超過10%。2012年英鎊在國際債券發行中的計價結算份額明顯下降，但倫敦奧運會和對歐元的避險替代性又形成利好因素。英鎊國際化指數為3.98，較上年略有降低。災後重建和「日本再生戰略」有利於日本的實體經濟，不斷擴大的量化寬鬆政策也使日圓成為主要融資貨幣。然而出口大幅度下降，進口大規模增加，日本出現了高達780億美元的貿易逆差，是此前歷史最高紀錄1980年逆差的兩倍。巨額貿易逆差在一定程度上打擊了國際社會對日圓的信心。2012年日圓國際化指數為4.46，與上年基本持平。

8.1.2 國際貿易格局變化必然導致貿易計價貨幣替代

（1）國際貿易格局可以寬泛地理解為世界的主要區域、國家（或地區）在國際貿易中的份額、國際貿易產品、國際貿易區域範圍、國際貿易方式及由此表現出來的參與貿易的各區域、國家（或地區）間的實力對比態勢和總體的秩序與狀況。歷史上國際貿易格局經歷過若干次重大變革。新世紀開始，世界貿易格局變遷表現出以下幾個特點。首先，新興經濟體的貿易份額顯著提高，同時市場份額也大幅上升。目前新興市場國家與發達國家的貿易份額幾乎平分秋色，亞、非、拉美市場份額擴張，與歐洲、北美市場份額已經非常接近。其次，南北間產品內貿易成為當前國際貿易主要形式，使得發達國家與發展中國家之間的貿易往來更加密切。第三，區域貿易成為主流，雙邊貿易更加普及，表現出替代多邊貿易談判安排的趨勢。

（2）伴隨著貿易格局的變化，貿易計價貨幣選擇必將發生相應改變。從歷史經驗中可以發現這樣的規律：國際貿易格局變化首先導致貿易計價貨幣替代，然後蔓延到金融領域，加速和放大這種貨幣替代，經過一段時間的發酵，最終表現為國際貨幣格局發生巨變。經濟規模、行業特性、貿易結構、宏觀經濟波動性、交易成本、避險動機是決定出口計價貨幣選擇的主要因素。新興國

際貿易大國的貨幣有更多優勢成為新的貿易計價貨幣；貿易區域化和結構調整將催生新的貿易計價貨幣；貿易格局變遷的驅動模式不同，貨幣替代也表現出不同特點。

（3）世界貿易格局變遷決定了國際貨幣格局演變，估計今後一段時期國際貨幣體系可能出現以下三大變化。第一，貿易份額增強了中國（以及其他貿易份額上升較快的新興市場國家）的市場主導能力，以中國為代表的新興市場國家的貨幣有可能進入主要國際貨幣俱樂部。第二，區域經濟大國和貿易大國的影響力相對提高，從而該國貨幣有可能成為區域關鍵貨幣。人民幣有機會成長為「東亞10＋3」框架下具有影響力和領導力的關鍵貨幣。第三，針對新興國際貨幣的匯率戰可能影響貨幣替代的節奏。主要貨幣會輪番向人民幣或其他新興的區域貨幣發動進攻，逼迫這些貨幣升值，使這些國家貿易下滑、經濟衰退直到其貨幣喪失國際市場競爭力，貨幣替代或許發生逆轉。

8.1.3 人民幣國際化肩負著變革國際貨幣格局的歷史使命

（1）由於驅動模式不同等原因，未必每次貿易格局調整都引起國際貨幣格局變化。當貨幣格局明顯滯後於貿易格局調整的時候，關鍵國際貨幣發行國必將付出經常帳戶差額持續惡化的政策代價。國際貨幣體系也不得不面對特里芬難題的挑戰，因為通過經常帳戶逆差供給國際清償手段與國際儲備貨幣價值穩定目標之間存在著不可調和的根本矛盾。表面上，通過信用貨幣國際化來提供國際清償手段似乎都無法回避特里芬難題。但歷史經驗提示，只有在20世紀50年代末至70年代初、20世紀90年代後期至2008年這兩個特定時期內，美國出現經常帳戶差額持續惡化（甚至失控）的現象，同時特里芬難題引起的諸多問題更是集中爆發。兩段時間的共同特徵是，貿易格局已經明顯變化，但貨幣格局還在「原地踏步」。換個角度看，當特里芬難題激化或者美國經常帳戶問題凸顯時，也就證明現行國際貨幣體系已經與國際經濟和貿易格局不相匹配了。

（2）對特里芬難題的完整解讀可為人民幣國際化戰略確立理論基礎和現實依據。布列敦森林體系是國際金匯兌本位制。經常帳戶惡化致使黃金持續流

出美國，嚴重侵蝕美元的價值基礎。所以美國經常帳戶逆差在當時是不可持續的，特里芬難題必然無解。牙買加體系下美國的經常帳戶逆差由於擺脫了黃金約束並非不可持續，但卻增大了國際間的經濟政策摩擦，即所謂的「新特里芬難題」——高外匯儲備國家面臨的「美元陷阱」以及2008年全球金融危機等都是具體表現。根據國際經濟和貿易新格局相應調整國際貨幣格局，以人民幣國際化推動形成多元競爭的國際貨幣格局，或可破解「新特里芬難題」。因此，人民幣國際化肩負著實現中國利益主張和改革國際貨幣體系的雙重歷史使命。

（3）結合主要國際貨幣都曾經長期貿易順差的基本事實，可以確認貿易順差是貨幣國際化的理論前提。通過對國際貨幣供求形成機制的分析可知，貿易順差與向非居民供給國際清償手段也並不矛盾。因此，保持一定規模的貿易順差（或經常帳戶順差），對於實現中國經濟轉型和人民幣國際化目標而言非常必要。而且貿易順差所賦予我國的債權國地位為人民幣成長為國際貨幣創造了有利條件，應當將其視為培育非居民持有人民幣資產的意願進而提高人民幣國際使用程度的重要機遇。其中如何提高貿易中人民幣計價的份額，鼓勵居民和非居民在雙邊或區域貿易中以人民幣進行結算，是當前及未來一段時間內需要特別關注的問題。

8.1.4 貿易大國地位為跨境貿易人民幣結算帶來機遇和挑戰

（1）新一輪國際貿易格局變遷給人民幣打開巨大空間。從外部環境看，區域貿易、南南貿易正在成為主流，跨國公司在貿易模式、生產要素配置等方面日益發揮更重要的作用。就內在條件而言，中國貿易規模連年快速增長，2012年底與美國貿易規模相差無幾，2013年已經確定超越美國成為全球第一貿易大國。同時，我國對外貿易也發生了較大的結構性變化，突出表現為電子、通信等附加值較高的產品貿易份額不斷擴大；貿易市場多元化，對歐美、日本等傳統貿易市場的依賴程度下降，對東盟、非洲、金磚國家、拉美地區的貿易快速增長；而且對外直接投資和貸款對於貿易的增長有重要的推動作用。對中國貿易格局變化的詳細分析和深入研究發現，中國在「東亞10＋3」區域貿

易、上合組織六國、金磚國家、拉美、非洲等新興經濟體的貿易份額日益提高。為了規避美元、歐元、日圓等主要貨幣的匯率風險，這些地區在對華貿易中具有人民幣結算的巨大潛在需求。

（2）跨境貿易人民幣結算取得了實實在在的成果。本報告根據美聯儲、歐洲中央銀行、日本銀行對本國企業貿易結算貨幣使用情況的調查資料，基於六大經濟體對華貿易份額，運用情景分析分別得到最樂觀、樂觀、一般、保守與最保守情境下跨境貿易人民幣結算的理論估測值。2012年全球貿易中人民幣結算的真實份額達到1.53%，介於保守情景（1.26%）與一般情景（1.68%）的理論值之間。該研究結果表明，人民幣在六大經濟體對華貿易中的使用程度已經超過十年前日圓的水準，接近當時英鎊的水準。考慮到我國資本帳戶還沒有完全放開，現階段有相當規模的跨國資本流動其實是假借貿易名義、繞道經常帳戶發生，所以跨境貿易人民幣結算的統計資料中可能存在一些虛假成分。另外，由於理論估測過程的設計本身就比較謹慎，所以估測結果應當理解為更接近下限的取值。在這種情況下人民幣實際結算份額仍未達到「一般」水準，表明跨境貿易人民幣結算規模存在巨大的擴展空間。

8.1.5 克服障礙可更好推進貿易人民幣計價結算

中國存在「貿易大而不強」的問題。突出表現為貿易相關產業綜合實力偏弱，商業成熟度較低，與既是工業強國同時也是貿易強國的美國、德國、日本等相比仍存在不小的差距。中國企業主要處於產業鏈加工組裝環節，利潤率較低；缺乏具有國際競爭力的跨國型本土企業、核心技術和品牌效應，企業創新意識和創新能力較弱；此外，發達國家的再工業化政策和國際間產業轉移可能導致我國貿易增長下降、停滯甚至發生逆轉——這些因素都決定了中國雖然已是貿易大國，但仍然不是貿易強國，從而使得人民幣在貿易結算中還沒有達到應有的份額。

障礙一表現為企業在貿易中使用人民幣結算的意願和能力不足。目前的情況是，中國超過一半的出口產品是加工貿易產品，出口企業數量多但規模小、

行業集中度較低。一方面使得我國出口產品的可替代性較高，另一方面表明貿易企業單兵作戰能力較低，總體上貿易競爭力不理想，從而大大限制了企業在貿易貨幣選擇上的話語權。此外，經濟增長對投資和出口的過度依賴也制約了進出口企業的談判能力，交易成本偏高更是直接降低了人民幣對企業的吸引力。可見只有完善貿易結構、實現經濟增長方式轉型，才能有效突破企業在貿易貨幣選擇上的困境。在技術創新基礎上增強貿易競爭力是根本，支援企業做大做強並提高貨幣選擇的談判能力是關鍵，通過金融改革降低人民幣交易成本是重要的輔助手段。

障礙二在於我國金融體系還不夠完善，作為跨境人民幣業務主要提供者的商業銀行應發揮更大作用。2009年以來中資銀行已將開展跨境人民幣業務提到戰略高度，並在跨境貿易融資、保理、全球現金管理等領域進行了多項創新，但還存在多種制約因素。首先，銀行的國際化程度不高，境外分支機構規模有限且佈局不盡合理，還沒有廣泛進入貿易快速增長的六大經濟體市場。其次，偏緊的政策和監管使不少銀行在人民幣信貸資金分配時傾向於支持國內專案，而不是服務於跨境貿易的人民幣融資或結算項目。此外，利率和匯率改革尚未完成導致利率和匯率的雙重價差刺激了套利、投機活動，跨境人民幣業務在一定程度上演變為投機資本流動管道，為貿易等實體經濟國際化服務的功能被削弱。當然，境外人民幣缺少正規的保值增值手段也是制約因素之一，應當在金融體系進一步改革和發展的基礎上推動人民幣國際化進程。對於商業銀行而言，需要繼續強調為企業對外貿易、對外投融資活動提供金融服務的基本定位。只要我們的金融機構跟上企業國際化的步伐，為企業「走出去」做好人民幣業務支持，貨幣國際化就將是水到渠成的事情了。

支付清算體系的國際化是推進人民幣國際使用不可或缺的重要環節。貿易人民幣結算規模擴大，必然帶動與之相關的投融資、資產管理和風險管理業務，促使人民幣金融交易增加。目前，跨境人民幣支付清算的基礎設施投入、清算安排和法律制度已不能滿足企業，特別是國際金融機構進行批量交易和通過支付系統進行融資的要求。換言之，由於缺失跨境人民幣支付系統，人民幣

將不可能在國際貿易結算和國際金融結算中實現其應有的份額。先栽梧桐樹，後引鳳凰鳥。為充分利用世界貿易格局變遷所創造的有利條件，更好地提高跨境貿易人民幣計價結算份額，必須從現在開始著手，逐步建成安全、高效的支付平臺和更加便捷的人民幣清算體系。

8.1.6 國際輿論更加關注人民幣國際化並持謹慎樂觀態度

（1）關於如何推進人民幣國際化的問題，來自全球範圍不同背景受訪者所做出的回應對管理部門有一定參考價值。大部分人認為人民幣在計價結算方面的使用程度落後於貿易本身的發展，未來成長空間很大。全球支付不便利、缺乏海外投資管道等被認為是妨礙人民幣貿易計價結算份額繼續提高的主要因素。資本專案管制被視為明顯阻礙，來自政府和智囊機構的受訪者更強調政治體制差異會降低對人民幣資產的信任度。大多數受訪者認為中資銀行在人民幣業務上更有優勢，但其專業性和國際化程度不高或不利於人民幣國際化。

（2）人民幣國際化的「周邊優先」策略比較成功。更多的亞洲受訪者確信人民幣國際化可以帶來便利，也對貿易人民幣計價結算表達了更高的接受意願。調查資訊說明，2012年中國與周邊國家地緣政治上的相互猜疑和防範尚不足以阻礙經濟上的融合趨勢以及對人民幣的實際使用。人民幣國際化還是應該堅持從周邊起步，然後逐步向地區外國家拓展。非洲可能是下一個希望之地。

（3）針對人民幣國際化的問卷調查和訪談資料揭示，雖然人民幣國際化還算不上熱門話題，但是在企業和金融專業人士圈子中，人民幣國際化已經是國外社交場合經常聊到的問題。媒體方面，亞洲媒體和各國商業媒體給予了高達71%和81%的關注度。儘管政府背景人士通常認為政府對此議題不怎麼關注，但美國政府卻是非常關注的。雖然國際關注度整體上提高，但地域差異比較明顯。比如，美國人態度最為消極，流露出很多擔心或憂慮。發展中國家的態度比美國要積極，但其支持率低於美國以外的其他發達國家；他們主要擔心進口商品價格和匯率會受到潛在負面影響。但國際社會基本認同未來十年人民幣國際地位可以超過英鎊和日圓。

8.2 政策建議

8.2.1 以提高貿易人民幣計價結算份額為政策主攻方向

（1）充分利用中國和東盟各國存在廣泛共同利益和貿易互補等特點，促進人民幣跨境貿易區域化發展。繼續積極參與「東亞10＋3」框架下的各項區域經濟合作，儘快促成中日韓自由貿易區。此外，逐步實現中國與亞洲、周邊國家貨幣的直接兌換，降低人民幣外匯交易成本，提高區域貿易中人民幣結算的吸引力。鞏固人民幣周邊化、區域化的發展成果，為實現人民幣國際化第一個十年目標奠定堅實的基礎。

（2）順應國際貿易格局最新發展趨勢，努力優化中國的貿易結構，廣泛尋求並積極推動中國與亞非拉發展中國家及新興經濟體之間的雙邊自由貿易。提升我國與新興經濟體之間的貿易份額，並以此為切入點推動雙邊在互惠互利原則下使用人民幣進行貿易計價結算。金磚國家在許多方面有共同利益，合作機制已經從政治走向經濟、從務虛走向務實。中國應該充分利用這個平臺，利用金磚國家開發銀行和金磚外匯儲備庫的功能機制，加強與其他金磚國家之間的經貿關係，促進貿易規模快速增長。在對金磚國家貿易中積極推動使用雙方貨幣計價結算，提高人民幣在金磚國家間的貿易結算份額，進而提高在全球貿易中的比例。

（3）人民幣直接投資正在成為推動人民幣國際化的重要力量。進一步完善人民幣直接投資的實現與保障機制，充分利用兩個市場、兩種資源，促使我國企業，特別是民營企業「走出去」。鼓勵人民幣直接投向東盟、拉美、非洲等國家和地區，並以人民幣直接投資帶動人民幣貸款等金融交易，增加境外人民幣流動性，為進出口企業選擇人民幣進行貿易結算創造良好條件。逐步形成人民幣資本項下的金融業務與貿易項下進出口結算之間的相互促進、良性循環。

8.2.2 利用債權國身份為人民幣貼上「避險資產」標籤

（1）在貨幣國際化初期，主要考慮使貿易順差所確立的債權國地位更加鞏固，提高人民幣資產的「安全性」等級。同時通過對外貸款、經濟援助等方式形成資本淨流出，實現人民幣向非居民的供給機制。當前非居民的人民幣回流機制應當主要考慮人民幣計價的進口回流，或者貿易信貸的償還回流。在金融市場尚不完善、金融體系不夠成熟的情況下，不宜過多強調投資回流或投機回流。為提高非居民持有人民幣資產的意願，離岸金融市場建設應側重於提供人民幣流動性和外匯風險管理工具。資本帳戶開放等配套金融改革也應參考以上原則。

（2）在國際金融形勢較為動盪的情況下，「避險資產」標籤或可使人民幣國際化進一步提速。但是考慮到國際資本流動規模及其影響，要有選擇地更多吸引長期資金，以防止短期避險資本逆轉對國內經濟和金融的過度干擾與破壞作用。貿易和直接投資應當是人民幣國際使用的重點領域。為此，建議以產業結構升級為重點，大力推進中國經濟轉型，降低經濟增長對投資和出口的過度依賴，完善並落實各項財稅與金融政策，鼓勵企業技術創新，增強產品技術含量，降低出口可替代性，從根本上提升我國企業的國際定價議價能力，增加企業貿易計價結算貨幣的選擇權。要抓住貿易格局變遷要求貨幣格局調整的難得機遇，通過提高貿易人民幣結算份額，有品質、有效率地推動RII繼續增長。

8.2.3 落實好金融機構「走出去」的國際化發展戰略

（1）提高金融機構國際化程度，夯實人民幣國際化的組織基礎。中國金融機構國際化的步伐應該與中國貿易格局的發展變化相適應。發展中國家，尤其是金磚國家、新興市場國家與中國經貿關係日趨密切，這為中資銀行「走出去」創造了良好的外部環境。金融機構國際化應該以服務實體經濟的人民幣貿易結算和直接投資為宗旨，根據企業的金融需求設立覆蓋主要交易夥伴的海

外分支機構網路。中國的國有銀行資產實力雄厚，信用等級高，在海外併購和設立分支機構方面不會出現資金困難，而且抵禦各種風險的能力較強，應該成為金融機構「走出去」的先頭部隊。鑒於在一些私有經濟占主導地位的國家，國有銀行可能受到歧視或抵制，可以鼓勵股份制銀行、民營金融機構「走出去」。此外，企業對跨境人民幣的金融需求是多元化的，銀行、證券和保險業務常常交織在一起。金融機構在為企業提供跨境人民幣業務服務時，不要因為受到國內金融分業經營的限制就畏手畏腳。只要不與當地法律、監管原則相衝突，為了推動跨境人民幣業務的發展，多種金融業務可以相互合作；國內的銀行、證券、保險等各種金融機構都應提高國際化程度，並在「走出去」以後，彼此呼應，相互協作，形成一股合力。

（2）政府強化服務功能，為金融機構「走出去」做好後勤，保駕護航。在經濟金融全球化的今天，尤其是在國際經濟活動中，政府的角色發生了很大變化。政府不再是企業經濟活動的旁觀者、監督者，而是企業經濟活動的助威者、推動者，甚至是企業經濟活動障礙的清掃者。在金融機構國際化戰略實施中，中國政府應該扮演更加積極、主動的角色，切實為我國金融機構「走出去」營造和諧、良好的國內外環境。對相關政府部門而言，要把這項工作上升到國家戰略的高度。首先，適當降低中國銀行業「走出去」的門檻限制，遵循市場化運營為主、政策扶持為輔的原則，鼓勵金融機構建立和發展海外分支機構，爭取儘快建成覆蓋主要交易夥伴國的海外金融機構網路。其次，建設功能強大的、跨市場金融綜合資訊平臺，利用駐外大使館和各種官方管道，收集並及時發佈國際金融市場、各國宏觀政策、各國金融監管政策、各國信用環境和法律環境變化的資訊，為金融機構制定國際化戰略提供充分的決策依據，幫助其提高規避危害極大的國家風險的能力。再次，推動中國銀行業協會國際化，跟隨銀行「走出去」，以便應對國際銀行業監管環境複雜化、國際銀行業結構變化以及跨國經營帶來的各種挑戰，並給予「走出去」的銀行必要的扶持。銀行業協會可以考慮在國外設立辦事處，負責協助銀行搜集當地資訊，加強與當地監管部門的溝通與協作。這對於降低銀行國際化的政策風險十分必要。銀行

業協會的國外分支機構還可以協助銀行對當地的銀行業競爭和合作情況、市場狀況等做出調研，降低銀行業「走出去」的成本。在人才培養方面，行業協會可以提供相應的培訓便利，提供中國銀行業從業人員的國際化素養。

8.2.4　將建立CIPS作為重要的國家戰略

借鑒美國跨境美元支付結算系統（CHIPS）的建設經驗，加大基礎設施投入，採取商業模式操作，建立一個新的跨境人民幣支付系統——CIPS（Cross-Border Interbank Payments System）。並通過目前的CNAPS系統進行最終結算，從而全域掌控境內外人民幣貨幣市場交易情況，提高跨境人民幣支付清算資金的效率，降低清算成本。跨境人民幣支付的服務主體具有廣泛的國際性，利益關係比較複雜，立法滯後是目前最大的障礙，應從多方面入手完善我國支付體系的法律制度。為CIPS保駕護航不僅需要一部單獨的支付清算體系法典，還需要一個有關人民幣支付體系的法律規範群。這個法群至少包括三部分法律規範：第一，引入或創設全新的概念、規則、法律關係以確定支付結算系統及對參加銀行間支付結算系統的金融機構的准入要求。第二，在傳統法典中增加或新設有關人民幣支付清算體系下相關的法律，譬如引入美國UCC第4A編、《國際貸記劃撥示範法》以及其他金磚國家或發展中國家的立法實踐，調整和平衡各當事方的權利義務並以此促進人民幣支付清算體系的建立和革新，確立人民幣支付清算體系的法律地位和公信力。第三，借鑒國外的司法實踐和糾紛解決機制，創立可行性強的單行性規範，援引國際慣例或示範法，形成一整套的人民幣支付清算體系相關機制。

8.2.5　引導輿論凝聚人民幣國際化的正能量

（1）強化人民幣國際化的經濟功能，避免使之政治化。由於人民幣國際化的輿論關注度在不斷提高，相關領域特別是金融機構對此格外敏感、深度關注。例如英國央行派出專人赴華調研中國資本專案放開、人民幣國際化的問題；路透社組織了研究班子，試圖從政治和戰略角度看待人民幣國際化的動

機；高盛和摩根士丹利等國際著名投資銀行也開始為對沖基金客戶提供報告，分析人民幣國際化的市場影響。鑒於各國對華外交和經濟政策的決策者們還沒有充分意識到人民幣國際化的具體含義，甚至還沒有充分意識到「人民幣國際化」和「匯率操縱」這兩個議題之間究竟有何差異和關聯，換句話說，對人民幣國際化的關注還沒有擴散到外交、安全和整體經濟政策群體中，還沒有政治化，這樣的國際輿論氛圍對我國推進人民幣國際化無疑是有利的。因此，我們的建議是繼續保持務實低調，銜枚疾走。在半官方輿論的宣傳上，應當強調人民幣國際化將導致中國政府難以影響人民幣匯率；強調人民幣國際化是對外部貨幣霸權的反彈，在我們的巨額儲備受損於西方發達國家大規模競爭性量化寬鬆之後的一種自保和自衛行為；強調人民幣國際化對於推動內部改革的重大價值。上述論調已經存在於西方主流社會，確認這些觀點的合理性將有助於為人民幣的國際化塑造一個相對有利的國際環境，尤其是避免過早地被炒作成一個政治議題。

（2）高度關注國際輿情，正面回應國際主流媒體的關切，引導和營造寬鬆的人民幣國際化輿論環境。各國從自身利益出發，對人民幣國際化的感受大不相同，這是正常的。然而，對於國際主流媒體暴露的人民幣國際化負面影響——例如，中國濫發上百萬億貨幣，人民幣升值可能推動全球進口商品價格上漲，中國可能從先前的「輸出通縮」轉變為「輸出通脹」等等——應該給予高度重視，並通過有影響力的媒體和管道進行有理、有力、有節的正面回應，從而引導國際輿論，增進了解，減少對人民幣國際化的誤解和妖魔化。如果未來需要圍繞人民幣國際化操作某種國際公共關係專案，或者需要引導輿論塑造形象，那麼一個合理的選項是把宣傳資源優先集中在亞洲媒體和各國的商業媒體上。

8.2.6 有序推進人民幣離岸市場的全球佈局

（1）根據實體經濟對境外人民幣資金需求的結構變化，構建多元人民幣離岸市場。在中國境外投資迅猛增加、跨國公司主導貿易以及中國資本帳戶有

所管制的情況下，人民幣離岸市場將是中國境外企業、主要交易夥伴獲得人民幣資金、進行人民幣投資的主戰場。由於中國與拉美、非洲的貿易、投資關係日趨緊密，人民幣貿易結算和金融產品交易規模快速增長，僅僅依靠香港一地的人民幣離岸市場來提供各種服務難免可能有心無力。必須在短期內推動臺灣、新加坡、倫敦等地的人民幣離岸市場建設，提供多元化的人民幣金融產品及人民幣衍生產品，增加國際金融市場上的人民幣流動性，提高使用人民幣的便捷性和效率，為增強人民幣計價結算的吸引力夯實物質基礎。

（2）通過建立境內市場與香港市場之間的利率聯動機制和資金調節機制，提高香港市場對全球範圍人民幣離岸市場的資訊中心作用和市場示範效應。在進一步發展香港市場的同時，也要考慮在非洲、拉美等更廣泛的範圍內逐步推進人民幣離岸市場的全球佈局。根據各個人民幣離岸市場的地域特徵和金融市場基礎設施的成熟度，發揮比較優勢，合理安排不同市場的功能定位。盡可能地妥善協調各市場相互之間潛在的競爭關係，實現合作互贏。

（3）發揮人民幣離岸市場彙集國際資本、在更寬廣的市場範圍內發現價格、優化配置國內外人民幣的優勢。同時，由離岸人民幣市場的發展形成一定的倒逼壓力，促進國內金融市場深化，加速利率和匯率的市場化改革，完善金融監管與資本市場開放機制，通過提高金融效率來確保中國經濟持續地平安、健康發展。

生產力增長、貿易結構變遷和貨幣國際化路徑

——對英鎊國際化經驗的初步考察

1.1 引言

　　究竟是什麼力量推動或決定一國貨幣崛起成為區域貨幣或國際貨幣？國際貨幣體系的演變究竟是偶然現象和隨機事件還是具有某種歷史必然規律？如果一國貨幣具備成為國際貨幣的潛能，且該國有意願將本國貨幣提升為國際貨幣，那麼它應該從哪些方面入手？或者說應該採取怎樣的戰略和策略？應該制定怎樣的路線圖和時間表（如果可能的話）？國際貨幣體系演變以往的歷史經驗究竟給我們提供了哪些可以值得借鑒的經驗和教訓？我們能否尋找到成為國際貨幣的充分必要條件，從而設計出一個確保成功的方向和戰略？

　　自從2008年全球金融危機激發國際貨幣體系改革浪潮以來，尤其是隨著中國經濟總量和國際地位日益提升，人民幣國際化逐漸被提上議事日程並很快成為國際熱門話題以來，尋找上述問題的答案就顯得尤為重要而迫切。

1.2 國際貨幣體系簡史

區域貨幣是一個長期歷史現象，國際貨幣則是年輕的新事物。歷史上輝煌強大的古羅馬帝國、中華帝國、波斯帝國等，其貨幣流通範圍皆遠遠超出其國土，是重要的區域性貨幣。然而，直到19世紀，人類才第一次出現真正意義上的全球貨幣，首先是英鎊，隨後是美元和歐元。一個主權國家發行和管理的貨幣，竟然成為全球通行的計價單位、流通媒介、貿易和金融交易貨幣以及價值儲藏工具，的確是非同尋常的重大事實。

19世紀以來的國際貨幣體系演變歷史，大致可以分為五個階段。

第一階段（1815—1914年）：金本位制、複本位制和銀本位制時代。在長達一個世紀的時間裡，金本位制、銀本位制和複本位制同時並存，金本位制逐漸成為全球主流貨幣制度。1822年，大英帝國正式實施金本位制（之前很長時間裡，英國間接和非正式地實施金本位制）。1873年，長期實施複本位制的法國停止鑄造銀幣，金本位制取代複本位制。1873年統一後的德意志帝國事實上轉向金本位制。緊接著是美國（1879年）、奧匈帝國（1892年）、俄國（1895年）和日本（1897年）。全球主要經濟體皆成為金本位制國家，只有印度和中國繼續採取銀本位制。從18世紀中期開始（1750年），英國爆發人類第一次工業革命。到19世紀中期，大英帝國崛起成為全球最大經濟體、全球製造中心和最具競爭力的產業領袖。倫敦成為無可置疑的全球金融中心和貿易中心，英鎊成為最主要的國際儲備貨幣。我們可以將1815—1914年的國際貨幣體系稱為英鎊主導體系。

第二階段（1914—1944年）：金本位制崩潰、重建和再度崩潰，國際貨幣體系進入劇烈動盪和權力交接時期。1914—1944年是國際貨幣體系歷史上最為動盪和混亂的時代，兩次世界大戰導致國際貨幣秩序徹底崩潰，競爭性貶值和貿易保護主義風起雲湧，給國際經濟和貿易以近乎毀滅性的打擊，同時刺激了國際貨幣秩序的重建和新生。英鎊主導的國際貨幣體系崩潰之後，國際貨幣權力迅速向美元交接。對於英鎊向美元交接權力的時間，學者們的看法並不一

致。有人認為1914年第一次世界大戰爆發之初，美元已經取代英鎊的國際支配貨幣地位，其他人則認為直到20世紀20年代，英鎊才退居第二位。[1]

重要的是，長達30年的動盪、混亂、崩潰和重建，其經驗和教訓深刻改變了人們對國際貨幣體系和人類經濟體系的認識，直接催生了現代宏觀經濟學和國際經濟學，至今依然主導著人們對國際貨幣秩序和經濟秩序的思維方式。任何時候，只要我們思考國際貨幣體系改革，都會不由自主地重新回顧1914—1944年的風雲歷史。

第三階段（1944—1971年）：布列敦森林體系固定匯率時代。1944年，在美國新罕布夏州的布列敦森林度假酒店，由44個國家共同簽署的國際貨幣協議，毫無疑問是美元榮登王位的加冕禮，英鎊完成向美元的權力交接儀式。比英鎊強大得多的美元開始支配國際貨幣體系，國際貨幣體系正式進入美元時代。

以幾乎所有指標衡量，布列敦森林時代是國際貨幣體系最穩定有序的時期。當然，布列敦森林體系是一個「半國際貨幣體系」，以蘇聯為首的社會主義國家沒有加入布列敦森林體系。運轉如此良好的一個國際貨幣秩序為什麼會崩潰？圍繞此重要問題的研究和辯論持續了四十多年。今天，當我們面向未來，討論如何改革和重建國際貨幣秩序時，我們還必須繼續深入檢討布列敦森林體系的經驗和教訓。

第四階段（1971—1999年）：美元本位制和浮動匯率時代。1971年8月15日，美國總統尼克森悍然宣佈關閉美元與黃金兌換視窗，一手摧毀布列敦森林體系，國際貨幣體系進入完全徹底的信用貨幣、浮動匯率和美元本位制時代。尤其重要的是，主要大國貨幣之間實行浮動匯率，開啟了國際貨幣秩序歷史的新紀元。美元本位制和浮動匯率（或匯率危機）成為時代新特徵。這個時代什麼時候終結？或者是否有終結的一天？我們還沒有答案。

1　See Barry Eichengreen, "Exorbitant Privilege: the Rise and Fall of the Dollar and the Future of the International Monetary System", Oxford University Press, 2011. 尤其是該書第二章和第三章的論述。

第五階段（1999—2008年）：歐元誕生並立刻成為世界第二大貨幣，成為美元最強有力的競爭者。短短數年時間，歐元占國際儲備貨幣的比例就上升到接近30%，流通貨幣量甚至超過美元，歐元—美元匯率成為國際金融市場最重要的價格。歐洲中央銀行與美聯儲並駕齊驅，是國際金融市場的主要權力中心。然而，一個超主權的國際貨幣，是否能夠經受國際經濟危機和金融動盪的嚴峻考驗？2008年席捲全球的金融海嘯和緊隨而來的歐洲主權債務危機，很快就將這個重大難題殘酷地擺到歐元面前。

第六階段（2008年至今）：金融海嘯不僅再次揭示出美元本位制和浮動匯率體系的內在缺陷和巨大破壞力，而且立刻暴露出歐元區內在的制度缺陷和不穩定性。自2010年開始，歐債危機愈演愈烈，歐元的生死存亡時刻刺激人們的神經，成為國際貨幣體系的重大考驗。

與此同時，全球金融危機重新激發起許多國家改革和重建國際貨幣體系的強烈願望。以中國為代表的眾多新興市場國家渴望創建新的國際貨幣金融秩序，以充分反映新興市場國家對全球經濟增長的貢獻，提升新興市場國家在全球經濟、金融和貨幣治理結構中的話語權，有效維護新興市場國家在全球貨幣金融體系中的利益，儘量避免或減少發達國家壟斷貨幣金融權利給新興市場國家所造成的損失。相對而言，美國、日本和歐洲對改革國際貨幣體系沒有太大興趣。然而，令人遺憾的是，新興市場國家至今沒有形成一個明確統一的國際貨幣體系改革架構和戰略思路。或許，未來許多年之後，人們將會把2008年看作國際貨幣新秩序之起點，然而，時至今日，我們依然沒有看到新國際貨幣秩序從地平線上冉冉升起。

如果採取更加簡潔的階段劃分，我們可以將20世紀以來的國際貨幣體系劃分為兩大階段。即英鎊主導時代（1915—1944年）和美元主導時代（1944年至今）。

1.3 國際貨幣體系演變的基本規律

要理解當代國際貨幣秩序之根本缺陷和主要問題，推測國際貨幣體系未來發展演變之大勢，制定改革和重建國際貨幣體系之基本戰略，我們首先必須透徹認識國際貨幣體系演化的基本歷史規律。國際貨幣體系是人類經濟體系的重要組成部分，是人類經濟體系最重要的「子體系」。與人類經濟體系其他部分相比，國際貨幣體系之歷史演化有著特別清晰的基本歷史規律。其中一個基本規律與本報告要討論的主題息息相關：

每一個時代，必定都有一個或少數幾個貨幣主導或壟斷國際貨幣體系。易言之，國際貨幣體系或區域貨幣體系始終是一個壟斷體系或寡頭壟斷體系。[1]

國際貨幣秩序是國際政治和經濟秩序之延伸，儘管從時間和空間上看，貨幣秩序與政治經濟秩序並非完全吻合。譬如，古羅馬帝國興盛數個世紀之後，統一貨幣才開始主導帝國全境；羅馬帝國衰亡數個世紀之後，霸權貨幣秩序的餘威和影響依然依稀可見。許多世紀裡，作為「中央帝國」的中華帝國支配著亞洲鄰國的政治和經濟秩序，同樣支配著鄰國的貨幣秩序。18世紀的法國位居歐洲強國之首，其貨幣（5法郎金幣）是整個歐洲貨幣體系的本位和基準。19世紀是大英帝國的黃金時代，英鎊崛起成為全球最主要的貿易貨幣、金融交易貨幣和儲備貨幣，倫敦則崛起為全球最主要的金融中心。20世紀是公認的美國霸權世紀，美元取代英鎊成為全球最重要儲備貨幣，紐約則取代倫敦成為全球最重要金融中心。

20世紀20年代，美元開始取代英鎊成為全球支配貨幣。然而英鎊勢力的影響一直延續到60年代後期。自20世紀50年代開始，一系列政治、經濟和貨幣危機極大地削弱了英鎊的國際儲備貨幣地位，德國馬克地位迅速上升。20世紀國

1　關於國際貨幣體系演變的內在規律，相關文獻極多，主要參見Ronald I. McKinnon, *The Rules of the Game: International Money and Exchange Rates*, MIT Press, 1997；蒙代爾：《蒙代爾經濟學文集》，第四卷和第六卷，北京，中國金融出版社，2003；向松祚：《國際貨幣體系演變的基本規律》，載《國際貨幣評論》，2012（4）。

際貨幣秩序一個重要而有趣的例外是日圓。自20世紀70年代起，日本經濟雄踞世界第二位近40年，日圓卻始終未能成為重要的國際儲備貨幣。日圓國際化為什麼沒有成功仍然是值得深入研究的課題。1999年歐元誕生亦是制約日圓國際化的重要原因。

根據上述基本規律，我們可以推導出幾個重要含義：

第一，面向未來，主導國際貨幣秩序的第一梯隊國家應該是美國、歐元區和中國。第二梯隊則是日本、英國、印度、俄羅斯、巴西。美聯儲、歐洲中央銀行和中國人民銀行事實上已經成為左右全球貨幣金融局勢的三個主要權力中心。當然，中國人民銀行的國際影響力還難以完全與美聯儲和歐洲中央銀行並駕齊驅，主要是人民幣還沒有成為真正的國際貨幣。

第二，從大歷史角度考察，國際貨幣體系的競爭規律不是「劣幣驅逐良幣」，而是「良幣驅逐劣幣」。自從16世紀英國格雷欣爵士指出「劣幣驅逐良幣」的經驗規律之後，許多分析者忽視了「劣幣驅逐良幣」經驗規律得以成立的前提條件，以及如何準確定義「良幣」和「劣幣」。真正意義上的「良幣」必須滿足三個條件：貨幣流通和交易規模足夠大；貨幣發行國政治制度足夠穩定；貨幣發行國的真實財富創造能力首屈一指。從這個角度觀察，歐元相比美元的弱勢顯而易見。人民幣則有望取代歐元，成為世界第二位貨幣。在相當長時期內，美元仍將維持全球第一大貨幣地位。

第三，信用貨幣的「供應」行為類似「自然壟斷」行業的供應行為。自然壟斷行業的基本特徵是：邊際供應成本持續下降直至為零。信用貨幣供應者能夠獲得「自然壟斷利潤」或「超額利潤」，因此具有不可遏制和無限的動機去增發信用貨幣，直至貨幣本位制崩潰為止。因此，增發貨幣製造通脹，幾乎成為人類歷史上所有政府「創造」鑄幣稅收入和將債務貨幣化的不二法門。金屬貨幣時代的絕招是降低貨幣成色，信用貨幣時代的妙方是盡力擴大貨幣發行量。從遠古時代的專制君主到21世紀的美聯儲，一個基本的共同點就是壟斷貨幣創造或貨幣供應。

1.4 國際儲備貨幣的決定條件

我們首先需要回答一個基本問題：一個貨幣要想成為主要的國際儲備貨幣，需要具備哪些必要條件？蒙代爾提出國際貨幣必須具備五大條件[1]：

（1）流通或交易區域的規模。貨幣天生具備規模效應、網路效應和正回饋效應。使用的人越多，流通的範圍越廣，流動性就越高，貨幣的吸引力就越大，交易費用就越低。有許多指標能夠用來衡量貨幣流通規模或交易區域：貨幣區域的人口規模和人均收入、GDP總量和增速、貿易總額和增速、金融資產交易總量和增速，等等。

（2）貨幣政策的穩定性、連續性、可預見性和中央銀行的獨立性。縱觀世界歷史，凡是製造惡性通貨膨脹的貨幣，都難以成為重要的區域和國際貨幣。金本位制的獨特魅力就在於其高度穩定性。從價格水準長期穩定的角度看，以黃金為基礎的貨幣或許是有史以來最穩定的貨幣體系。然而，人類再也不可能回到金本位制了。

（3）消除各種外匯管制，確保資本自由流動。儘管世界上沒有出現過完全取消所有外匯和資本流動管制的時代，然而一個外匯管制林立的貨幣不可能成為真正的國際貨幣。消除外匯管制意味著經常帳戶和資本帳戶自由兌換，利率市場化（匯率倒不一定需要市場化），國內資本市場的自由開放和國際化。

（4）貨幣發行國的強大和穩定。國家的強大包括政治法律制度安排的穩定性、連續性、彈性和自我修正錯誤的能力（現代民主和法治制度能夠較好地滿足這個基本要求），經濟制度的創新和競爭活力，真實財富的創造能力，高效的政府治理，等等。

（5）貨幣的還原價值。這是一個令人頗為困惑的標準。毫無疑問，美元之前，沒有哪一個不可與貴金屬兌換的貨幣曾經成為偉大的國際貨幣。20世紀之前，所有偉大的國際貨幣都是金屬貨幣。英鎊作為金屬貨幣贏得耀眼的光

1　參見蒙代爾：《蒙代爾經濟學文集》，第五卷第七章，北京，中國金融出版社，2003。

輝，一旦英鎊不再與黃金兌換，它立刻黯然失色。美元首先也是作為貴金屬貨幣贏得國際貨幣地位的。20世紀60年代，美國政府曾經竭盡全力希望維持美元與黃金以固定價格兌換，亦是擔憂美元一旦被拉下黃金神壇，它就會喪失國際貨幣地位。然而，20世紀70年代以來，人類貨幣全部成為完全徹底的法定紙幣時代。完全沒有貴金屬基礎或任何還原價值的紙幣如何能夠成為真正的國際貨幣，這是一個巨大的疑問。

Menzie Chinn和Jeffery A. Frankel[1]亦提出國際貨幣的四個決定因素，與蒙代爾的五個條件大同小異：

（1）產出和貿易規模。

（2）金融市場的規模、廣度和深度，包括債券市場、股票市場、外匯交易、衍生金融市場的市值規模和成交量。

（3）貨幣政策和幣值的穩定性，主要以匯率波動幅度和通貨膨脹及其變動幅度來衡量。

（4）貨幣的規模效應、網路效應和外部效應。

根據上述國際貨幣演變的歷史經驗，我們可以簡要概括貨幣國際化的基本邏輯。如果一個貨幣被廣泛用於貿易結算，則它就極有可能被廣泛用作金融交易結算；如果一個貨幣被廣泛用於金融交易結算，則它就極有可能被用於外匯市場交易和清算；如果一個貨幣被廣泛用作外匯市場交易和清算，則它就極有可能被用作外匯計價和干預貨幣；如果一個貨幣被廣泛用作外匯計價和干預貨幣，則它就極有可能被中央銀行用作儲備貨幣。這就是規模效應、網路效應和外部效應的正循環。

---

1 Menzie Chinn and Jeffrey A. Frankel, "Will the Euro Eventually Surpass the Dollar as Leading International Reserve Currency?", in "G7 Current Account Imbalance", edited by Richard H. Clarida, the University of Chicago Press, 2007.

1.5 英鎊崛起的基本歷史事實

英鎊是人類歷史上第一個真正的國際貨幣。自1815年直到第一次世界大戰結束，英鎊一直是全球性的支配貨幣，儘管同一時期還有其他貨幣與之競爭，英鎊的支配地位卻是毋庸置疑的。

1815—1914年的100年時間，通常被稱為金本位制時代，1873—1914年的40年時間，通常被稱為金本位制的黃金時代。1914年第一次世界大戰爆發之後，英鎊地位開始顯著下降，其國際貨幣地位迅速被美元取代。1931年9月21日英鎊最終脫離金本位制，英鎊地位一落千丈。然而，直到第二次世界大戰結束，甚至直到1956年蘇伊士運河危機，英鎊仍然沒有完全被美元替代。

美元正式取代英鎊究竟發生在哪一年？美元究竟是在哪一年真正成為居於支配地位的國際貨幣？學者們的結論差異很大。有人認為是1914年，有人認為是1928年，還有人將1956年蘇伊士運河危機看作是英鎊最終向美元移交權力的象徵。[1]

無論採取什麼標準，我們將1815—1914年的國際貨幣體系稱作英鎊主導時代，大體是靠得住的。長達一個世紀的時間裡，英鎊是國際貿易和國際金融的支配貨幣。英國是全世界最大的貿易中心、全球大宗商品交易中心、黃金交易中心和全球最大債權國。

美國經濟學者施瓦茨說：「那個時期（1821年至第一次世界大戰），英國在國際貨幣體系裡面所發揮的作用，與其他國家迥然不同。雖然黃金是關鍵儲備資產，但是許多國家卻同時持有大量外匯儲備，其中最主要的外匯儲備又是英鎊。」[2]

古斯塔夫和蒙代爾都同意：「金本位制（尤其是1900—1913年期間的金本

1　關於美元取代英鎊的歷史過程，文獻討論相當豐富。最新文獻主要有：Barry Eichengreen, *Exorbitant Privilege: the Rise and Fall of the Dollar and the Future of the International Monetary System*, Oxford University Press, 2011，尤其是該書第六章和第七章。

2　*A Retrospective on the Classical Gold Standard 1821—1914*, edited by Michael D. Bordo and Anna J. Schwartz, The University of Chicago Press, 1984. pp.4-7.

位制）的確給世界帶來了某種形式的貨幣統一，金本位制覆蓋了世界貨幣交易的三分之二。金本位制集團是一個固定匯率貨幣區，它可以被稱為世界性的英鎊區，因為英鎊是全球最重要的記帳貨幣，英帝國區域內的貨幣交易量龐大，倫敦是國際資本市場的中心。」[1]

英鎊如何贏得如此重要的地位？

1. 人口和生產力快速增長。

1700—1820年之間，英國人口增長明顯加快，其人口增長率是所有歐洲國家裡最快的，人口城鎮化率顯著提高。1820—1870年期間，英國國內生產總值複合增長率達到1.2%。與此相對，德國只有0.7%，美國只有1.5%，日本只有0.1%。英國處於全球經濟的絕對領先地位（見附表1、附表2和附表3）。[2]

2. 人均收入快速增長。

1700—1820年間，英國人均收入增長快於17世紀，是歐洲平均水準的兩倍多。1700年時，英國的GDP是荷蘭的2倍，到1820年時，它相當於後者的7倍。[3]

3. 開啟第一次工業革命，執全球產業和生產力進步之牛耳。

1760年之後，英國經濟結構開始出現革命性變化。以棉紡織業為核心的第一次工業革命讓英國快速邁上工業化軌道。1764—1767年，哈格裡夫斯發明珍妮紡紗機，紡織業生產力提高16倍。1768年克朗普頓發明紡紗機，成功利用水力作為動力。1787年卡特奈特發明動力織機，大大提高了織布的生產率。1770年，英國棉紡業的就業人數還可以忽略不計，到1820年，棉紡業的就業人數占整個勞動力的6%以上。棉紗及其製成品占英國出口量的62%。[4]

第一次工業革命爆發之後，英國農業產值和勞動力的比重顯著下降，工業和製造業比重顯著上升。1700年，農業勞動力占英國總勞動力的比重為56%，

1　蒙代爾：《蒙代爾經濟學文集》，第四卷，北京，中國金融出版社，2003。
2　參見*Creating Modern Capitalism: How Entrepreneurs, Companies, and Countries Triumphed in the Three Industrial Revolution*, edited by Thomas K. McCraw, Harvard University Press, 1997。該書第二章和第三章對英國資本主義經濟的崛起論述得相當詳盡和富有啟發性。
3　參見上書，第65～75頁。
4　參見上書，第二章。

工業和服務業占44%，到1820年，農業比例下降到37%，工業和服務業比重上升到63%，到1890年，農業比重下降到16%，工業和服務業比重上升到84%，英國是世界上第一個全面實現工業化、城鎮化和現代化的國家，是全球第一個製造業和工業中心。[1]

4. 大英帝國成功構建全球性貿易網路。

對於英鎊成功崛起成為全球貨幣而言，最重要的或許是，大英帝國成功建立起人類有史以來最龐大和第一個真正意義上的全球貿易網路。1720—1820年間，英國的出口每年增長2%，荷蘭則每年下降0.2%。1700年，英國航運量占世界航運能力的五分之一多一點，荷蘭超過四分之一。到了1820年，英國的份額已經超過40%，荷蘭的份額則下降到略多於2%。通過一系列戰爭、殖民和公然的掠奪，大英帝國確立了全球商業霸權地位。從1700年到1774年，英國對其殖民地的貿易和大英帝國對外部世界的貿易，均實現了大幅度增長（見附表3）。[2]

5. 技術進步和人力資本成為經濟增長主要動力。

1820—1913年期間，英國人均收入增長比過去任何時候都要快，大約為1700—1820年期間的3倍。該時期是英國發展的一個歷史新紀元。核心推動力量是技術進步，資本的快速積累，教育水準迅速提高，人力資本顯著改善，勞動力和產業的國際分工日益深化。整個時期，英國出口年平均增長率達到3.9%，是GDP增長率的兩倍。[3]

1 *Creating Modern Capitalism: How Entrepreneurs, Companies, and Countries Triumphed in the Three Industrial Revolution,* edited by Thomas K. McCraw, Harvard University Press, 1997.

2 參見安格斯·麥迪森：《世界經濟千年史》，第二章第九節和第十節，北京，北京大學出版社，2003。

3 *Creating Modern Capitalism: How Entrepreneurs, Companies, and Countries Triumphed in the Three Industrial Revolution,* edited by Thomas K. McCraw, Harvard University Press, 1997.

附表1　英國人口數量　　　　　　　　　　　　　　　　　　　　　　　單位：百萬人

1701年	1801年	1851年	1901年	1951年	1991年
5	9	17	33	44	51

附表2　英國真實經濟增長速度

1700—1780年	1781—1800年	1801—1831年
0.7%	1.8%	2.7%

附表3　英國對外貿易金額之增長（1699—1774年）（%）

	亞洲	美洲	愛爾蘭	歐洲	所有殖民地
出口	590	775	560	90	700
再出口	450	310	570	250	410

6. 大英帝國版圖飛速擴張。

1820—1913年期間，促進大英帝國貿易和英鎊地位顯著上升的另外一個關鍵因素是大英帝國版圖的快速擴張。從19世紀70年代起，英國先後統治了非洲的埃及、迦納、肯亞、奈及利亞、羅得西亞、蘇丹、南非和烏干達，亞洲的亞丁、阿拉伯半島周圍的酋長國、緬甸、馬來半島諸國、香港，還控制了整個印度。1913年，英國的非洲領地人口大約有5 200萬人，亞洲大約有3.3億人，加勒比160萬人，澳洲、加拿大、紐西蘭、愛爾蘭1 800萬人，大英帝國總人口達到4.2億人，是英國本土人口的10倍。遍及全球的殖民地自然構成一個龐大無比的國際貿易網路。[1]

7. 大英帝國全面轉向自由貿易。

1820—1913年期間，英國的貿易政策普遍轉向自由貿易。1846年，英國廢除著名的《穀物法》，取消對農業進口品的保護性關稅。1849年，廢除《航海法》，廢除英國殖民地貿易必須經過英國本土港口周轉的規定。1860年，取消所有貿易和關稅單邊限制，同時與法國簽署《柯步登雪弗里爾條約》，兩國實現自由貿易。從19世紀中期開始，英聯邦國家之間基本都實施了自由貿易政

1　參見安格斯·麥迪森：《世界經濟千年史》，90～93頁，北京，北京大學出版社，2003。

策，直到1931年大蕭條最嚴峻時期，英國依然堅守著自由貿易政策。當然，英國之所以從19世紀40年代開始奉行自由貿易政策，乃是因為當時英國已經是世界最強大和最有效率的生產者。20世紀初期，英國超過50%的食品和近90%的原材料依靠進口。1870—1920年期間，進口價值相當於國民生產總值的25%（見附表4）。[1]

附表4　第一次世界大戰之前，主要國家製造產品出口占世界總製造品出口之比重（%）

	美國	德國	日本	英國
1899年	12	17	2	35
1913年	14	20	3	32

8. 交通和通信技術飛速進步推動貿易和金融全球化。

推動19世紀全球貿易體系形成的另外一個重要力量是交通和通信技術的飛速進步，它們極大地促進了全球性的技術進步和經濟增長。1812年，英國發明世界上第一艘蒸汽動力輪船。到了19世紀60年代，煤炭成為所有新下水輪船的動力源泉。到了1913年，以帆為動力的船隻下降到不到2%。鋼鐵在造船業裡得到廣泛使用。19世紀80年代起，橫跨大西洋的定期航班開通，10天可以從利物浦到達紐約。1869年，蘇伊士運河開通，將從倫敦到孟買的距離縮短41%，到馬德拉斯的距離縮短35%，到加爾各答的距離縮短32%，到香港的距離縮短26%，極大地縮短了遠洋運輸的距離，節省了遠洋貿易的成本。[2]

全球貿易體系形成的另外一個動力是全球大移民浪潮。歐洲移民大量湧向美國、加拿大、澳洲、紐西蘭、阿根廷和巴西。1820—1913年，英國人口的淨流出量大約是1 200萬人（一半來自愛爾蘭），從歐洲其他國家流出的人口大約為1 400萬人，印度人口的淨流出量超過500萬人，中國亦有大量人口流到亞洲鄰國。[3]

1　*Creating Modern Capitalism: How Entrepreneurs, Companies, and Countries Triumphed in the Three Industrial Revolution*, edited by Thomas K. McCraw, Harvard University Press, 1997.

2　同1。

3　參見安格斯·麥迪森：《世界經濟千年史》，第二章第十節，北京，北京大學出版社，2003。

9. 以英鎊為核心的國際貨幣體系開始成形。

1820—1913年的貿易、人口和金融全球化浪潮，英國是主要領導者，自然就形成了以英鎊本位制為核心的國際貨幣體系。

首先，英國支配了全球投資和金融體系，英國成為事實上的世界銀行，在全球範圍內進行了大量投資。從19世紀40年代開始，倫敦已經成為全世界無可置疑的首要金融中心。非常奇特的是，倫敦金融中心主要為國際投資服務，而非為國內投資服務。譬如1911—1913年，倫敦股市籌措的資金只有18%投入到國內企業經營，其餘均投資到海外企業。同一時期，國內製造業從倫敦股市所籌集的資金，僅僅相當於資金輸出總量的3%。到1914年，英國在海外資本投資總量達到38億英鎊，占全球海外投資總額的40%～50%，是法國海外投資的2倍多，是德國海外投資的3倍多。一個經濟體系能夠擁有如此高比例的海外投資，這在人類經濟史上還是第一次。[1]

1870—1913年期間，英國的海外投資資金平均占國內生產總值的4.5%。1872年、1890年和1913年達到週期性的高峰，占國內生產總值的7%。英國從股市裡籌措的大部分資金都投向了海外，主要是美國。英國的海外投資非常分散和多元化。投向西歐的只有6%，45%投向了美國和白人殖民地，20%投向了拉美地區，16%投向了亞洲，13%投向了非洲。1865—1914年期間，英國海外領地吸引了英國投資的38%，到19世紀90年代，這一比例上升到44%。與此同時，英國向大英帝國聯邦的出口占英國出口的比重亦有所上升，從25%～35%上升到1902年的40%（附表5和附表6）。[2]

附表5　1865—1914年英國私人投資分佈

美洲	歐洲	英國本土	其他地區
37%	9%	30%	24%

1　*Creating Modern Capitalism: How Entrepreneurs, Companies, and Countries Triumphed in the Three Industrial Revolution*, edited by Thomas K. McCraw, Harvard University Press, 1997.

2　Ibid.

附表6 1914年英國海外投資分佈

美國	拉美	殖民地區	歐洲	亞洲
21%	19%	46%	5%	9%

19世紀後期，英國對全球貿易和投資的支配地位轉化為全球貨幣體系支配地位。1868年，只有英國及其一些經濟依附國（葡萄牙、埃及、加拿大、智利和澳洲）實施金本位制。法國和拉丁貨幣同盟成員國，俄國、普魯士和大量拉美國家實行複本位制（黃金和白銀皆為法定貨幣），世界其他地區則實行銀本位制。到了1908年，金本位製成為世界貨幣體系的基本標準，它實際上就是英鎊本位制。只有中國、普魯士和少數拉美國家繼續實行銀本位制。美國1879年實施金本位制，奧匈帝國是1892年，日本是1897年，1900年，德國和美國在法律上正式採取金本位制。俄國則在19世紀90年代實施金本位制。

10. 大英帝國金融戰略的特殊貢獻。

英國能夠崛起成為統治世界長達一個多世紀的「日不落帝國」，倫敦能夠崛起成為全世界首屈一指的金融中心，且至今依然維持世界數一數二金融中心之地位，英鎊能夠崛起成為全世界第一個真正的全球性貨幣，固然是多方面異常複雜因素共同起作用的結果，既有歷史演變的必然規律，亦有歷史的巧合、機遇（乃至天意？），既有天時地利的協助，更有人為意志、勇氣和智慧的推動和助力。英鎊和倫敦金融中心崛起的歷史，其實就是大英帝國崛起的歷史，英鎊主導和支配世界，只不過是大英帝國主導和支配世界的有力工具或者說必然結果，英鎊的衰落其實就是大英帝國的衰落。

我們無法將這個漫長歷史過程的全部異常複雜的力量和機遇巧合都列舉出來。然而，有一點似乎是見識高遠的歷史學者和經濟學者（以及戰略學者）的共識，那就是英國人似乎在發展金融市場方面具有先見之明和超越其他民族的能力，他們似乎是所有民族裡面最早認識到金融極端重要性和全域性影響的，並能夠矢志不渝地致力提升國家金融地位的民族，當然，荷蘭人和義大利人是英國人的先驅，這一點誰也無法否認，不過英國人卻能夠將義大利人和荷蘭人率先發明的金融魔術發揚光大，並最終賴此雄踞世界，其成就自然遠遠超過了

荷蘭和義大利先驅者。

英國人從荷蘭人那裡學習到現代金融魔術般的力量。很大程度上，荷蘭是人類歷史上第一個現代的金融資本主義國家，它完全是憑藉金融創新成為17世紀前後一百多年全世界最強大和最富裕的國家。可以毫不誇張地說，大英帝國的崛起正是在對荷蘭的學習和對荷蘭的競爭（徒弟征服師傅）的過程中完成的。[1]

11. 荷蘭金融革命的主要內容。

正如歷史學家Richard Sylla所說：「作為美國和世界的金融中心，新紐約城的最大幸運是擁有雙重的國家根源。荷蘭在17世紀的崛起在很大程度上來自那個世紀初發生在荷蘭共和國的一場金融革命，1609年可交換股票的發明就是荷蘭金融革命的重要組成部分。更早些時候，荷蘭人就建立了可靠的公共財政和公共債務市場。荷蘭共和國在這個市場上籌集了大量資金用於支援兩場戰爭，一次是荷蘭與西班牙的戰爭，一次是荷蘭與英國的戰爭。1609年，荷蘭還發生了另外一場革命，即阿姆斯特丹銀行（也叫做威索爾銀行）的成立。阿姆斯特丹銀行是一個負責國內外匯票貼現的中央銀行，它在穩定荷蘭盾價值方面發揮了重要作用。在不斷發展的公共債務市場中，荷蘭人還引入銀行、荷蘭東印度公司和荷蘭西印度公司的股票交易。其他較小的銀行和保險公司也在這一時期產生並迅速發展起來。荷蘭的金融革命使這個歐洲小國成為世界上最強大的國家，隨之而來的是荷蘭的黃金時代，身為富豪的尷尬，還有鬱金香。」[2]

許多學者毫不吝嗇任何詞語來稱讚荷蘭的金融革命。「正是當年大規模的金融革命使阿姆斯特丹成為歐洲最先進、最有活力的城市。自從於1579年擺脫了西班牙的統治，荷蘭就一直站在歐洲資本主義發展的前端。」

12. 光榮革命、君主立憲和英國的金融革命。

1688年，當奧蘭治的威廉成為英格蘭的威廉三世時，他給他的新國家英

1　參見William N. Goetzmann and K. Greet Rouwenhorst：《價值起源》，北京，北方聯合出版傳媒（集團）股份有限公司，2010。尤其是該書第16和17章對荷蘭、英國和美國的金融傳承歷史有精彩論述。

2　見上書，第17章。

國帶來了荷蘭的金融家和金融技術。光榮革命將英格蘭變成了一個君主立憲制國家，並把財政權力轉移給了國會。1694年，當英格蘭銀行向英國政府提供貸款並貼現商業匯票時，像荷蘭共和國公債那樣的英國公債市場很快出現了。像早期荷蘭盾一樣，英鎊也成為價值穩定的貨幣。在1688年之前，英國已經有了一些私人銀行，有些銀行家原來是金匠，其大部分經營活動都在倫敦及其周邊地區進行。更多的銀行是在英國金融革命及其之後逐漸建立起來，後來，銀行業務發展到了英國農村，這為18世紀英國經濟的發展提供了強大動力。英格蘭銀行、英國東印度公司、南海公司、保險公司和其他企業的可交易股票共同構成了英國金融革命的主要內容。在英國崛起時期，它打贏了大多數戰爭，建立了一個龐大的帝國，並且領導了第一次工業革命。當然，在這一時期也發生了1720年的南海泡沫和其他金融危機。[1]

此外，英國之所以能夠贏得與大陸帝國法國的「七年戰爭」，原因在於「這是一個憑藉海上霸權取得的勝利，而英國之所以能夠取得海上霸權，是因為英國較法國有一個關鍵優勢：金融借貸的能力。」[2]

對英國金融革命和金融戰略的最佳描述，我願意認為非漢密爾頓莫屬。

遠在出任美國第一任財長之前，漢密爾頓就寫到：「17世紀90年代開始，大英帝國創建了英格蘭銀行、稅收體系和國債市場。18世紀，英國國債市場迅猛發展。國債市場之急速擴張，不僅沒有削弱英國，反而創造出巨大利益。國債幫助大英帝國締造了皇家海軍，支持大英帝國贏得全球戰爭，協助大英帝國維持全球商業帝國。與此同時，國債市場極大地促進了本國經濟發展。個人和企業以國債抵押融資，銀行以國債為儲備擴張信用，外國投資者將英國國債視為最佳投資產品。為了美國的繁榮富強，為了從根本上擺脫美國對英國和歐洲資金和資本市場的依賴，美國必須迅速建立自己的國債市場和金融體系。」[3]

1　參見布羅代爾：《15—18世紀的物質文明、經濟和資本主義》，400～442頁，北京，三聯書店，1993。該書對英國金融戰略和金融霸權崛起敘述非常詳盡。

2　見上書，429～435頁。

3　Ron Chernow, Alexander Hamilton, the Penguin Press, 2004. 該書第18和19章對漢密爾頓的金融戰略思想有詳細分析。

當然，還有法國年鑒學派史學大師布羅代爾。筆者曾拜讀他的《15—18世紀的物質文明、經濟和資本主義》一書，印象最深刻的就是他對英國金融立國戰略毫不掩飾、毫不憐惜的讚美和驚歎：「外國旁觀者對英國債臺高築大感驚詫，認為簡直不可思議。他們附和英國人的批評，一有機會就嘲諷他們無法理解的英國國債運行機制，而且往往認為那是英國國力極其虛弱的信號，認定英國國債這個貪圖方便、盲目膽大的政策必將把國家引向災難。然而，歷史一次又一次證明，這些貌似通情達理和思想深邃的觀察家們都錯了，公債正是英國贏得全球勝利的重要原因。」[1]

布羅代爾還說：「英鎊的穩定是英國強盛的一個關鍵因素，沒有穩定的價值尺度，便不容易得到信貸；而沒有信貸，就談不上國家的強盛和金融優勢。」[2]

1.6 四個初步結論

（1）一國貿易總量占世界貿易總量之比重（世界市場占有率）不斷提升，一國國際貿易網路不斷擴展，只是該國貨幣成為國際貨幣的基礎條件和必要條件之一，而且不是最重要的基礎條件和必要條件。第二次世界大戰之後的日本和德國，先後取代英國成為全球主要貿易大國，日圓和德國馬克卻並未取得超越英鎊的國際貨幣地位。

（2）國際貨幣的先發優勢和慣性效應持續時間非常長久。先發貿易大國的崛起同時伴隨著本國貨幣成為主要國際貨幣，後發貿易大國的崛起卻並不伴隨著本國貨幣的崛起。英國早已失去世界經濟大國和國際貿易大國地位，英鎊至今仍然是重要的國際貨幣。相反，儘管日本和德國先後崛起為世界貿易大國，其貿易卻主要以美元計價和結算。今天中國的情形亦如此，中國已經成為

---

1 布羅代爾：《15—18世紀的物質文明、經濟和資本主義》，430～431頁，北京，三聯書店，1993。
2 見上書，432～434頁。

世界第一貿易大國，以人民幣結算的中國貿易量比重剛剛達到14%。

（3）對於一國貨幣成為重要國際貨幣，與貿易比重和世界市場占有率相比，金融市場的開放度和國際化更加重要。本質上，一國貨幣成為主要國際貨幣，意味著該國金融市場成為全球資金主要集散中心和交易中心，該國金融機構成為全球主要金融仲介機構，成為全球投資者的主要儲蓄機構。

（4）貿易地位的提升並不一定意味著該國金融市場能夠迅速開放和國際化，從而成為重要的全球金融中心。因為金融市場的開放、匯率和利率的市場化、資本帳戶的開放，與促進貿易增長的目標並不完全一致，甚至完全相反。這是日圓國際化和德國馬克國際化歷史過程的主要教訓，也是許多人認為中國不應該快速推進人民幣國際化，或者相信人民幣國際化難以最終取得成功的核心原因。

附錄2

交通銀行如何推動人民幣貿易融資及其他跨境人民幣金融服務

　　跨境人民幣業務試點三年來，在國家各項政策指引下，交通銀行不斷適應客戶需求和市場需求，逐步建立起跨境貿易服務、跨境投融資、帳戶服務、投資銀行、財富管理和代理結算等六大系列的跨境人民幣金融產品與服務體系，業務範圍覆蓋經常專案和部分資本專案，客戶遍及公司、機構和個人。

2.1 交通銀行跨境人民幣貿易融資金融服務

　　在人民幣國際化向縱深發展的進程中，伴隨著人民幣匯率改革、利率市場化以及新資本框架等三重因素的推動，跨境人民幣貿易融資業務呈現新的發展格局。近兩年來，歐洲和美國經濟形勢未見好轉，進出口量增長放緩、國內實體經濟利潤率下降、部分企業經營困難，商業銀行跨境人民幣貿易融資業務的內外部環境發生了較大變化，但也突顯貿易融資業務獨特的優勢：一方面，在當前商業銀行普遍面臨經濟資本出現瓶頸、資本壓力明顯增大的情況下，發展貿易融資業務有利於減少資本占用，實現增長模式由粗放型擴張向精細型發展轉變，加快推動業務轉型；另一方面，貿易融資產品在充當融資手段的同時多具有支付職能，兼具中間業務和資產業務特點，更便於切入客戶的支付結算、

結售匯等交易鏈環節，貿易融資應依託真實貿易背景，在帶動客戶低成本結算資金、形成較為穩定的資金沉澱方面的作用將更為突出。因此，在當前世界經濟與貿易復甦緩慢，跨境人民幣業務不斷深入推進的背景下，發展跨境人民幣貿易融資業務對於商業銀行拓展新的利潤空間具有十分重要的意義。交通銀行作為跨境人民幣業務首發銀行之一，憑藉先發優勢，不斷創新進取，以豐富的跨境人民幣產品線滿足境內外企業在跨境貿易融資領域的需求，全面推動了跨境人民幣業務的發展。

1. 加大對貿易融資業務在政策及資源的支持力度。

近年來交行對流動資金貸款和專案貸款等產品逐步加大管理力度，在行業投向、客戶評級、專案評估、資金使用等方面相繼出臺一系列規範性要求；對貿易融資類產品，則通過不斷完善政策、優化流程、加快產品創新等來鼓勵業務加快發展，如根據市場競爭需要，對出口押匯、信保項下融資、保理融資、供應鏈融資等產品制定完善十餘種貿易融資產品辦法，在每年行業信貸投向指引中，對貿易融資制定了差別化產品策略，支援其做大流量，提高綜合收益；同時調減部分貿易融資產品債項評級係數，從減少經濟資本占用的角度對業務發展予以支持。

在資源投入方面，交行一方面優先採用市場化原則，完善現有境內外聯動產品利益分配機制，採用內部計價方式，協調平衡參與各方利益。另一方面，將跨境人民幣貿易融資、供應鏈融資、融資性擔保等貿易金融產品列為戰略性聯動產品，並配置跨境人民幣業務專項資源，專項用於上述戰略性聯動產品的推動。

2. 以產品與服務促進貿易融資業務發展。

交行在跨境人民幣業務不斷推動的過程中，首先從信用證、託收、匯款等傳統結算產品入手，引導並培育客戶在跨境交易中以人民幣計價並結算。其次，加大對現有產品和服務的推廣和創新力度，發揮成熟案例的示範效應，努力提升產品普及率。2012年以來，隨著人民幣雙向波動趨勢日趨明顯，交行密切關注境內外市場利率、匯率走勢，尋找市場切入時機，運用離在岸市場匯

率、利率差異，在結構性產品、聯動組合產品上下工夫，深化產品創新。根據市場狀況、境內外分行資金安排、客戶需求等多方面因素，適時酌情推介人民幣進口代付、進口保理、協定付款、協定融資、出口風險參與等跨境融資產品和委託匯兌等境外結售匯產品，以市場為導向不斷推陳出新，一體化、全程化組合貿易融資產品成為主打產品。交行貿易融資產品的不斷豐富與發展，為企業解決出口難、融資難問題打開了一扇窗。

交行在貿易融資產品設計時，將信貸資源向歷史信用良好、業務期限適中的風險緩釋類貿易融資產品傾斜，包括：貨權（貨物）易於控制和監管的信用證類、協力廠商物流監管項下產品；依託應收賬款作為還款來源的出口類、應收賬款質押項下產品；依託金融信用的保理類、出口信保項下產品等，進一步鼓勵和推動了貿易融資業務的發展。

3. 細化客戶策略，夯實貿易融資客戶基礎。

交行針對不同行業與地區特點、客戶規模、業務需求，設計綜合性服務方案、細化客戶發展策略，在做好外部拓展、抓好新開戶的同時，切實做好存量客戶的日常維護和持續行銷，深入了解客戶需求，逐一梳理客戶每個交易環節，從單一產品推介向量身定制整體金融服務方案轉變，加強對客戶產品、服務設計與推介的針對性，提高產品與服務的可複製性，將單一客戶行銷轉為鏈式客戶行銷。利用貿易融資客戶滲透性強的優勢，做透上下游產業鏈，提高與客戶合作的深度與廣度，逐步形成以大中型優質客戶為主體，梯度有序、持續發展的「橄欖型」客戶結構。交行也特別重視服務中小企業客戶，通過貿易融資配合企業生產經營的暢通，以物流結算回款保證交行信貸資金安全，逐步建立起了解決中小企業服務方案、拓展中小企業客戶群的重要工具。

以地域經濟發展為切入點，推動跨境人民幣貿易融資業務。交行北京市分行利用中資企業總部經濟集中的特點，大力發展人民幣投融資及跨境資金集中運營業務，支持「走出去」企業以人民幣在海外資源開發、基礎設施建設等領域的對外直接投資和大型外資併購，向企業的海外開發性投資項目提供跨境人民幣投融資金融服務。上海市分行利用跨國公司總部集中的地域優勢，大力拓

展跨境人民幣全球現金管理業務，特別是跨國公司成員單位間的融資業務，助力上海全球人民幣資產中心建設。長三角、珠三角地區分行把握該地區外向型經濟發達的區位優勢，做大做強跨境人民幣貿易結算及融資業務。

4. 把握業務風險點，強化貿易融資風險管理。

近兩年來，受國際貿易環境惡化、國內經濟下行週期的影響，處於國內外經濟板塊邊緣結點的國際貿易融資業務受到更多的衝擊，面臨著各方面風險因素的考驗。交行對處於經濟下行週期的貿易融資業務的風險識別和控制予以了更密切的關注和警覺。一是加強風險識別，注重交易監控，落實貿易融資流程管理。交行在近年來的實務操作中，由過去面向客戶轉為面向客戶及交易流程，強調從交易背景入手、從流程銜接入手、從產品特點入手，對授信主體及貿易週期、交易項下資金流和物流進行嚴格審核和監管，通過對操作風險的管理來降低控制業務風險。在兼顧考慮股東背景、授信物件財務特徵和財務指標基礎上，重點分析客戶在交易鏈條上的營運能力，上下游進銷管道、結算方式、交易對手的履約能力，違約風險等，從風險識別及風險特徵等方面切實加強貿易融資流程管理。二是從有效控制資金流和物流入手，合理匹配貿易融資期限，密切監控貿易流程等資金封閉化運作，實現對風險的控制或對沖。根據不同的貿易融資產品，有效制定風險管控措施。對貨權（貨物）控制和監管類產品，分析貨物波動價格及變現管道，通過合理制定質押率和貨物監管方案來防範操作風險；對依託應收賬款類產品，在重點分析借款人履約能力、產品品質基礎上，結合供應鏈的穩定程度進行綜合考量，並通過制定貨款回籠後的還款操作方案，防止資金挪用。三是在貿易融資放款時嚴格審核相關要件，確保貿易背景真實、授信用途合規。四是在貸後管理中，重視通過結算等環節回饋的資訊來關注企業經營及履約動態，及時掌握並有效防範客戶信用風險。

5. 引入鏈式管理，加快貿易融資技術創新。

當前貿易融資業務的發展不再是針對單一客戶的資金需求，而是轉向對行業上下游企業鏈式的資金需求。鏈式的貿易融資對交通銀行貿易融資業務管理和風險管理提出很高要求，而通過引入協力廠商物流，達到了跟蹤貨物流轉、

加強貨權控制、降低業務風險的目的。

在引入協力廠商物流管理的過程中，交行加快技術創新，提高物流與資金流管理的技術水準。比如，融資資訊服務平臺的建設或是與協力廠商物流公司共同開展有關物權、貨權憑證等電子化傳遞和確認技術方面的探索。通過融資資訊服務平臺推介銀行的供應鏈式貿易融資產品和服務，解決了銀行和企業之間的資訊不對稱問題。這種平臺技術的創新，既帶來了業務本身的創新，又是業務技術的創新。通過與物流公司展開的電子化技術的金融創新，降低了銀行和企業的成本，使金融服務更為便捷，提升了交通銀行鏈式貿易融資業務的服務水準。

2.2 跨境人民幣投融資服務

隨著中國對外經濟交往的不斷深入，赴華新設和增資外商投資企業數量和投資額大幅增加，而境內有實力的企業也加快邁出國門開拓海外市場。交通銀行把握市場機遇，充分利用國際化和綜合化優勢，為「引進來」和「走出去」投資企業提供國家風險管理、境內外投資諮詢、跨境人民幣貸款等投融資綜合金融服務。

在對外擔保方面，交通銀行憑藉良好的信用、豐富的經驗以及一流的專家隊伍為企業提供全面的跨境人民幣對外擔保服務，滿足「走出去」企業在對外直接投資、對外工程承包、船舶承接建造等多種對外經濟行為的多樣化業務需求，幫助企業降低境內外資金幣種錯配風險。交通銀行提供的跨境人民幣對外擔保類型豐富，涵蓋融資租賃擔保、履約擔保、品質維修擔保、付款擔保、預付款擔保、借款擔保等多個種類，且易於被交易對手接受。

在跨境投資服務方面，交通銀行貫徹國家政策，為開展對外直接投資企業和外商投資企業提供包括前期費用、資本金、增減資、利潤分配、紅利派發等在內的人民幣投資資金的支付結算，國家風險管理和境內外投資政策諮詢等

服務，滿足投資企業發債、增資、併購、股權轉讓等資本項下業務需求，降低企業貨幣錯配風險，優化企業財務報表，減少企業貨幣兌換環節並節省匯兌成本。2012年6月，在中國及德國監管當局的批准下，交通銀行先行先試直接以人民幣向法蘭克福分行增撥營運資金2億元，首開中資金融機構人民幣資本跨境輸出先河，而法蘭克福分行不僅加強了人民幣資金基礎，更是通過人民幣資金的合理運用獲益頗豐。

在跨境融資服務方面，交通銀行積極支援境內「走出去」企業以人民幣在海外資源開發、基礎設施建設等領域的對外直接投資和大型外資併購，向企業的海外開發性投資項目提供人民幣融資，解決境內企業在「走出去」過程中的資金融通需求。對於外商投資企業在境內新設和增資的資金融通需求，交通銀行積極聯動境外分行為其提供人民幣經營性貸款支援，拓寬企業融資管道，幫助企業享受境外人民幣資金價格和服務，降低企業融資成本。交通銀行通過境內外分行間的聯動，為企業提供跨境人民幣股東貸款支付結算服務，從而幫助有股權關係的公司之間通過跨境人民幣借貸行為實現內部資金調劑。

2.3 跨境人民幣帳戶服務

交通銀行提供多種方式的人民幣帳戶金融服務，幫助客戶更簡單有效的處理日常事務，在政策框架範圍內為客戶跨境人民幣直接投資、資金清算、債券投資等領域一站式完成所需人民幣帳戶的開立，滿足客戶對資金劃付的時效性要求。同時，交通銀行一系列的人民幣存款類產品，能為客戶帶來人民幣帳戶存款收益。

在人民幣直接投資專用帳戶服務方面，交通銀行按照國家政策要求為境外投資者及其所投資成立的公司和境外投資者所收購/併購公司的中方交易對手提供人民幣銀行結算帳戶（直接投資專用帳戶）的開立，幫助境外投資者完成人民幣前期費用、投資資金、併購或轉股資金、因減資等先行回收投資資金及利

潤等跨境人民幣資金的支付結算，實現最有效率的人民幣資金劃轉。

在境外機構人民幣帳戶服務方面，交通銀行根據國家政策為境外機構開立人民幣銀行結算帳戶（簡稱「人民幣NRA」），滿足境外機構在跨境貿易與投資中與交易對手使用人民幣作為支付結算貨幣的需求，幫助境外機構完成最快捷的人民幣跨境收付。境外機構在交通銀行開立的人民幣銀行結算帳戶同樣享受交通銀行所提供的境內人民幣存款服務。

在跨境人民幣同業帳戶服務方面，交通銀行為跨境人民幣業務境外參加銀行開立人民幣清算帳戶，向境外參加銀行接收和發送跨境人民幣支付指令，發送帳單、費用和利息清單，清算支付指令按照標準SWIFT報文格式處理，並同時配套人民幣存款服務，提高境外參加銀行沉澱資金收益率。交通銀行是最早提供跨境人民幣同業帳戶服務的中資銀行，截至2012年底，已為20多個國家和地區的境外銀行開立了逾百個人民幣同業往來帳戶，帳戶數位居境內同業前列。

隨著人民幣國際化進程的不斷推進，境外三類機構可使用人民幣投資境內銀行間債券市場。交通銀行擁有專業的帳戶服務團隊，能為投資銀行間人民幣債券市場業務資格的境外三類機構開立專用於人民幣債券交易資金清算的人民幣專用帳戶，依託SWIFT系統提供收付款、對帳單等服務，並幫助境外三類機構即時監控帳戶資金的流出入情況。

2.4　跨境人民幣投資銀行服務

隨著離岸尤其是香港人民幣市場的不斷發展以及金融服務的不斷完善，越來越多的境內機構在港發行人民幣債券，市場反響熱烈。交通銀行香港分行為企業發行人民幣債券提供全流程金融服務，包括協助發行人制定發行策略及結構，為企業提供信貸支持以降低整體發債項目的資金成本，提前通知發行人每期利息派發及到期金額，定期向投資者支付債券本息，將發行所得資金匯入企

業指定帳戶，為企業提供資金避險服務，債券承銷包銷等一攬子綜合化服務，幫助企業拓寬境外融資管道，享受債券融資價格，提升市場知名度，助力企業長遠發展。

交通銀行香港分行在債券承銷領域擁有領先優勢，2012年人民幣債券承銷額在香港排名第2位，在2012年香港離岸人民幣中心首屆人民幣業務傑出大獎中榮獲傑出批發銀行業務點心債（高評級）類別大獎。

2.5 跨境人民幣財富管理服務

交通銀行以客戶為中心，通過向客戶提供現金、信用、保險、投資組合等一系列金融服務，將客戶的資產、負債、流動性進行管理，滿足客戶不同階段的財務需求，幫助客戶達到降低風險、實現財富增值的目的。

針對境內外市場利率與匯率的不同走勢，交通銀行通過與境外合作銀行的聯動，組合運用結算工具、融資工具與金融市場工具，為企業提供人民幣結構性產品，幫助企業享受人民幣利率、匯率變動帶來的收益。

在人民幣衍生金融服務方面，交通銀行為企業提供本外幣交叉理財產品，在企業人民幣存款的基礎上，通過嵌入金融衍生工具，將收益與國際市場利率、匯率、商品價格、股票指數或信用主體信用狀況掛鉤，並根據企業需求定制涵蓋期限、掛鉤標的、收益水準等在內的金融服務產品，幫助企業分享國際金融市場投資收益。

在人民幣全球現金管理方面，交通銀行為企業提供全球帳戶管理、收付款管理、流動性管理以及相關資訊等綜合化全球現金管理服務，協助企業及時準確掌握海內外分支機構資金資訊，統一管理境內外收付款業務，統籌調配全球資金，加強集團管控力度，降低跨國經營資金風險。交通銀行具有離岸金融業務優勢，幫助企業組建離岸模式下的區域資金中心，推出「全球主辦行＋地區主辦行」的服務模式，為跨國企業提供全球現金管理服務。

2.6 跨境人民幣代理服務

交通銀行在滿足公司和個人客戶跨境人民幣金融需求的同時，也一直向銀行金融機構和非銀行金融機構客戶提供各類跨境人民幣代理服務，滿足機構客戶在資金清算、跨境購售、頭寸管理、債券交易、資金託管等方面的多樣化需求，助推跨境人民幣業務全面發展。

交通銀行自主研發了跨境人民幣清算處理系統，為境外參加銀行處理跨境人民幣清算業務和跨境人民幣帳戶管理。該系統可自動處理SWIFT和CNAPS報文，具備國際通行反洗錢核查功能，可設置客戶個性化帳單需求及自動完成監管機構帳戶資訊報送要求等一系列帳戶管理功能，能有效提高資金清算效率並降低清算成本。

交通銀行為開立人民幣同業往來帳戶的境外參加銀行辦理跨境結算項下的跨境人民幣購售交易，幫助境外參加銀行管理其人民幣頭寸。交通銀行受理的跨境人民幣購售業務包括美元、歐元、日圓、港幣等國際主要外匯。交通銀行還能提供人民幣帳戶融資服務，滿足境外參加銀行帳戶頭寸的臨時性需求。交通銀行提供的人民幣帳戶融資資金能實現T＋0到賬。

交通銀行向符合資質的境外機構提供境內銀行間市場的債券委託交易服務，包括向市場其他參與方進行詢價、議價及達成交易等操作，從而幫助境外機構參與銀行間市場，分享中國債券高成長帶來的收益。交通銀行債券委託交易投資標的多，議價能力強，債券投資人民幣帳戶專門管理確保資金安全。

隨著境外機構投資者加快佈局RQFII（人民幣合格境外機構投資者）業務，交通銀行依託服務經驗，為境內基金管理公司、證券公司、商業銀行、保險公司等金融機構的香港子公司，以及註冊地及主要經營地在香港地區的金融機構提供RQFII額度申請、帳戶開立、會計估值、資金結算、投資監督與報告等專業、高效的託管運營服務，維護產品的平穩安全運作，保障投資者利益，並有效平衡控制各項風險，為投資者提供協調解決方案。

附錄3

人民幣國際化調查
——2013年1月

首次人民幣國際化調查是對人民幣國際化指數的補充。本調查由中國人民大學國際貨幣研究所完成，目的在於真實反映特定人群對於人民幣國際化的接受程度和人民幣國際化的前景，並同時衡量市場對人民幣國際化的願景和預期，調查問卷通過定性的問題增加對人民幣國際化的感知，更多地體現出市場參與者的心理與願景。

2012年11—12月，在中國的中外資企業及金融機構員工、管理人員、學者及外國使館工作人員接受了我們的首次調查，受訪人士包括政府工作人員、學者型研究人員、金融企業人士和工商企業人士，對受訪人士的選擇原因為他們很可能是離岸人民幣的使用者並對人民幣國際化較為關注。在收回的81份問卷中，有43份為中籍人士填寫，38份為外籍人士填寫。

以下圖表分別顯示了受訪者的年齡構成和職業類型。95%以上的受訪者小於50歲，其中30～39歲的受訪者占總數的41.98%;值得注意的是，在受訪者中，67.9%為金融從業人員，對人民幣國際化和離岸人民幣市場相對比較了解（見附圖1和附圖2）。

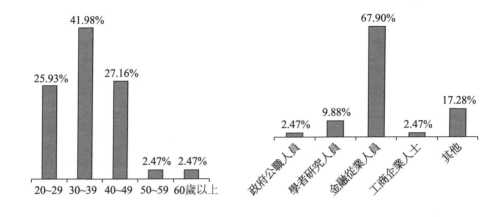

附圖1　受訪者年齡構成　　　　　　　　附圖2　受訪者職業類型

　　本報告分為六部分，第一部分了解受訪人士對人民幣國際化的基本態度；第二部分旨在了解國際社會對人民幣國際化的一般看法；第三部分為人民幣的計價結算功能和投資保值功能的接受度；第四部分探討人民幣國際化與我國經濟、貿易發展水準是否相符；第五部分為對經濟發展及人民幣國際化預期的調查；第六部分探討人民幣國際化的障礙和發展重點。

3.1　基本態度

　　首次調查結果表明大部分受訪者表示對人民幣國際化非常了解，大部分中籍和外籍受訪者都認為人民幣國際化對其生活或者生意帶來便利和實惠，以下為調查中的主要發現：

　　71%的外籍受訪者和95%的中籍受訪者認為人民幣應該成為國際主要貨幣。66%的外籍受訪者和84%的中籍受訪者表示對人民幣國際化問題非常了解，沒有中籍受訪者完全不知道人民幣國際化問題，而在外籍受訪者中約有5%的受訪者不知道人民幣國際化問題（見附圖3和附圖4）。

　　受訪者了解人民幣國際化的來源主要有工作內容、網路、媒體和專業期刊

雜誌。在受訪者中,有72%的中籍人士和71%的外籍人士未撰寫過人民幣國際化相關內容文章或報告,18%的外籍受訪者寫過4篇以上,而中籍受訪者中只有9%撰寫過4篇以上相關文章(見附圖5和附圖6)。

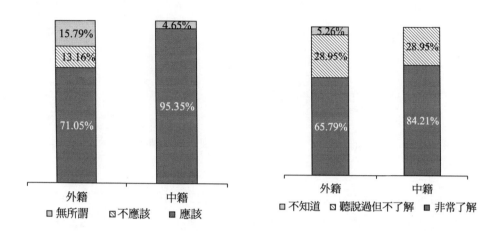

附圖3 人民幣是否應成為主要國際貨幣　　　附圖4 是否對人民幣國際化有所了解

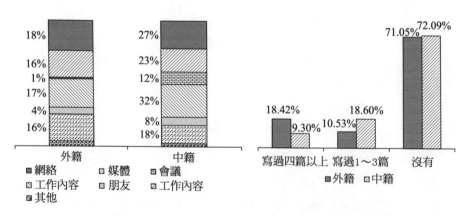

附圖5 了解人民幣國際化的來源　　　附圖6 是否撰寫過相關文章或報告

77%的中籍受訪者和61%的外籍受訪者認為人民幣國際化為生活或者生意帶來了方便和實惠（見附圖7）。

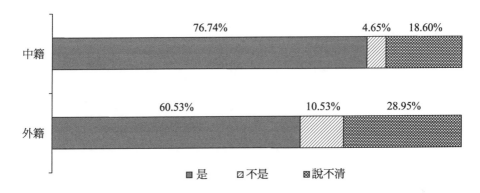

附圖7　人民幣國際化是否便利了生活或生意

3.2　國際社會看法

專門針對外籍受訪者的題目旨在了解國際社會對人民幣國際化的一般看法，結果表明人民幣國際化問題已為國際社會所關注，以下為調查結果摘要。

半數以上外籍受訪者認為人民幣國際化對其國家和企業無不利影響，只有18%的外籍受訪者認為對其國家或者企業有不利影響。外籍受訪者認為不利影響主要是容易受到人民幣幣值波動影響（31%）和從中國進口商品價格更昂貴（31%）（見附圖8和附圖9）。

約為63%的受訪者認為本國政府對人民幣國際化非常關注和一般關注，24%認為不關注。42%的受訪者所在國政府未對人民幣國際化做出正式表態，26%的受訪者所在國政府曾作出正式表態（見附圖10和附圖11）。

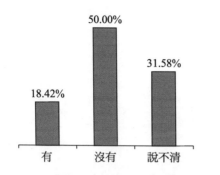

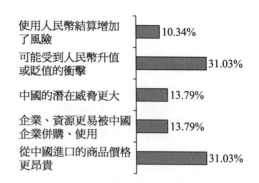

附圖8　對外資企業或外國有無不利影響　　附圖9　人民幣國際化有哪些不利影響

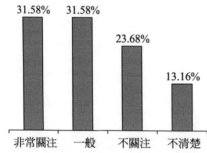

附圖10　貴國政府是否關注人民幣國際化　附圖11　貴國政府是否對人民幣國際化正式表態

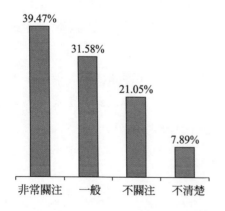

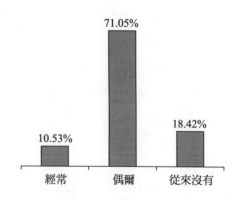

附圖12　國際媒體對人民幣國際化的關注度　附圖13　人民幣國際化是否成為日常話題

人民幣國際化在一定程度上已經引起國際媒體關注，39%和32%的受訪者認為本國媒體對此問題非常關注和一般關注，21%的受訪者認為本國媒體不關注該問題（見附圖12）。

高達71%的受訪者在朋友聚會中偶爾會探討人民幣國際化問題，11%的受訪者經常探討，只有18%的受訪者從來未探討過（見附圖13）。

3.3 人民幣接受度

人民幣接受度的調查結果顯示人民幣已被絕大多數受訪者接受，結果表明在結算領域和投資保值領域，人民幣接受度都已不可小視，結果摘要如下。

大宗商品人民幣計價結算成為可能。僅有18%的外籍受訪者和2%的中籍受訪者表示不願意使用人民幣信用卡（見附圖14）。在未來五年，只有2%的中籍人士和16%的外籍人士認為大宗商品不可能增加人民幣計價結算方式（見附圖15）。

在中外受訪者眼中，最受青睞的人民幣資產是存款和債券（見附圖16）。

僅有18%的外籍人士不願意持有人民幣資產（見附圖17）。

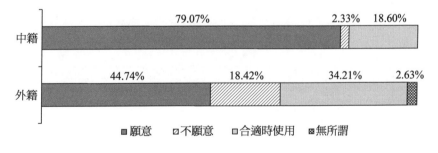

附圖14　人民幣信用卡接受度

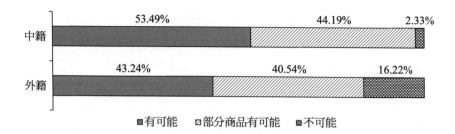

附圖15　未來五年大宗商品貿易是否會採用人民幣計價結算

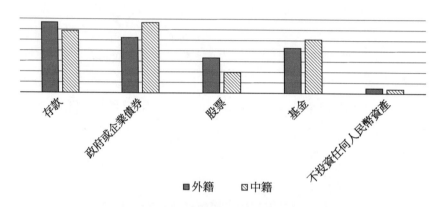

附圖16　最青睞哪類人民幣資產

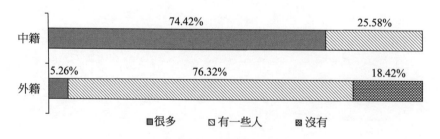

附圖17　朋友是否願意持有人民幣資產

3.4 與經濟、貿易發展水準

　　以下部分為人民幣國際化與經濟、貿易發展水準是否相符的調查，結果摘要如下。

　　人民幣國際化程度與經濟發展水準是否相符的調查結果，中外籍人士出現了較大分歧，61%的外籍受訪者認為基本相符，63%的中籍受訪者認為滯後於經濟發展（見附圖18）。

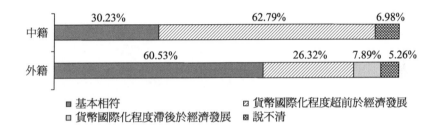

中籍　　30.23%　　62.79%　　6.98%
外籍　　60.53%　　26.32%　　7.89%　5.26%

■ 基本相符　　　　　　　　　　　☑ 貨幣國際化程度超前於經濟發展
▨ 貨幣國際化程度滯後於經濟發展　▩ 說不清

附圖18　人民幣國際化與經濟發展水準

　　對於跨境貿易人民幣計價結算比例與我國外貿水準是否相符，中外籍受訪者仍表現出較大分歧，61%的外籍受訪者認為基本相符，73%的中籍受訪者認為人民幣計價結算比例偏低（見附圖19）。

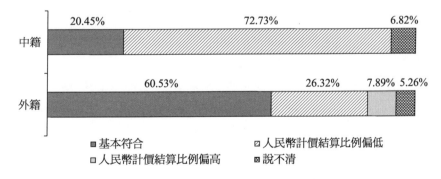

中籍　　20.45%　　72.73%　　6.82%
外籍　　60.53%　　26.32%　　7.89% 5.26%

■ 基本符合　　　　　　　　☑ 人民幣計價結算比例偏低
▨ 人民幣計價結算比例偏高　▩ 說不清

附圖19　人民幣計價結算比例與跨境貿易水準

3.5 預期與願景

以下為人民幣國際化及我國經濟願景調查部分結果摘要。

大部分受訪者認為外資銀行在中國發展前景樂觀（見附圖20）。

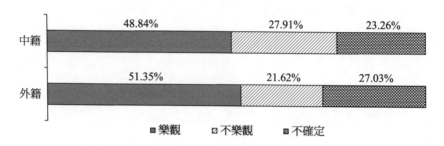

附圖20　未來十年外資銀行在中國的發展前景

七成多受訪者看好未來十年中國銀行國際化前景（見附圖21）。

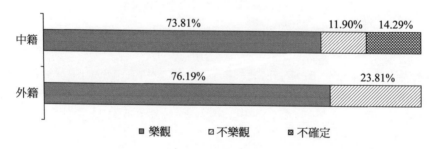

附圖21　未來十年中國銀行業國際化前景

未來十年，有56%的中籍受訪者和45%外籍受訪者相信人民幣在國際儲備中占比超過5%，有21%的中籍受訪者和27%的外籍受訪者相信人民幣的重要性會超過英鎊和日圓（見附圖22）。

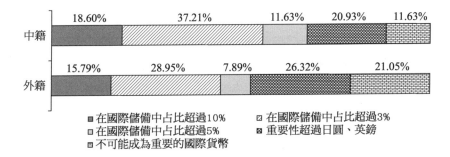

附圖22　未來十年人民幣國際化能夠達到何種程度

　　在籌集人民幣資金方面，65%的中籍人士認為會投於中國國內市場，近28%的中籍人士傾向於投向香港金融市場，只有接近7%的中籍人士傾向於投資到海外市場，而外籍人士在此問題上與中籍人士有明顯差異，他們有47%傾向於將籌集到的資金投資於香港市場，28%傾向於投向中國本土，25%傾向於投向海外（見附圖23）。

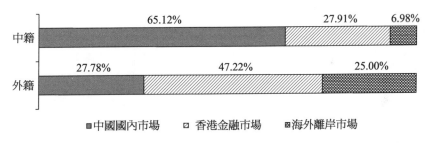

附圖23　籌集人民幣資金傾向於哪個市場

3.6　障礙與發展重點

　　以下為人民幣國際化障礙與發展重點的調查結果摘要。

　　40%的中籍受訪者和33%的外籍受訪者認為人民幣國際化的最主要障礙是人民幣不能自由兌換（見附圖24）。

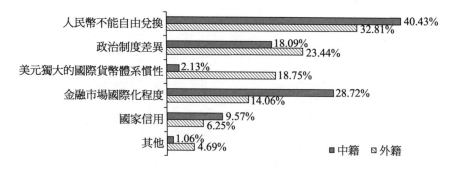

附圖24　人民幣國際化的最大障礙

　　大部分受訪者認為人民幣全球支付清算不方便是在國際貿易結算中使用人民幣的主要障礙（見附圖25）。

　　提高人民幣國際化程度的關鍵在於實現人民幣自由兌換和發展離岸人民幣市場（見附圖26）。

　　外籍受訪者和中籍受訪者對於外資銀行哪項業務有優勢表現出小幅分歧，中籍受訪者認為投行、貿易融資和財富管理是外資銀行的優勢專案，而外籍受訪者認為貿易融資、私人銀行和財富管理為外資銀行的優勢專案（見附圖27）。

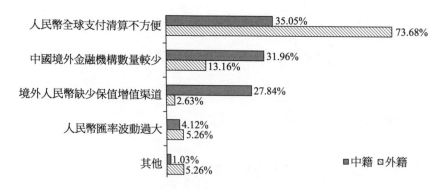

附圖25　國際貿易使用人民幣的最大障礙

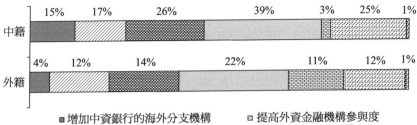

附圖26 提高人民幣國際化程度的關鍵

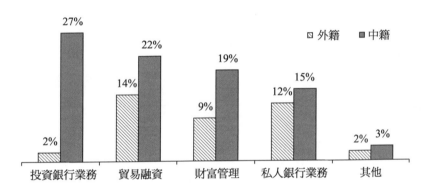

附圖27 外資銀行的優勢專案

70%的中籍受訪者認為外資銀行開展跨境人民幣結算優勢是網點多，只有32%的外籍受訪者持此觀點（見附圖28）。

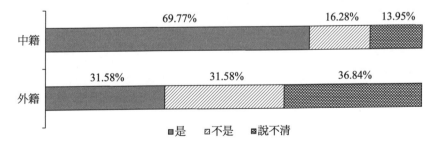

附圖28 外資銀行開展跨境人民幣結算的優勢

免責聲明

　　此報告由調查問卷受訪者填寫結果整理，反映受訪者真實填寫情況，此報告結論對調查問卷受訪者填寫結果負責，由於抽樣特徵原因，有可能與大眾認識有一定偏差。

人民幣國際化調查問卷

　　全球金融危機後的國際貨幣多元化改革為人民幣國際化創造了條件，2011年人民幣在貿易結算、國際金融交易中取得了長足進步。本問卷調查主要目的是了解人民幣在國際上被接受的程度及其原因。我們對您提供的回答內容只做總量統計分析，不會披露您的個別回答內容，也不用作任何其他用途，並實行嚴格的保密。本問卷僅需花費5～8分鐘的時間填寫。感謝您的參與。

　　問卷回收郵箱：imi@ruc.edu.cn。

　　為感謝您的配合，我們將為您提供《人民幣國際化報告2013：世界貿易格局變遷與人民幣國際化》電子版。

　　您希望接收報告的郵箱位址：＿＿＿＿＿＿＿＿＿＿＿＿＿＿＿＿。

一、個人資訊

　　1.您的國籍：

　　A.中國大陸（跳過第5題）

　　B.港澳臺地區

　　C.外國（請您注明具體國家）

　　2.您的性別：

　　A.男　　　　　B.女

3.您的年齡:

A. 20～29　　　　　　　　　B. 30～39

C. 40～49　　　　　　　　　D. 50～59

E. 60歲以上

4.您的職業類型:

A.政府公職人員　　　　　　B.學者研究人員

C.金融從業人員　　　　　　D.工商企業人士

E.其他（請具體說明）

5.您對中國的了解程度:

A.在華工作或生活3年以上　　B.在華工作或生活1～3年

C.在華工作或生活1年以下　　D.曾到中國觀光、訪問

E.沒有到過中國

二、您對人民幣國際化的態度

1.您認為人民幣是否應該成為主要國際貨幣？

A.應該

B.不應該

C.無所謂

2.您是否知道或關注過人民幣國際化問題？

A.非常了解

B.聽說過但不了解

C.不知道

3.您了解人民幣國際化的來源是什麼？（可多選）

A.網路

B.專業期刊雜誌

C.媒體

D.朋友

E.工作內容

F.會議

G.其他（請具體說明）

4.您是否撰寫過和人民幣國際化內容相關的文章或報告？

A.寫過4篇以上

B.寫過1～3篇

C.沒有

5.您認為人民幣國際化是否為您的生活或生意帶來了方便和實惠？

A.是

B.不是

C.說不清

6.您認為人民幣國際化對您的國家或企業是否有不利影響？（外籍回答；如果回答沒有請跳過問題7）

A.有

B.沒有

C.說不清

7.人民幣國際化給您的國家或企業帶來了哪些不利影響？

A.從中國進口的商品價格更昂貴

B.企業和資源更容易被中國企業併購、使用

C.中國的潛在威脅更大

D.貨幣可能受到人民幣升值或貶值的衝擊

E.使用人民幣結算增加了風險

8.貴國政府是否對人民幣國際化有所關注？（外籍回答）

A.非常關注

B.一般

C.不關注

D.不清楚

9.貴國政府是否就人民幣國際化有過正式表態？（外籍回答）

　　A.有

　　B.沒有

　　C.不清楚

10.在您的印象中貴國國內媒體是否對人民幣國際化給予關注？（外籍回答）

　　A.非常關注

　　B.一般

　　C.不關注

　　D.不清楚

11.您的朋友聚會中是否有過有關人民幣國際化的探討？

　　A.經常

　　B.偶爾

　　C.從來沒有

12.整體上來說，您所了解的其他人對人民幣國際化的態度是什麼？

　　A.支持的較多

　　B.反對的較多

　　C.支持與反對的數量差不多

13.您在日常生活的支付中願意使用人民幣或人民幣信用卡嗎？

　　A.願意

　　B.不願意

　　C.在合適的情況下使用

　　D.無所謂

14.您在國際貿易中願意接受人民幣計價結算嗎？

　　A.願意

　　B.不願意

　　C.在條件有利時願意

　　D.無所謂

15.您認為在未來五年中，是否有可能在國際原油、稀土、大豆或其他大宗商品貿易中增加人民幣計價結算方式？

　　A.有可能

　　B.部分商品有可能

　　C.不可能

16.您願意投資哪一類人民幣金融資產？

　　A.存款

　　B.政府或企業債券

　　C.股票

　　D.基金

　　E.不投資任何人民幣資產

17.您的朋友中是否有人願意持有人民幣資產？

　　A.很多

　　B.有一些人

　　C.沒有

18.您認為當前人民幣國際化程度與中國經濟發展水準是否相符？

　　A.基本相符

　　B.貨幣國際化程度滯後於經濟發展

　　C.貨幣國際化程度超前於經濟發展

　　D.說不清

19.您認為跨境貿易人民幣計價結算比例與中國對外貿易發展是否相符？

　　A.基本符合

　　B.人民幣計價結算比例偏低

　　C.人民幣計價結算比例偏高

　　D.說不清

20.您支持中國金融機構到貴國建立分支機搆嗎？（外籍回答）

　　A.支持

　　B.不支持

　　C.說不清

21.您對未來十年外資銀行在中國發展前景的樂觀程度如何？

　　A.樂觀

　　B.不樂觀

　　C.不確定

22.您對未來十年中國銀行業國際化前景的樂觀程度如何？

　　A.樂觀

　　B.不樂觀

　　C.不確定

23.如果您需要籌集人民幣資金，您會傾向於以下哪個市場？

　　A.中國國內市場

　　B.香港金融市場

　　C.海外離岸市場

24.您認為未來十年內人民幣國際化能夠達到何種程度？

　　A.在國際儲備中占比超過10%

　　B.在國際儲備中占比超過5%

　　C.在國際儲備中占比超過3%

　　D.重要性超過日圓、英鎊

　　E.不可能成為重要的國際貨幣

三、您眼中的人民幣國際化的障礙和發展重點（可以多選）

1.您認為阻礙人民幣國際化的主要障礙是什麼？

　A.美元獨大的國際貨幣體系慣性

　B.人民幣不能自由兌換

　C.政治制度差異

　D.國家信用

　E.金融市場國際化程度較低

　F.其他（請具體說明）

2.您認為在國際貿易結算中使用人民幣的最大障礙是什麼？

　A.人民幣全球支付清算不方便

　B.境外人民幣缺少保值增值管道

　C.中國境外金融機構數量較少

　D.人民幣匯率波動過大

　E.其他（請具體說明）

3.您認為提高人民幣國際化程度特別關鍵的措施是什麼？

　A.增加中資銀行的海外分支機構

　B.提高外資金融機構參與度

　C.發展離岸人民幣市場

　D.實現人民幣自由兌換

　E.完成利率市場化和匯率市場化改革

　F.建設人民幣全球清算系統

　G.其他（請具體說明）

4.您認為中資銀行和外資銀行哪個在跨境人民幣業務方面更有優勢？

　A.中資銀行

　B.外資銀行

　C.兩者差不多

5.與中資銀行相比，您認為外資銀行在哪項人民幣業務方面更有優勢？

A.貿易融資

B.私人銀行業務

C.財富管理

D.投資銀行業務

E.其他（請具體說明）

6.與中資銀行相比，您認為外資銀行開展跨境人民幣業務的主要優勢是海外網點多嗎？

A.是

B.不是

C.說不清

7.您認為中國銀行業未來十年國際化的主要難點是什麼？（可多選）

A.更加嚴格和複雜的國際監管政策

B.國際銀行業競爭加劇

C.中國政府進行太多的干預和監管

D.中國銀行業的風險管理能力較弱

E.中國銀行業產品創新能力偏低

F.缺乏跨國經營經驗和人才

G.銀行的薪酬激勵制度落後

感謝您的參與配合！

中國人民大學國際貨幣研究所

2012年11月6日

附錄4

銀行業跨境人民幣業務政策指引

文件名稱	下發部門及文號	下發時間
《跨境貿易人民幣結算試點管理辦法》	中國人民銀行、財政部、商務部、海關總署、國家稅務總局、中國銀行業監督管理委員會公告（2009）第10號	2009年7月2日
中國人民銀行有關負責人就《跨境貿易人民幣結算試點管理辦法》有關問題答記者問	中國人民銀行	2009年7月2日
《跨境貿易人民幣結算試點管理辦法實施細則》	中國人民銀行、財政部、商務部、海關總署、國家稅務總局、中國銀行業監督管理委員會	2009年7月3日
《國家外匯管理局綜合司關於跨境貿易人民幣結算中國際收支統計申報有關事宜的通知》	國家外匯管理局（匯綜發（2009）90號）	2009年7月13日
《關於跨境貿易人民幣結算出口貨物退（免）稅有關事項的通知》	國家稅務總局（國稅函（2009）470號）	2009年8月25日
《關於跨境貿易人民幣結算試點有關問題的通知》	海關總署監管司（監管函（2009）255號）	2009年9月16日
《跨境貿易人民幣結算業務相關政策問題解答》	中國人民銀行	2009年12月21日

續前表

文件名稱	下發部門及文號	下發時間
《關於擴大跨境貿易人民幣結算試點有關問題的通知》	中國人民銀行、財政部、商務部、海關總署、國家稅務總局、中國銀行業監督管理委員會（銀發（2010）186號）	2010年6月22日
《中國人民銀行關於境外人民幣清算行等三類機構運用人民幣投資銀行間債券市場試點有關事宜的通知》	中國人民銀行	2010年8月17日
《境外機構人民幣銀行結算帳戶管理辦法》	中國人民銀行	2010年10月1日
《境外直接投資人民幣結算試點管理辦法》	中國人民銀行公告（2011）第1號	2011年1月6日
《中國人民銀行關於明確跨境人民幣業務相關問題的通知》	中國人民銀行	2011年6月3日
《關於擴大跨境貿易人民幣結算地區的通知》	中國人民銀行	2011年8月24日
《外商直接投資人民幣結算業務管理辦法》	中國人民銀行公告（2011）第23號	2011年10月13日
《關於跨境人民幣直接投資有關問題的通知》	商務部（商資函（2011）第889號）	2011年10月14日
《中國人民銀行關於境內銀行業金融機構境外項目人民幣貸款的指導意見》	中國人民銀行	2011年10月24日
《基金管理公司、證券公司人民幣合格境外機構投資者境內證券投資試點辦法》	中國人民銀行	2011年12月16日
《關於出口貨物貿易人民幣結算企業管理有關問題的通知》	中國人民銀行（銀發（2012）23號）	2012年2月3日
《關於出口貨物貿易人民幣結算企業重點監管名單的函》	中國人民銀行	2012年6月12日

續前表

文件名稱	下發部門及文號	下發時間
《中國人民銀行關於明確外商直接投資人民幣結算業務操作細則的通知》	中國人民銀行（銀發（2012）165號）	2012年6月14日
《中國人民銀行關於境外機構人民幣銀行結算帳戶開立和使用有關問題的通知》	中國人民銀行（銀發（2012）183號）	2012年7月26日

附錄5

簡析美國《2010年支付、清算及結算監管法案》

　　自19世紀末以來，針對美國金融體系改革的立法隨著經濟、政治和國際局勢的發展經歷了一系列變化和調整。從早期的《1913年聯邦儲備法案》確立美國中央銀行制度到《1933年銀行法案》（《格拉斯斯蒂格爾法案》）全面變革傳統的美國銀行業，美國通過實施各項立法逐步建立了當今美國現代金融監管基本體制。而20世紀後期在美國和世界其他主要金融市場的「去監管化」浪潮則直接催生了美國《1999年金融服務現代化法案》的通過，廢除了《格拉斯斯蒂格爾法案》，進而去除了對金融領域的有效監管。20世紀末以來美國和世界金融自由化運動帶來的表面繁榮、深匿金融交易參與者的博弈和金融市場的混亂無序，導致了2008年以來美國和世界所遭遇的自大蕭條以來最為嚴重的金融和經濟危機。

　　為增加對金融領域的監管和調整以及對金融消費者的保護，美國2010年通過了《陶德—法蘭克華爾街改革與消費者保護法案》（Dodd-Frank Wall Street Reform and Consumer Protection Act，簡稱《陶德—法蘭克法案》或《多德—弗蘭克法案》）。[1]其中專設第八章即《2010年支付、清算及結算監管法案》（Payment, Clearing and Settlement Supervision Act of 2010）以保障美聯儲加

1　《多德弗蘭克華爾街改革與消費者保護法案》具體內容見http://www.sec.gov/about/laws/wallstreetreform-cpa.pdf。

強對美國支付結算體系的監管。《2010年支付、清算及結算監管法案》作為對美國支付結算體系最新的主要立法之一，對人民幣支付體系的建立和運作均有較大的借鑒價值和意義。《2010年支付、清算及結算監管法案》從多個方面和角度對支付體系的監管制度進行規範和調整，其中包括確定支付體系的重要性（立法目的）、明晰支付體系下相關基本定義、對金融市場公用平臺和支付結算業務系統重要性的確立、監管標準譬如規則制定權的授權、支付體系的運營以及對支付體系的檢查權和執行權等。

通過對美國《2010年支付、清算及結算監管法案》具體條款的分析，人民幣支付清算體系的建立可以充分借鑒和吸收美國重新塑建支付結算監管體系的思路以及技術層面的要件，同時也可對人民幣支付體系相關立法在技術和實踐層面上提出更高要求和更高標準，以配合人民幣國際化。具體而言，美國《2010年支付、清算及結算監管法案》在以下方面有較為豐富的參考價值。

5.1 支付結算制度下關鍵概念的界定（《陶德—法蘭克法案》第803條[1]）

《陶德—法蘭克法案》第803條對《2010年支付、清算及結算監管法案》下的幾個關鍵概念進行了定義。

1.「適當的金融監管機構」（Appropriate Financial Regulator）。

通過立法確立、賦予和明晰適當的政府機構或金融監管機構作為「適當的金融監管機構」責任主體的合法性，同時也從立法上保證了主體地位的權威性，其中美聯儲被直接確立為金融監管機構。

2.「指定業務」（Designated Activity）。

1　由於《2010年支付、清算及結算監管法案》為《多德弗蘭克華爾街改革與消費者保護法案》的第八章，因此本報告中《2010年支付、清算及結算監管法案》的具體法案條款編號按《多德弗蘭克華爾街改革與消費者保護法案》統一序號。

「指定業務」一般是指金融穩定監督委員會（Financial Stability Oversight Council，FSOC）指定的具有系統重要性的支付、清算和結算業務。其中，根據《陶德—法蘭克法案》第804條，金融交易一般是指包括資金轉帳、證券合約、商品期貨合約、遠期合約、回購協議、掉期、基於證券的互換、掉期協定、證券掉期協定、外匯合約、金融衍生品合約，以及FSOC可能認可的《2010年支付、清算及結算監管法案》下的其他類似金融交易。

此外，《2010年支付、清算及結算監管法案》還定義了「覆蓋業務」，即與金融交易有關的支付、清算和結算業務，包括在對手方之間計算和傳達未結算的金融交易，交易的淨額結算，提供和保存交易、合約或工具的資訊，與持續進行的金融交易有關的風險管理和活動，傳輸與儲存支付指令，資金流動，金融交易的最終結算，以及其他FSOC認定的類似業務。

3.「指定清算機構」（Designated Clearing Entity）。

「指定清算機構」是指FSOC根據《陶德—法蘭克法案》第804條規定指定的、具有系統重要性的、根據《1936年商品交易法》註冊的衍生品清算組織，和具有系統重要性的，根據《1934年證券交易法》第17A條在證券交易委員會註冊的證券清算機構。

4.「指定金融市場公用平臺」（Designated Financial Market Utility）。[1]

「指定金融市場公用平臺」是指根據《陶德—法蘭克法案》第804條的規定由FSOC指定為具有系統重要性的金融市場公用平臺。

5.「金融機構」（Financial Institution）。

《2010年支付、清算及結算監管法案》對金融機構進行了較為全面的定義和羅列，主要包括：存款類機構、信用社、經紀人或自營商（broker or dealer）、投資公司、投資顧問、保險公司、期貨傭金商、期貨商品交易顧問

1　本書將「Financial Market Utility」統一翻譯為「金融市場公用平臺」。目前「Financial Market Utility」一詞的中文有多種翻譯。如《美國金融監管改革概論》（劉士余主編，北京，中國金融出版社，2011）將其翻譯為「金融基礎設施」；《從金融危機審視華爾街改革與消費者保護法》（張路著，北京，法律出版社，2011）將其翻譯為「金融市場公共設施」。

和CPO（commodity pool operator）、「艾知法案」公司和「協議公司」、外國銀行分支機構，以及從事《1956年銀行控股公司法》第4條定義的「金融屬性」業務及其附帶業務的公司等10種機構。同時，《2010年支付、清算及結算監管法案》也規定了非常具體的排除的金融機構種類。

6.「金融市場公用平臺」（Financial Market Utilities）。

「金融市場公用平臺」指管理和運營在金融機構之間或金融機構和金融市場公用平臺之間進行支付、證券或其他金融交易的轉接、清算或結算的多邊系統的機構或平臺。在對金融市場公用平臺做出上述廣泛定義時，《2010年支付、清算及結算監管法案》也用排除法規定不能成為金融市場公用平臺的情形。

5.2 對金融市場公用平臺和支付結算業務系統重要性的認定（《陶德－法蘭克法案》第804條）

《2010年支付、清算及結算監管法案》第804條規定，金融穩定監督委員會應以三分之二多數投票選定具有（或可能具有）系統重要性的金融市場公用平臺或支付、清算或結算業務。FSOC通過投票做出系統重要性的考量必須考慮五項要件：（1）該金融市場公用平臺或支付結算業務處理的交易總金額；（2）該金融基礎設施或從事支付結算業務的金融機構向對手方的總開放度；（3）該金融市場公用平臺或支付結算業務與其他金融市場公用平臺或支付結算業務之間的關係、相互依賴度或互動；（4）該金融市場公用平臺或支付結算業務失敗或中斷對關鍵市場、金融機構或金融體系整體的影響；（5）其他FSOC視為合適的因素。若FSOC認為某指定金融市場公用平臺或指定業務不再滿足以上系統重要性條件，也可以按三分之二多數撤銷系統重要性指定。撤銷一旦生效，有關金融市場公用平臺或從事相關業務的金融機構就不再受到法案第八章及根據本章發佈的規則和命令的管轄。

5.3 具備系統重要性的金融市場公用平臺或支付、清算或結算業務的標準（《陶德—法蘭克法案》第805條）

《陶德—法蘭克法案》第805條確定了對指定金融市場公用平臺和指定業務的具體監管標準制定的一般性授權，即在考慮相關國際標準和現行審慎要求下，美聯儲必須與FSOC和相關金融監管機構協商，以規則或命令形式規定指定金融市場公用平臺從事支付、清算、結算業務以及金融機構從事指定業務時必須遵循的風險管理標準。

同時，《陶德—法蘭克法案》第805條第（b）至（f）款對風險管理標準的目標、原則和範圍以及原則的限制和合規要求等做了規定。

其中，《陶德—法蘭克法案》第805條第（b）款規定風險管理的目標和原則為：促進強健的風險管理，促進安全和完好，降低系統風險，以及支援更寬宏金融體系的穩定。《陶德—法蘭克法案》第805條（c）款規定了風險管理標準可作出規定的事項範圍，包括風險管理政策和程式，利潤和抵押物要求，參與方或其交易對手方違約政策和程式，及時完成金融交易清算和結算的能力，對系統重要性金融市場公用平臺的資本和財務資源要求，以及為達到前述目標和原則必要的其他事項。

5.4 指定金融市場公用平臺的運營（《陶德—法蘭克法案》第806條）

在對系統重要性金融市場公用平臺進行更嚴格監管的基礎上，《陶德—法蘭克法案》同時也規定了穩固整個金融體系的措施和創新。《陶德—法蘭克法案》第806條便是有力證明，即允許金融市場公用平臺在緊急情況下可以從美

聯儲貼現視窗和貸款工具獲得緊急融資，而一般情形下只有商業銀行可以從美聯儲獲得緊急救助。

5.5 對系統重要性金融市場公用平臺的檢查權和實施執行權（《陶德—法蘭克法案》第807條）

《2010年支付、清算及結算監管法案》在加強系統風險監管方面也做了具體的規定，其中最重要的措施之一是將美聯儲界定為全部系統重要性金融市場公用平臺和從事系統重要性支付結算業務的金融機構的主要監管者，從而可以對包括證券、衍生品在內的整個支付結算體系實施監管權。

根據《陶德—法蘭克法案》第807條規定，美聯儲和其他適當金融監管機構擁有對系統重要性金融市場公用平臺的風險管理標準實施檢查和執行的權力。「主要監管機構」即美聯儲和其他適當金融監管機構必須至少每年一次對指定金融市場公用平臺進行檢查來決定下列事項：指定金融市場公用平臺的運營性質和所承擔的風險，該基礎設施對金融機構、關鍵市場和金融體系整體可能造成的金融和運營風險，該基礎設施監測和控制上述風險的資源和能力，該基礎設施的安全與完好，以及該基礎設施遵守《2010年支付、清算及結算監管法案》規定和依據《2010年支付、清算及結算監管法案》制定的有關規則和命令的情況。

同時，《陶德—法蘭克法案》第807條明確授權「主要監管機構」即美聯儲和其他適當金融監管機構對指定金融市場公用平臺擁有《聯邦存款保險法案》第807條第（b）至（n）款規定的聯邦銀行業監管機構對投保存款機構擁有的全部執行權，包括禁止、中止或取消從業資格以及民事和刑事處罰等。此外，《陶德—法蘭克法案》第807條第（f）款特別規定，在緊急情況下，如美聯儲認為指定金融市場公用平臺採取的行為或計畫採取的行為，或指定金融市場公用平臺的條件對金融機構、關鍵市場或金融體系整體造成了「急迫重大

損害的風險」，美聯儲有權在與「主要監管機構」協商、獲得FSOC多數同意後，對指定金融市場公用平臺直接行使執行權。

美聯儲直接運作世界上最大的大額支付結算系統（Fedwire，包括大額現金和政府證券結算）並直接監管美國主要的私營支付結算組織CHIPS。因此，法案在原有基礎上進一步擴大和加強了以美聯儲為核心的聯邦監管體系對全部重要金融市場公用平臺的審慎監管。

5.6 對提供系統重要性支付結算服務的金融機構的檢查和執行（《陶德—法蘭克法案》第808條）

《陶德—法蘭克法案》第808條也規定了由「適當金融監管機構」負責對提供系統重要性支付結算服務的金融機構的監管，包括該金融機構所從事的指定業務的性質和範圍，該指定業務對該金融機構、其他金融機構、關鍵市場或金融體系整體造成的財務和運營風險，該金融機構監測和控制這些風險的資源和能力，以及該金融機構的合規執行情況。

同時，《陶德—法蘭克法案》第808條第（e）款還明確規定了美聯儲可以對金融機構行使備份式檢查權和執行權。

5.7 資訊、報告或記錄請求（《陶德—法蘭克法案》第809條）

《陶德—法蘭克法案》第809條亦規定了評估系統重要性所需的資訊要求。對於金融市場公用平臺，FSOC有權要求任何金融市場公用平臺提交其是否滿足系統重要性所要求的資訊，以適用《陶德—法蘭克法案》第804條中所要求的系統重要性。對於開展支付、清算和結算活動的金融機構，FSOC則要

求金融機構提交其為評估從事或支持的任何支付、清算或結算活動是否具有系統重要性所要求的資訊以符合《陶德—法蘭克法案》第804條中的要求。

《陶德—法蘭克法案》第809條同時含有與支付清算體系更為相關的規定，即美聯儲和FSOC均可要求該指定金融市場公用平臺按照其認為必要的頻率和形式提交報告和資料，以評估該公用平臺的安全性、穩健性和該公用平臺運營對整個金融體系帶來的系統風險。

根據《陶德—法蘭克法案》第809條第（c）款，即與聯邦監管機關的協調層面，主要分為提前協調和監管報告兩個步驟。首先美聯儲和FSOC與監管機關、金融監管機構協調確定能否以美聯儲和FSOC要求的形式、格式或細節要求從任何金融市場公用平臺或從事支付、清算或結算活動的金融機構獲取任何重大資訊或規定報告或記錄。然後，即使有其他法律規定，聯邦監管機關、相應金融監管機構和美聯儲均有權彼此披露並向FSOC披露其對任何金融市場公用平臺或任何從事支付、清算或結算活動的金融機構進行的檢查報告。同時，根據《陶德—法蘭克法案》第809條第（d）款若監管機關或金融監管機構在其要求提供材料的15天內無法取得所要求的資訊、報告、記錄或資料，美聯儲或FSOC則可以直接向監管機關和金融監管機構發出通知要求或對金融市場公用平臺或從事支付、清算或結算活動的金融機構直接實施記錄或報告要求。

《陶德—法蘭克法案》第809條第（e）款則對資訊共用和披露做出較為詳細的規定。對於存在的重大擔憂，美聯儲、FSOC、監管機關和金融監管機構均有權彼此立即通知對指定金融市場公用平臺或任何從事指定活動的金融機構的重大擔憂，並共用相關的合適報告、資訊和資料；同時，亦可以經過合理的保密保證，彼此提供或向美國財政部長、美聯儲銀行、各州金融監管機構、外國金融監管機構、外國央行和財政部提供相關的保密監管資訊等，並可以依據美國相關法律獲得披露豁免。

5.8 其他條款及指定結算實體風險管理共同框架（《陶德—法蘭克法案》第810～813條）

《陶德—法蘭克法案》第810條也賦予美聯儲、監管機構和FSOC指定和頒佈必要的規則和命令以管理並履行《陶德—法蘭克法案》授予的權利和義務，並防止可能產生的規避或不遵從行為。同時《陶德—法蘭克法案》也要求美國商品期貨交易委員會（CFTC）、美國證券交易委員會（SEC）與美聯儲共同制定結算實體的風險管理監督計畫，並可就諸多事項與其他聯邦機構通力協作提出建議，如促進制定結算實體的穩健分析管理和促進監管機構實施穩健風險管理監督等。

綜上對《陶德—法蘭克法案》第八章即《2010年支付、清算及結算監管法案》的分析，更加可以確認對金融市場公用平臺或從事支付、清算或結算活動的金融機構監管的重要性和穩健性要求，並通過立法來確定和完善相關參與者的權利和義務。如同《陶德—法蘭克法案》第802條對《2010年支付、清算及結算監管法案》立法目的的認定：金融市場的有效運作取決於對安全、有效地安排證券和其他金融交易的清算和結算；履行和支持多邊支付、清算和結算的金融市場公用平臺可以減少參與者和金融體系的整體風險，但也可能彙集或產生新的風險，因此必須恰當、安全、穩健地設計和運作。金融機構開展的支付、清算和結算對參與的金融機構和金融體系而言也會帶來重要的風險。改進對系統重要性金融市場公用平臺以及系統重要性支付、清算和結算業務的監管，對監控系統風險和穩定金融體系都不可或缺。

因此，在建立人民幣國際支付結算體系及相關監管制度時，可以充分借鑒美國《2010年支付、清算及結算監管法案》的目的，至少在法律層面上實現下列目標：第一，授權國家金融監管機構或央行針對系統重要性金融市場公用平臺以及系統重要性支付、清算和結算業務推動實施統一的風險管理標準；第二，改善國家金融監管機構或央行對系統重要性金融市場公用平臺風險管理標

準的監管;第三,加強系統重要性金融市場公用平臺的流動性和穩健性;第四,改善國家金融監管機構或央行對金融機構的系統重要性支付、清算和結算服務的風險管理標準的監管。

附錄6

人民幣國際化大事記

時間	事件	內容
2012年1月	明確建設上海全球人民幣業務中心。	國家發改委正式印發的《「十二五」時期上海國際金融中心建設規劃》指出，力爭到2015年基本確立上海的全球性人民幣產品創新、交易、定價和清算中心地位。
2012年1月4日	基金管理公司、證券公司人民幣合格境外機構投資者投資境內證券試點進一步規範。	《中國人民銀行關於實施〈基金管理公司、證券公司人民幣合格境外機構投資者境內證券投資試點辦法〉有關事項的通知》，規定了試點機構開立境外機構人民幣基本存款帳戶（和境外機構人民幣專用存款帳戶）應選擇一家同時具有合格境外機構投資者託管人資格和銀行間債券市場結算代理人資格的境內商業銀行，試點機構專用存款帳戶的收入範圍是：試點機構從境外匯入的投資本金、出售證券所得、現金股利、利息收入及中國人民銀行規定的其他收入。
2012年1月11日	香港人民幣銀行間拆息率出現。	中國銀行（香港）有限公司、滙豐銀行和渣打銀行開始每日公佈香港人民幣銀行間拆息率，期限為隔夜至一年，由香港財資市場公會（Treasury Markets Association）網站發佈。

續前表

時間	事件	內容
2012年1月16日	香港與倫敦開始合作發展離岸人民幣業務。	2012年1月16日，香港金融管理局（以下簡稱「香港金管局」）總裁陳德霖與英國財政大臣奧斯本簽訂協議以促進倫敦金融城發展為離岸人民幣交易中心。同時，宣佈成立一個由私營機構代表組成的合作小組來推動香港和倫敦在支付結算系統、促進人民幣市場流動性以及人民幣計價金融產品開發等多方面的聯繫，藉以提高兩個市場的協同效應。合作小組成員來自包括滙豐銀行、渣打銀行、中國銀行、德意志銀行及巴克萊銀行在香港和倫敦的代表。
2012年1月17日	與阿聯酋簽訂貨幣互換協議。	中國人民銀行與阿聯酋中央銀行簽署規模為350億元人民幣/200億迪拉姆的雙邊本幣互換協議，有效期3年，經雙方同意可以展期。
2012年1月17日	香港金管局放寬對銀行離岸人民幣業務的監管限制。	香港金管局宣佈，放寬對離岸人民幣業務的監管限制，具體措施包括：（1）將人民幣未平倉淨額上限由10%上調至20%。也就是說，香港銀行的人民幣未平倉淨額（即表內人民幣資產與負債之間的差額）由原先不得超過人民幣資產或負債的10%改為20%。（2）放鬆對人民幣風險管理限額計算方法的規定，可以將所持中國財政部在港發行的人民幣債券以及通過內地銀行間債券市場持有的人民幣債券投資也計入人民幣風險管理限額之內。
2012年1月30日	全球首支以人民幣計價的黃金ETF產品登陸香港市場。	恒生銀行宣佈在港推出首支以人民幣計價的黃金ETF（交易所買賣基金）。該基金認購入場價為3 500元，2月14日將在港交所主機板掛牌上市，股份代碼為83168。這是香港人民幣離岸市場上首支以人民幣計價的ETF，其定價基準為倫敦黃金定盤價。

續前表

時間	事件	內容
2012年1月31日	三項全新人民幣離岸債券分類指數推出。	中銀香港推出三項全新人民幣離岸債券分類指數——「中銀香港人民幣離岸中國主權債券指數」、「中銀香港人民幣離岸投資級別債券指數」及「中銀香港人民幣離岸一至三年期中央政府債券指數」。
2012年2月3日	參與出口貿易人民幣結算主體放開。	中國人民銀行、財政部、商務部、海關總署、國家稅務總局和銀監會聯合發佈《關於出口貨物貿易人民幣結算企業管理有關問題的通知》（銀發\[2012\]23號），明確參與出口貨物貿易人民幣結算的主體不再限於列入試點名單的企業，所有具有進出口經營資格的企業均可開展出口貨物貿易人民幣結算業務。
2012年2月8日	與馬來西亞簽訂貨幣互換協議。	中國人民銀行與馬來西亞國家銀行續簽雙邊本幣互換協議，互換規模由原來的800億元人民幣/400億林吉特擴大至1 800億元人民幣/900億林吉特，有效期3年，經雙方同意可以展期。
2012年2月21日	與土耳其簽訂貨幣互換協議。	中國人民銀行與土耳其中央銀行簽署規模為100億元人民幣/30億土耳其里拉的雙邊本幣互換協議，有效期3年，經雙方同意可以展期。
2012年3月20日	與蒙古簽訂貨幣互換協議。	中國人民銀行與蒙古銀行簽署中蒙雙邊本幣互換補充協議，互換規模由原來的50億元人民幣/1萬億圖格里克擴大至100億元人民幣/2萬億圖格里克。
2012年3月22日	與澳洲簽訂貨幣互換協議。	中國人民銀行與澳洲儲備銀行簽署規模為2000億元人民幣/300億澳洲元的雙邊本幣互換協議，有效期3年，經雙方同意可以展期。
2012年4月2日	提供香港人民幣拆息率的銀行增加至八家。	香港財資市場公會表示，通過其網站提供離岸人民幣隔夜拆借利率的銀行即日起由三家發鈔行增加至八家銀行。

續前表

時間	事件	內容
2012年4月3日	增加500億元人民幣RQFII投資額度。	中國證監會網站公佈,經國務院批准,中國證監會、中國人民銀行和國家外匯管理局決定增加500億元人民幣RQFII(人民幣合格境外機構投資者)投資額度和500億美元QFII投資額度。其中,RQFII增加額度允許試點機構用於發行人民幣A股ETF產品,投資於A股指數成分股並在香港交易所上市。
2012年4月14日	銀行間外匯市場人民幣對美元交易價浮動幅度擴大。	中國人民銀行發佈中國人民銀行公告〔2012〕第4號,決定自2012年4月16日起將銀行間即期外匯市場人民幣對美元交易價浮動幅度由千分之五擴大至百分之一。外匯指定銀行為客戶提供當日美元最高現匯賣出價與最低現匯買入價之差不得超過當日匯率中間價的幅度由1%擴大至2%。
2012年4月18日	倫敦宣佈準備成為人民幣離岸交易的西方中心。	倫敦金融城舉行了倫敦人民幣業務中心建設計畫啟動儀式,並發佈了題為《倫敦:人民幣業務中心》的報告。報告顯示,倫敦人民幣業務已初具規模,目前全球人民幣離岸交易中,倫敦已占據26%的份額,業務範圍包括零售業務、企業業務、銀行同業及機構業務。英國財政大臣奧斯本宣佈,倫敦準備成為人民幣離岸交易的「西方中心」。
2012年4月18日	首支國際人民幣債券在境外發行。	滙豐控股旗下的英國滙豐在倫敦發行了第一隻人民幣債券。該債券主要針對英國及歐洲大陸國家的投資者,總規模預計為10億元人民幣,獲2倍超額認購。這是在中國領土外發行的首支國際人民幣債券。

續前表

時間	事件	內容
2012年4月19日	臺北富邦銀行與廈門銀行簽署人民幣清算協議書。	臺北富邦銀行與廈門銀行正式簽署人民幣清算結算協議書，並開立人民幣同業往來帳戶，結束兩地人民幣繞道香港代理清算歷史。
2012年4月23日	國際復興開發銀行、國際開發協會投資銀行間債券市場。	與世界銀行簽署《中國人民銀行代理國際復興開發銀行投資中國銀行間債券市場的代理投資協議》以及《中國人民銀行代理國際開發協會投資中國銀行間債券市場的代理投資協議》。
2012年4月24日	第二批批准非金融類企業獲准赴港發行人民幣債券。	國家發改委批復同意華能國際電力股份有限公司、中國大唐集團公司、中國五礦集團公司、中國廣東核電集團有限公司赴香港發行人民幣債券，發行總額為185億元。這是繼2011年11月寶鋼獲准成為首個赴港發行人民幣債券的非金融類企業之後，發改委第二次批准非金融類企業赴港發行人民幣債券。
2012年5月8日	《關於境內非金融機構赴香港特別行政區發行人民幣債券有關事項的通知》發佈。	國家發改委對外發佈《關於境內非金融機構赴香港特別行政區發行人民幣債券有關事項的通知》。通知要求，中央管理企業可直接向國家發委提出申請，地方企業向註冊所在地省級發改委提出申請，經省級發展改革委審核後報國家發改委。
2012年5月21日	銀行間外匯市場部分業務管理調整。	國家外匯管理局發佈《關於調整銀行間外匯市場部分業務管理的通知》，簡化外匯掉期和貨幣掉期業務的市場准入管理，對人民幣外匯遠期、外匯掉期、貨幣掉期業務實行一次性備案管理；增加貨幣掉期業務的本金交換形式，境內機構在銀行間外匯市場開展人民幣與外幣掉期業務，除現有規定外，還可以採取在協議生效日和到期日均不實際交換人民幣與外幣的本金交換形式。

時間	事件	內容
2012年5月29日	銀行間外匯市場決定開始發展人民幣對日圓直接交易。	中國人民銀行授權,自2012年6月1日起銀行間外匯市場完善人民幣對日圓的交易方式,發展人民幣對日圓直接交易。2012年6月1日,中國外匯交易中心正式開辦由直接交易做市商提供流動性的人民幣對日圓直接交易。
2012年6月	寮國央行確定工行萬象分行作為當地唯一的人民幣清算行。	寮國國家銀行正式對外宣佈指定中國工商銀行萬象分行作為當地唯一的人民幣清算行,代表寮國國家銀行行使人民幣清算職能。這意味著工行萬象分行將可以為寮國境內的銀行、企業乃至個人開立人民幣帳戶,根據客戶的需要辦理寮國貨幣基普與人民幣的匯兌、清算等業務,並承擔寮國與中國之間人民幣往來業務的清算等職責。
2012年6月1日	東京外匯市場開始人民幣和日圓直接交易。	當地時間上午9時,三菱、東京、UFJ等日本三大銀行均開始了首日的人民幣和日圓直接交易業務,開盤價顯示為1元人民幣對12.33日圓。當天上午的交易時段中,匯率基本在1元人民幣對12.32日圓~12.33日圓之間小幅波動。
2012年6月5日	確定出口貨物貿易人民幣結算重點監管企業共計9502家。	中國人民銀行、財政部、商務部、海關總署、國家稅務總局和銀監會聯合下發《關於出口貨物貿易人民幣結算企業重點監管名單的函》(銀辦函\[2012\]381號),確定了重點監管企業共計9 502家。
2012年6月5日	中資金融機構首次使用人民幣對其海外機構增撥營運資金。	經中國銀監會批准及德國金融監管局認可,2012年6月5日,交通銀行成功向其法蘭克福分行增撥營運資金2億元人民幣。這是中資金融機構首次實現人民幣資本的境外輸出,為中資金融機構境外投資提供了新的思路。
2012年6月14日	規範人民幣FDI的紅線範圍。	《中國人民銀行關於明確外商直接投資人民幣結算業務操作細則的通知》發佈,給人民幣FDI(跨境人民幣直接投資)設定了紅線,規定部分帳戶不得投資房地產、證券及金融衍生品。

時間	事件	內容
2012年6月15日	香港金管局開始提供人民幣流動資金安排。	香港金管局開始向參與香港人民幣業務的認可機構（參加行）提供人民幣流動資金安排，響應參加行的要求，接納合資格證券作抵押品，向有關參加行提供人民幣資金，有關安排會運用中國人民銀行與金管局之間的貨幣互換協議。這些人民幣流動資金的期限為一周，利率參考當時市場利率而定。
2012年6月18日	中國宣佈參與國際貨幣基金組織增資。	在G20墨西哥洛斯卡沃斯領導人峰會上，金磚國家領導人認為，確保國際貨幣基金組織擁有充足資源，有利於國際社會應對當前世界經濟金融領域的重大挑戰，金磚國家願為此作出貢獻。中國宣佈支援並決定參與基金組織增資，數額為430億美元。
2012年6月25日	香港金管局與歐洲清算銀行和摩根大通合作推出跨境抵押品管理服務。	香港金管局與歐洲清算銀行和摩根大通分別簽署雙邊協定，合作推出跨境抵押品管理服務。6月25日起，國際金融機構可利用在歐洲清算銀行或摩根大通所持的證券作為抵押品，與金管局轄下債務工具中央結算系統成員就有關服務進行三方回購協定交易，從香港市場取得尤其以港幣及離岸人民幣為主的流動資金，使得非人民幣資產可以用來提供離岸人民幣的流動性。
2012年6月25日	中銀香港延長人民幣支付結算系統服務時間。	中銀香港將香港人民幣支付結算系統服務時間延長至晚上11：30，同時也將人民幣電匯及特快轉帳（CHATS）指示的服務時間延長至同一時間，從而為倫敦及歐洲時區其他金融中心金融機構提供更長時間運作視窗。
2012年6月26日	與烏克蘭簽訂貨幣互換協議。	中國人民銀行與烏克蘭國家銀行簽署金額為150億元人民幣/190億格里夫納的雙邊本幣互換協議，有效期為3年，經雙方同意可以展期。

續前表

時間	事件	內容
2012年6月28日	財政部在香港發行第四次人民幣國債。	財政部在香港發行230億元人民幣國債，這是首次面向內地以外中央銀行發行和首次在港交所掛牌上市交易。這是財政部第四次在港發行人民幣國債，也是規模最大的一次。
2012年6月27日	中央政府公佈惠港政策。	中央政府公佈了惠港政策，包括：「支持協力廠商利用香港辦理人民幣貿易投資結算，進一步豐富香港離岸人民幣產品，為香港有關長期資金投資內地資本市場提供便利」；「推動滬深港聯合設立合資公司，推出內地與香港兩地市場互相掛牌的交易所交易基金產品（ETF）」；進一步推動香港與深圳之間的相互投資和金融合作等，簽署《內地與香港關於建立更緊密經貿關係的安排》補充協議九，允許香港金融機構依據相關管理辦法在粵設立消費金融公司。
2012年6月29日	前海新政支持香港離岸人民幣中心發展。	深圳發佈前海新政，在1）拓寬人民幣回流管道，2）支援人民幣雙向貸款，3）支持前海企業發行點心債券三方面支持香港離岸人民幣市場的發展。
2012年7月	新加坡連續公佈兩項離岸人民幣業務相關舉措。	新加坡連續公佈兩項離岸人民幣業務相關的舉措：1）新加坡銀行監管部門將給予兩家在新加坡經營符合資格的中資銀行特許全面銀行業務牌照。其中一家銀行還將被授權成為新加坡的人民幣清算銀行。2）新交所公佈已經為人民幣計價證券的掛牌、報價、交易、清算和交割做好準備。
2012年7月	印尼央行投資銀行間債券市場。	印尼中央銀行開始投資中國銀行間債券市場。
2012年7月17日	首支人民幣計價A股ETF在香港上市。	首支以人民幣計價的A股ETF——華夏滬深300指數ETF在香港掛牌上市。

續前表

時間	事件	內容
2012年7月25日	香港允許銀行向非香港居民提供全面人民幣業務。	香港金管局將人民幣業務進一步擴大範圍至非香港居民群體，從8月1日起，非本港居民可來港開立人民幣帳戶，使用存款、貸款、信用卡、購買人民幣股票及理財產品等人民幣服務，且非居民兌換人民幣不再受每日2萬元的限制，可以無限量兌換。
2012年7月30日	TSF涵蓋範圍擴大。	香港交易所宣佈，將從8月6日起擴大TSF的涵蓋範圍，除了適用於人民幣股票，以人民幣交易的相關交易所買賣基金（ETF）及房地產投資信託基金（REIT）也將可以使用TSF系統的人民幣。
2012年8月31日	海峽兩岸簽訂清算合作備忘錄。	海峽兩岸貨幣管理機構簽署了《海峽兩岸貨幣清算合作備忘錄》。雙方同意以備忘錄確定的原則和合作架構建立兩岸貨幣清算機制。按照這一原則，雙方將各選一家貨幣清算機構為對方開展的本方貨幣業務提供結算及清算服務。
2012年9月17日	香港交易所推出美元對人民幣（香港）的貨幣期貨合約。	香港交易所推出人民幣期貨合約，這是全球首支人民幣可交收貨幣期貨合約。每張合約金額10萬美元，最低基本保證金為7 930元人民幣，即交易槓桿約80倍。若投資者同時買入並賣出不同到期月份的合約，跨期保證金要求更低，為每對交易4 760元人民幣，槓桿率達130倍。合約將以每美元對人民幣報價，最低波幅為0.000 1元人民幣。星展唯高達香港有限公司、工銀國際期貨有限公司、美林遠東有限公司和滙豐金融期貨（香港）有限公司四家做市商為人民幣貨幣期貨提供買賣雙向的持續報價，每邊最少10張合約，開出不大於30個最低波幅（即人民幣0.0030元）的價差。

續前表

時間	事件	內容
2012年9月24日	央行與中國銀行澳門分行續簽清算協議。	根據中國人民銀行公告\[2004\]第8號確定的選擇澳門人民幣業務清算行的原則和標準，經過對申請連任清算行的中國銀行澳門分行進行全面評審，並商澳門金融管理局同意，中國人民銀行決定授權中國銀行澳門分行繼續擔任澳門人民幣業務清算行。中國人民銀行與中國銀行澳門分行續簽《關於人民幣業務的清算協議》。
2012年10月	新加坡給予兩家中國的銀行全銀行牌照。	新加坡給予工商銀行和中國銀行本地分行全銀行牌照。
2012年10月	巴基斯坦央行投資中國銀行間債券市場。	中國人民銀行行長周小川與巴基斯坦國家銀行行長安瓦爾（Yaseen Anwar）簽署了《中國人民銀行代理巴基斯坦國家銀行投資中國銀行間債券市場的代理投資協議》。
2012年10月18日	中國工商銀行跨境人民幣業務推介會在莫斯科舉行。	中國工商銀行跨境人民幣業務推介會在俄羅斯股票與貨物交易市場舉行，就人民幣在俄羅斯市場的發展前景及兩國企業間人民幣業務合作展開了富有成效的討論。2012年5月13日，工銀莫斯科成為首家加入俄羅斯央行盧布即時清算系統的中資銀行，作為人民幣對盧布做市商，至今已占據高達64%的市場份額。其強大的人民幣和盧布清算服務能力極大地推動了俄羅斯市場上的跨境人民幣業務發展。

續前表

時間	事件	內容
2012年10月24日	全球首支人民幣及港元計價的雙幣雙股發行。	合和公路完成配售1.2億元人民幣新股，成為全球首支人民幣及港元計價的雙幣雙股。合和公路的集資額最終由人民幣2.3億元加至3.86億元，用作一般營運資金。配售新股上板後，合和公路將擁有兩個股份交易號碼，分別代表人民幣股票和港元股票，在同一市場同時向投資者提供人民幣交易股票及港元交易股票，新股將在港交所主機板另設的人民幣櫃檯交易，以人民幣計價、交易及結算。
2012年11月13日	增加2000億元RQFII額度。	經國務院批准，中國證監會、中國人民銀行和國家外匯管理局增加2 000億元RQFII投資額度。
2012年11月16日	上海市啟動人民幣合格境外有限合夥人試點工作。	上海市啟動了人民幣合格境外有限合夥人（RQFLP）試點工作。海通證券與上海銀行簽署備忘錄，海通證券將在香港設計發行RQFLP基金產品，募集約1億美元等值的離岸人民幣進入上海，上海銀行將成為託管銀行。
2012年11月21日	中資金融機構在倫敦市場首支離岸人民幣債券發行。	中國建設銀行（倫敦）有限公司在倫敦首次成功發行了離岸人民幣債券，這也是迄今為止中資金融機構在倫敦市場上發行的首支離岸人民幣債券。該債券發行規模為10億元人民幣，期限3年；發行票息率3.2%，低於此前約3.3%的初步指導息率，半年付息一次。以建銀國際、法國巴黎銀行、滙豐銀行和工銀亞洲作為牽頭行的多家投行組成了承銷團負責本次債券銷售。募集資金將用於支援建行（倫敦）海外離岸人民幣業務發展。

時間	事件	內容
2012年11月22日	首筆跨國公司內部人民幣貸款成功辦理。	2012年11月22日，建設銀行上海分行宣佈為通用電氣（中國）有限公司成功辦理對美國母公司（通用電氣公司）1.5億元人民幣放款，完成全國首筆以跨國公司內部貸款形式出現的、以人民幣為幣種的跨境資金運作。
2012年11月30日	巴黎積極尋求成為離岸人民幣中心。	法國央行行長諾亞（Christian Noyer）在香港表示，巴黎的人民幣儲蓄已經超過百億，成為倫敦之後歐洲第二大人民幣資金池，巴黎正在積極尋求成為離岸人民幣中心。
2012年12月5日	首筆跨境人民幣證券回購交易完成。	12月3日，瑞銀倫敦分行通過歐洲清算行的服務平臺與滙豐控股香港分行完成了首筆跨境人民幣證券回購交易。截至12月5日，已有8家銀行加入了由金管局的債務工具中央結算系統、摩根大通及歐洲清算銀行發展的跨境抵押品管理安排。
2012年12月5日	「香港—倫敦推動人民幣合作小組」在倫敦舉行第二次工作會議。	「香港—倫敦推動人民幣合作小組」在倫敦舉行第二次工作會議，與會銀行包括滙豐、渣打、蘇格蘭皇家銀行、中國銀行、建設銀行等業界代表，英國央行和英國金融服務管理局的代表則以觀察員身份列席。會議指出，由於香港延長了人民幣即時支付結算系統的交易時間，覆蓋了倫敦交易時段，令人民幣相關交易平均每日額外多出20億元。
2012年12月11日	海峽兩岸確定清算行。	中國人民銀行公告「中國銀行臺北分行」為臺灣人民幣清算行，臺灣也指定由「臺灣銀行上海分行」擔任清算行，臺灣業界期盼已久的兩岸貨幣清算機制即將上路。

參考文獻

〔1〕 Abheek Barua. "Why yuan cannot replace dollar for int'l trade", http://www.rediff. com/business/slide-show/slide-show-1-column-why-yuan-cannot-replace-dollar-for-intl-trade/20121101.htm,2012-11-01.

〔2〕 Allens. "New report examines international use of renminbi and economic role of Chinese outbound", Mena Report, Nov 24, 2012.

〔3〕 Allen, Franklin, Jun Qian, Chenying Zhang & Mengxin Zhao. "China's financial system: Opportunities and challenges,」 Forthcoming in J. Fan and R. Morck, eds. Capitalizing China. Chicago: University of Chicago Press, 2011.

〔4〕 Alicia GarcíaHerrero. "INTERNACIONALIZACIóN DEL RENM-INBI: ¿QUÉ ESTÁ SUCEDIENDO Y QUÉ HEMOS DE ESPERAR?" （Argentina）http://www.revistasice. com/cachepdf/BICE_3005_2736_A44F3B0CBB5C34F52FA68A9621F31220.pdf, 2011-01.

〔5〕 Alistair Thornton. "Anaemic ascent: why China's currency is far from going global", Lowy Institute for International Policy, Sydney, Australia. August 2012.

〔6〕 Annette Kamps, The EURO as invoicing currency in international trade, ECB wording paper No 665, Aug 2006.

〔7〕 Askenazy, Philippe, Aida Caldera, Guillaume Gaulier & Delphine Irac. "Financial constraints and foreign market entres or exits: Firm-level evidence from France," Banque de France Working Paper No. 328, April 2011.

〔8〕 Arvind Subramanian and Martin Kessler. "China's currency rises in the US backyard", *Financial Times*, 2012-10-21.

〔9〕 Barry Eichengreen. "The Renminbi challenge", *International Economy*, 2009.

〔10〕 Barry Eichengreen, "Sterling's past, dollar's future: historical perspectives on reserve currency competition", Tawney Lecture, delivered to the Economic History Society, Leicester, Apr.2005.

〔11〕 Barry Eichengreen. *Exorbitant Privilege: the Rise and Fall of the Dollar and the Future of the International Monetary System*. Oxford: Oxford University Press, 2011.

〔12〕 Berger, Allen N., Qinglei Dai, Steven Ongena & David C. Smith. "To what extent will the banking industry be globalized? A study of bank nationality and reach in 20

European nations," *Journal of Banking and Finance*, 2003（27）．

〔13〕 Buch, Claudia M. & Alexander Lipponer. "FDI versus cross-border financial services: the globalization of German banks," Deutsche Bundesbank Discussion Paper 2004（5）．

〔14〕 China Daily. "First yuan bonds to African banks"，china.org.cn, 2012-7-31.

〔15〕 David Pilling. "The renminbi won't replace the dollar any time soon"，*Financial Times*, 2012-9-5.

〔16〕 Eswar Prasad and Lei Ye. "Will the renminbi rule?" IMF, *Finance & Development*, March 2012, Vol. 49, No. 1.

〔17〕 Glenda Korporaal. "Renminbi beginning to replace the dollar"，*The Australian*, 2012-3-5.

〔18〕 Helpman, Elhanan, Marc Melitz and Stephen Yeaple. "Export versus FDI with heterogeneous firms," *American Economic Review*, 2004（94）．

〔19〕 KPMG. "Evolving banking regulations," Dec. 2011.

〔20〕 Linda Goldberg and Cédric Tille. "Macroeconomic interdependence and the international role of the dollar". Federal Reserve Bank of New York Staff Reports，2008（2）．

〔21〕 Mark Eggleton. "Exciting times in banking sector"，*The Australian*, 2012-3-5.

〔22〕 Menzie Chinn and Jeffrey A. Frankel. *Will the Euro Eventually Surpass the Dollar as Leading International Reserve Currency?* Chicago: University of Chicago Press, 2007.

〔23〕 Michio Ushioda. "Attempts to threaten dollar's dominance could irk U.S."，*The Mainichi*, 2012-2-3.

〔24〕 Michael Schuman. "China takes a big step to make the Yuan a rival to the Dollar"，*Business Time*, 2012-7-2.

〔25〕 Michael D. Bordo and Anna J. Schwartz. *A Retrospective on the Classical Gold Standard 1821-1931*. Chicago: University of Chicago Press, 1984.

〔26〕 Monetary and Capital Markets Department, "Annual report on exchange arrangements and exchange restrictions 2011"，IMF, 2011.

〔27〕 Philip Wen. "Swan ups talks for China currency trade"，*Bussiness Day*, 2012-7-11.

〔28〕 Peter Cai. "Yuan's world currency status may harm financial system"，*Business Day*, 2012-9-3.

〔29〕 Poelhekke, Steven. "Home bank intermediation of foreign direct investment," CESIFO Working Paper, 2011（6）．

〔30〕 Renters. "ANZ first Aussie bank to get Chinese retail licence"，Business Day, 2012-3-5.

〔31〕 Richard W. Fisher. "Implications of renminbi internationalization for the U.S. and the global economy"，dallasfed.org, 2012-6-7.

〔32〕 Robert McCauley. "Renminbi internationalisation and China's financial development"，

BIS Quarterly Review, December 2011.

〔33〕 Robert Skidelsky. "Why China won't rule", *Business Day*, 2012-5-30

〔34〕 Ronald I. McKinnon. *The Rules of the Game: International Money and Exchange Rates*. Cambridge: MIT Press, 1997.

〔35〕 Ron Chernow. *Alexander Hamilton*. London: the Penguin Press, 2004.

〔36〕 Simon Flint. "RMB regime change—a leftist approach", china. ucsd.edu, 2012-9-6.

〔37〕 Singh, Gurcharan & Susila Munisamy. "A cross country comparison of banking efficiency: Asia Pacific banks," International Review of Business Research Papers, 2008（4）.

〔38〕 Takatoshi Ito. "The internationalization of the RMB: Opportunities and pitfalls", Council on Foreign Relations, November 2011.

〔39〕 The Asahi Shimbun." Direct yen-yuan trade will increase financial stability in Asia", Editorial, 2012-6-4.

〔40〕 Thomas K. McCraw. *Creating Modern Capitalism: How Entrepreneurs, Companies and Countries Triumphed in the Three Industrial Revolution*. Boston: Harvard University Press, 1997.

〔41〕 Vallee, Shahin. "The internationalisation path of the renminbi （English）", Bruegel Working Paper, May 2012.

〔42〕 Vinjeru Mkandawire, "Africa: new frontier for the renminbi", blogs.ft.com , 2012-8-22.

〔43〕 Von Der Ruhr, Marc & Michael Ryan. "Following or attracting the customer? Japanese banking FDI in Europe," *Atlantic Economic Journal*, 2005（33）.

〔44〕 Yongding Yu. "Revisiting the internationalization of the Yuan", ADBI Working Paper Series, Asian Development Bank Institute, No. 366, July 2012.

〔45〕 埃森哲。地平線2015：中國商業洞察與展望。北京：東方出版社，2011。

〔46〕 安格斯·麥迪森。世界經濟千年史。北京：北京大學出版社，2003。

〔47〕 布羅代爾。15—18世紀的物質文明、經濟和資本主義。上海：三聯書店，1993。

〔48〕 陳建奇。破解「特里芬」難題——主權信用貨幣充當國際儲備的穩定性。經濟研究，2012（4）。

〔49〕 陳康。低碳經濟下國際貿易格局變化及我國應對措施。現代商業，2011（33）。

〔50〕 馮毅。基於商業銀行微觀視角的跨境人民幣業務創新。財經科學，2011（6）。

〔51〕 戈茲曼，羅文霍斯特。價值起源。瀋陽：萬卷出版公司，2010。

〔52〕 郭磊。國際貿易格局變化對全球貿易的影響。遼寧經濟，2005（9）。

〔53〕 國際貨幣基金組織，2012年世界經濟展望，2012。

〔54〕 國際貨幣基金組織，世界銀行。關於中國遵守「系統重要性支付系統核心原則」詳細評估報告。北京：中國金融出版社，2011。

〔55〕 國家外匯管理局國際收支分析小組。2012年中國國際收支報告。國家外匯管理局，

2012。

〔56〕 海聞。趙達。國際生產與貿易格局的新變化。國際經濟評論，2007（1）。

〔57〕 金芳。論世界經濟多極格局的形成及其特徵。世界經濟研究，2011（10）。

〔58〕 聯合國貿易與發展會議。2012年世界投資報告，2012。

〔59〕 劉旗。基於我國進出口產品結構的人民幣跨境結算失衡分析。當代經濟管理，2011（11）。

〔60〕 劉仁毅。發展中國家工業結構變革與對外貿易格局。世界經濟，1986（1）。

〔61〕 劉士余。美國金融監管改革概論。北京：中國金融出版社，2011。

〔62〕 盧金豪。80年代後半期世界貿易格局與我適應對策。國際貿易，1987（3）。

〔63〕 陸燕。世界服務貿易發展結構和趨勢。國際經濟合作，2011（8）。

〔64〕 馬駿。如果資本項目不開放，人民幣國際化程度有限。和訊網，2012-1-11。

〔65〕 蒙代爾。蒙代爾經濟學文集。北京：中國金融出版社，2003。

〔66〕 彭紅斌。當代國際貿易發展的特點探析。桂海論叢，2007（7）。

〔67〕 彭徽。國際貿易理論的演進邏輯：貿易動因、貿易結構和貿易結果。國際貿易問題，2012（2）。

〔68〕 唐海燕。當代國際貿易新格局的基本態勢與成因。世界經濟文匯，1993（1）。

〔69〕 王曉明。世界貿易史。北京：中國人民大學出版社，2009。

〔70〕 向松祚。國際貨幣體系演變的基本規律。國際貨幣評論，2012（4）。

〔71〕 楊菊洪。我國貿易條件變化的進出口需求價格彈性分析。中國市場，2012（23）。

〔72〕 于津平。國際貿易新格局與全球貿易治理。南開學報，2012（1）。

〔73〕 于新東。多極化:世界貿易格局的發展趨向。國際觀察，1997（5）。

〔74〕 張璐。從金融危機審視華爾街改革與消費者保護法。北京：法律出版社，2011。

〔75〕 張茉楠。世界貿易格局迎來均衡發展新契機中國積極推進區域經濟一體化進程。中國經貿，2009（10）。

〔76〕 張曙光。近代英國霸權的兩個支柱：均勢政策和自由貿易。傳承，2009（8）。

〔77〕 張振江。從英鎊到美元：國際經濟霸權的轉移（1933—1945）。北京：人民出版社，2006。

〔78〕 中國人民大學國際貨幣研究所。人民幣國際化報告（2012）。北京：中國人民大學出版社，2012。

〔79〕 中國人民銀行。中國金融統計年鑒2011。北京：中國金融出版社，2011。

〔80〕 中國人民銀行支付結算司。中國支付體系發展報告2011。北京：中國金融出版社，2011。

後　記

　　《人民幣國際化報告》自2012年起每年定期發佈，忠實記錄人民幣國際化歷程，深度研究各個階段的重大理論問題和政策熱點。本報告特別編制的人民幣國際化指數（RII），可以客觀反映人民幣在國際範圍內的實際使用程度，從而方便國內外各界人士及時掌握人民幣國際地位的發展動態和變化原因，受到學界與業界的較高評價。2013年報告主題是「世界貿易格局變遷與人民幣國際化」。課題組對貿易格局與貨幣格局調整之間的關係進行了深入研究，為實施人民幣國際化戰略確立了重要的理論基礎；結合對國際貿易形勢及中國貿易地位的全面分析，明確了當前繼續提升人民幣國際化指數（RII）的實現路徑。該報告於6月16日在北京發佈，引起國內主流媒體的廣泛關注。

　　2013年報告特別強調了三個問題。第一，RII繼續快速上升，並開始從過去貿易計價功能「一輪驅動」模式發展成為現在的貿易計價與金融計價「兩條腿走路」的更合理、更穩健的格局；但是與主要國際貨幣相比差距仍然顯著。第二，人民幣國際化肩負重大時代使命，或可破解「一超多元」國際貨幣體系滯後於多元競爭貿易格局而導致的「新特里芬難題」；根據國內外需要，現階段必須堅定走好「貿易順差—資本流出」的平衡的實現路徑。第三，以東盟10＋3、上合組織、金磚國家、拉美、非盟等多個經濟體為突破口，通過雙邊貿易和區域貿易等方式，有望繼續強化貿易人民幣計價功能，拉動RII再創新高。在此基礎上，也對當前影響人民幣國際使用水準的主要障礙展開討論，並明確提出有效克服這些障礙必須做出的具體努力。

　　《人民幣國際化報告2013》由中國人民大學和交通銀行合作研究，由中

國人民大學國際貨幣研究所組織撰寫，得到財政金融學院國際金融教學團隊的全力支持，以及統計學院、國際關係學院、商學院、法學院師生和交通銀行國際業務部的鼎力合作。共有十幾位本校研究生參與了資料獲取、資訊處理等基礎性工作。交通銀行展示了商業銀行跨境人民幣業務的實踐經驗與成果。特別感謝中國人民銀行、國家外匯管理局、商務部、發展改革委員會、國家開發銀行、華夏銀行等機構在資料獲得、市場調查以及政策資訊核對等多方面所給予的全面支持。孫魯軍、王毅、王佐罡、張藝雄、曲鳳杰、付之琳、吳至峰和黃金老等各界專家多次出席課題組會議，提出中肯的修改意見與建議，為報告的不斷完善貢獻良多。 對此我們表示由衷的感謝！

本報告各章節分工如下：

導論：陳雨露

第1章：涂永紅、戴穩勝、趙雪情、何志云、程俊秀、檀曉雪

第2章：涂永紅、蕭瀟、榮晨、劉冬、常夢旖、倪俊波

第3章：翟東升、Sabina Jorgitos（比）、尹越、向笑楚、聶大海

第4章：涂永紅、付之琳、王曉明、何青、任倩、趙雪情

第5章：王芳

第6章：涂永紅、劉陽、趙然、蕭瀟、任倩、劉博鵬、趙雪情

第7章：錢宗鑫、剛健華、胡天龍、趙永芳、魏星、吳文韜

第8章：涂永紅、王芳

附錄1：向松祚

附錄2：王紅濤、李英杰、張瑩

附錄3：涂永紅、蕭瀟

附錄4：黃金老

附錄5：胡天龍

附錄6：王芳、程俊秀、檀曉雪

中國人民大學國際貨幣研究所

2013年6月

人民幣國際化報告 2013：
世界貿易格局變遷與人民幣國際化

作　　者　中國人民大學國際貨幣研究所
版權策劃　李　鋒

發 行 人　陳滿銘
總 經 理　梁錦興
總 編 輯　陳滿銘
副總編輯　張晏瑞
編 輯 所　萬卷樓圖書 (股) 公司
特約編輯　吳　旻
內頁編排　林樂娟
封面設計　小　草
印　　刷　維中科技有限公司

出　　版　昌明文化有限公司
　　　　　桃園市龜山區中原街 32 號
電　　話　(02)23216565
發　　行　萬卷樓圖書 (股) 公司
　　　　　臺北市羅斯福路二段 41 號 6 樓之 3
電　　話　(02)23216565
傳　　真　(02)23218698
電　　郵　SERVICE@WANJUAN.COM.TW
大陸經銷
廈門外圖臺灣書店有限公司
電郵 JKB188@188.COM

ISBN 978-986-496-377-5
2018 年 8 月初版一刷
定價：新臺幣 680 元

如何購買本書：
1. 劃撥購書，請透過以下帳號
　　帳號：15624015
　　戶名：萬卷樓圖書股份有限公司
2. 轉帳購書，請透過以下帳戶
　　合作金庫銀行古亭分行
　　戶名：萬卷樓圖書股份有限公司
　　帳號：0877717092596
3. 網路購書，請透過萬卷樓網站
　　網址 WWW.WANJUAN.COM.TW
　　大量購書，請直接聯繫，將有專人
　　為您服務。(02)23216565 分機 10
如有缺頁、破損或裝訂錯誤，請寄回
更換

國家圖書館出版品預行編目資料

人民幣國際化報告 . 2013 / 中國人民大學
國際貨幣研究所著 . – 初版 . – 桃園市：昌
明文化；臺北市：萬卷樓發行 , 2018.08
　面；　公分
ISBN 978-986-496-377-5(平裝)
1. 人民幣 2. 貨幣政策 3. 中國

561.52　　　　　　　　　　　107012980